反思华尔街

阎志鹏 著

商务印书馆

2009年·北京

图书在版编目(CIP)数据

反思华尔街/阎志鹏著. —北京:商务印书馆,2009
ISBN 978-7-100-06742-3

Ⅰ.反… Ⅱ.阎… Ⅲ.金融市场-研究-美国 Ⅳ.F837.125

中国版本图书馆CIP数据核字(2009)第142471号

反思华尔街
阎志鹏 著

商务印书馆出版
(北京王府井大街36号 邮政编码 100710)
商务印书馆发行
北京瑞古冠中印刷厂印刷
ISBN 978-7-100-06742-3

2009年12月第1版 开本787×1092 1/16
2009年12月北京第1次印刷 印张19¾
定价:35.00元

目录

CONTENTS

序　言

决心写这本书是在2008年除夕夜。那时我还在纽约一家对冲基金工作。记得当天美国股市受次贷危机可能波及到债券保险业以及经济可能温和衰退[1]消息的影响，大跌了3%左右。幸好我所在的统计套利部的投资收益与大盘的走向没有很强的相关性，我们不但没有亏钱，反而进账不少。大家心情都不错，四点钟收盘后，家住在新泽西和纽约上州的同事就陆续回家了，可能是除夕夜的原因，我也没有太多心思测试我的交易模型，索性到离公司几条街的巴诺(Barnes & Noble)书店散散心。

纽约第5大道46街巴诺书店
“金砖四国”书籍陈列处

一进门，书店不平常的布局就让我感到惊奇。在进门靠右侧的醒目位置处，一张大书桌上竖了个BRIC(国内称“金砖四国”)的牌子。BRIC是由巴西、俄罗斯、印度与中国这四大发展中国家英文名字的第一个字母组成。BRIC这个说法是由美国高盛公司在2003年的一份研究报告中首先提出的，高盛预测这四个高速发展的发展中大国将在2050年左右超越当前绝大多数发达国家。我径直走到这张书桌前，发现上面铺满了与这四国相关的经管类书籍。细数了一下，一共23本书，其中与中国相关的高达12本。这些书涉及的范围非常广，从《中国商业

---

① 美联储里奇蒙德区主席拉克尔(Jeffrey Lacker)的发言。

的小红书》[①]，到《象与龙——印度和中国的崛起及其意义》[②]，到《运营中国——从战略到实施》[③]。

看着这些书籍，一种作为中国人的自豪感油然而生。是的，中国是世界经济大国已经是不争的事实。《华尔街日报》的头版要闻摘要几乎每天都会有涉及中国的新闻。有一期的华尔街日报甚至打出了"Great Wall Street of China"的标题。[④]"Great Wall Street"乃一语双关，"Great Wall"是"长城"的英文翻译，而"Wall Street"即我们通常所说的华尔街。两个并在一起暗示了中国对华尔街的巨大冲击。该文章的配图也非常具有象征性。这个配图的主体是纽约证券交易所，但是在交易所的正上方却挂了一面鲜艳的五星红旗。

我的目光很快锁定在两本书上：一本是《从华尔街到长城——投资者如何从中国经济的发展中获利》[⑤]，另一本是《未来的中国战争——在哪里征战与如何取胜》[⑥]。这两本书描绘出冰火两重天的中国，前者把中国的未来描绘成已被"芝麻开门"咒语打开大门的大宝藏，指导投资者如何投资中国的股票、房地产，甚至是艺术品和古董；而后者则认为中国就像一个随时可能爆炸的地雷，如果负压继续增大，后果不堪设想。该书详细讨论了未来中国可能发生的八大"战争"，从对水资源、石油的争夺，到假冒伪劣产品对世界的危害，到横跨长江、黄河的无数水坝可能带来的潜在危险……但我很快就意识到这两本书其实并非完全对立的，因为它们讨论的领域视角和问题完全不一样。前者着眼于金融领域的投资机会，而后者则关注在经济高速发展中出现的社会、环境、政治和国际关系问题。前者是为投资者而写的，而后者是为政策制定者而著的。

---

① Sheila Melvin, *The Little Red Book of China Business*(Sourcebooks, Inc., 2007).

② Robyn Meredith, *The Elephant and the Dragon: the Rise of India and China and What It Means for All of Us*(W. W. Norton & Company, 2007).

③ Jimmy Hexter and Jonathan Woetzel, *Operation China: From Strategy to Execution*(Harvard Business School Press, 2007).

④ Rick Carew, Laura Santini and James Areddy, "Great Wall Street of China", *Wall Street Journal*, Dec 20, 2007, p. C1.

⑤ Burton G. Malkiel, Patricia A. Taylor, Jianping Mei, and Rui Yang, *From Wall Street to the Great Wall: How Investors Can Profit from China's Booming Economy*(W. W. Norton, 2007).

⑥ Peter Navarro, *The Coming China Wars: Where They Will Be Fought and How They Can Be Won*(FT Press, 2006).

我不是一个书评家，但从一个金融学者和从业人员的角度来看，我相信这些书从一个层面给中国人提出了启示：当世界上经济及军事最强大国家的学术界、实业界、政界纷纷研究中国的时候；当全球各大金融机构纷纷抢滩中国大小金融市场的时候；当世界一体化的进程将中国金融市场熔炼成全球金融市场不可分割的一部分的时候；我们的金融机构、从业人员和监管层是否作好了充分的准备？商场上、国际间没有永远的朋友，只有永远的利益。我们是否已经做到了知己知彼，当机会与挑战来临时才能百战不殆？

这个启示唤起了藏在我心中许久的一个心愿：写一本介绍华尔街主要业务的书。

时光匆匆，鼠年很快变成了牛年，这一年的变化超过了几乎所有人的想象。次贷危机最终导致了美国大萧条时期以来最严重的金融危机。上百年来，作为金融代名词、传统意义上的华尔街彻底分崩离析了。美国前五大投资银行在 2008 年 3～9 月这短短的六个月中全都消失了。雷曼兄弟破产了，贝尔斯登和美林分别被摩根大通和美洲银行并购了，而最大的高盛和摩根斯坦利则变成了银行控股公司。危机像病毒一样很快就蔓延到经济的各个领域，并将美国、德国、日本等经济强国拖入了严重的经济衰退，而包括中国在内的"金砖四国"的经济也面临了巨大的挑战。

我本人也发生了很大的变化，在 2008 年 8 月提出了辞呈，返回了学术界。远离了那种刀光剑影、不赚钱就走人的生活，重新过起了平淡而充实的生活。这本书就是我在华尔街和学术界思考积累的产物。

本书将介绍主要的金融业务和功能以及这次金融危机对中国的影响和启示。这些业务和功能包括股票与债券的交易、研究、风险管理与控制、信用评估、人才的流动和信息技术等等。现有的书籍往往只注重某一种业务，而且，这些书籍通常不是写证券交易就是写投资银行的(以兼并收购居多)。这也是容易理解的——这些业务平均而言回报高，从业人员人均收入高，"非常风光"。那些极度出色的交易员和投资银行家不但日进斗金、在华尔街"呼风唤雨"，头上更顶着类似影视红星的神秘光环。这样的书容易吸引读者。但是华尔街业务远远不仅限于交易和并购。绝大多数人干的是那些"默默无闻"并不风光的工作。即使在交易或投资银行领域，真正出色的也并不多，而达到“超级红星”地位的更是凤毛麟角。人们通常愿意在“前台”或利润中心工作，如交易、并购这些创造收入的部门，而不愿在“后台”或成本中心工作，如技术支持、风险控制这些产生成本的部门。但是随着金融、技术的不断发展与融合，前台与后台的区别越来越模糊。比如说，信息技术部过去在大多数的金融公司里算是“后台”部门。但是现在，信息技术部在许多公司，特别是以定量分析为主的投资公司里是前台部门不可分割的一部分。

本书关注的重点是某一业务或功能是什么，它是如何运作的，它与其他功能和业务之间是如何交叉和融合的，当危机来临的时候，它是如何反应与应对的，个人需要什么样的背景或潜质才能在这个行业里立足和成功，等等。本书收集了大量我和十多位金融各领域高级人才的访谈记录。但本书不是一本纯粹的访谈对话录，因为纯采访录的形式不能很好地解释清楚一些复杂的金融业务。有些业务容易理解，比如股票交易。但是，有些业务很复杂，读者也不是非常熟悉，比如信用评估和风险管理。如果直接采取访谈的方式很难将这些业务全面清晰地解释清楚，反而有可能产生盲人摸象的结果。所以，我选择采取“二部曲”的方式来组织篇章结构。书中的大多数章节由两个部分组成，前半部分是对本章要介绍的业务相对具体、全面的阐述；后半部分则由我与金融业成功人士的访谈组成。这两个部分在每个章节里不是对等分布的。有的章节第一部分讲得多一些，有些章节访谈多一些。

金融业的功能和业务何止百种，以单人之力不可能一一涉及，不然这本书就变成了金融百科全书了。我只能根据本人有限的理解，选择性地挑选一些重要话题。我希望能够借助众多成功人士之力，将一个真实、全面的华尔街展现在读者的面前。我相信当五星红旗“飘扬”在纽约证券交易所上空时，当华尔街变成“长城街”时，当传统的华尔街崩塌后，我们仍然能够从华尔街学习到有价值的东西。

最后，我想借此机会感谢那些给予我大力支持与帮助的家人和朋友。他们是我的父亲阎薰南、母亲吴萍、妻子赵妍博士、布南迪斯大学的 Laarni Bulan 教授、Sanyal Paroma 教授、Blake LeBaron 教授、Gary Jefferson 教授、孙笑乐女士、哈佛大学金李教授、南京大学张志强教授、商务印书馆刘祚臣编辑和王艺博编辑、澳大利亚政府经济学家 Jan Lee 先生、陈曦律师、卢菁菁律师、余方博士、中国人民大学麦秋林女士、美国 CRAI 公司的王昀辉女士、摩根斯坦利的张峰博士、道富环球投资管理公司的刘莹博士和徐宜宜先生、花旗集团的刘波博士和夫人程晓琳博士、黑石集团的白华懋博士、徐彦龙博士、奥本海默基金公司的李山泉先生、Sterne，Agee & Leach 公司的 James Lee 分析师和周加文先生、Brattle 集团的周斌博士、法国银行集团 Natixis 的 Peter Zhuang 博士、切尔顿投资公司的 John Shen 先生、IJC 合伙人有限公司的 Kyle Ramkissoon 先生、Matrix 资本管理公司的吴鹏先生、彭博公司的 Jenny Gao 女士、前雷曼兄弟的韩振先生、TESC 公司的熊珏女士、穆迪投资者服务公司的赵振宇分析师、美国保德信金融集团固定收益部首席运营官 Steven Saperstein 先生、Richard Greenwood 董事总经理、Arvind Rajan 董事总经理、Theresa Miller 女士、瑞士联合银行的杨竞双博士、中国香港渣打银行刘迪凡先生、PIMCO 的顾怡宁女士中国人民保险公司常宁女士。

我还想衷心感谢我以前所在的公司—— 千年合伙人有限公司（Millennium Partners LLP）的同事，Jenny Liu、Xiaomei Qian、Richard Ran、David Porter、David Rosen 和 Steve Armatas，感谢他们对我的帮助。我还由衷感谢公司的慈善基金会在中国同事的共同倡议下为“5·12”大地震灾区捐赠了 6 万美元。

谨以此书怀念刚刚离我远去的祖母戴慧芳女士 ——您是我一生学习的榜样！

2009 年 5 月

美国新泽西州

引子　有中国特色的牛顿定律与有中国特色的金融

我们是什么？人性中哪些是不变的，哪些是变的——我们有多少酌情权和自由意志来行动和学习？

——《动荡年代》，阿伦·格林斯潘(美联储前主席)①

自我有记忆以来，“有中国特色”这一词语就时不时地在耳边响起。在百度上搜索一下“有中国特色”这五个字，找到约350万相关网页：有中国特色的足球溃败，有中国特色的武侠路线，有中国特色的法律制度，有中国特色的股市，有中国特色的金融监管……举不胜举。可以说，凡是能够想到的，都可以在前面冠以“有中国特色”。我是研究金融的，对别的“特色”不感兴趣。但我不禁想问一句，既然我们有有中国特色的股市，有中国特色的金融监管，那我们有没有有中国特色的牛顿定律？有没有有中国特色的爱因斯坦相对论？我在一次朋友聚会上提出了这个

北京奥运纽约集会，2008－08－02，此照片由陈筱寅拍摄

① “What are we? What is fixed in our nature and not subject to change－and how much discretion and free will do we have to act and learn?”-Alan Greenspan，*The Age of Turbulence*（New York：The Penguin Press，2007），p. 16.

问题。

“牛顿定律和相对论属于科学，而金融则不是。”一个朋友立马回答道。

“你是说科学应放之四海皆准①，不应该有中国特色，而金融则不一样？”我问道。

“对！金融更像艺术。”

“那你觉得金融产品，金融市场，金融监管中有没有科学的成分，有没有放之四海皆准的东西？”

“当然有。”

“那这些东西应不应该有中国特色？”我追问道。

“这个嘛……”我的这位朋友有些语塞。

这其实是个非常难回答的问题，金融究竟是什么？是科学，还是艺术？如果是科学，就不要谈特色；如果是艺术，则应在学习借鉴他人基础上发挥自己的特色。对于这个问题，仁者见仁、智者见智。普遍的观点是，金融既是科学也是艺术。一方面，数学和统计学等“纯科学”对现代金融的影响非常深远，一些金融理论，像经典的 Black-Scholes 期权定价模型，使用了大量的数学和统计学方面的定律。资产定价模型（Capital Asset Pricing Model, CAPM）和有效市场假设（Efficient Market Hypothesis, EMH）也都试图用完全理性、科学的方式来解释股票市场。这些都使现代金融充满了“科学性”。但另一方面，虽然学术研究极大地推动了金融市场的发展，如无数衍生产品的诞生、指数基金的发展和多种风险管理工具的出现，科学和理性还是无法完全解释金融市场行为。美国道琼斯工业平均指数可以在没有任何重大信息出现的情况下，一天暴跌22.6%（1987年10月19日）。与此类似，中国股票在2007年2月27日下跌了8.84%，沪深两市有928只股票跌停。这些都不能被传统的、“科学的”金融理论（例如，有效市场假设）所解释。

证券市场参与者是一个个活生生的人，他们绝大多数都或多或少想多

① 严格地讲，没有绝对的真理，真理是在一定范围内，一定时期内适用的。

赚些，再多赚些——“贪婪”；都在股市暴跌时祈祷别跌了，千万别跌了——“恐惧”；他们很多都觉得自己持有的股票一定会大涨，即使该股票价格已经暴跌了50%——“过分自信”；他们有不少看到别人买卖什么，自己就买卖什么——“从众”……无论多复杂高深的数学模型都无法完全解释这些行为。正是这些行为造成了金融的让人如痴如醉、欲罢不能的“艺术美”。这种艺术的绝大部分是证券市场特有的，而不是某个国家特有的——中国人在股市表现出来的贪婪与恐惧与美国人、丹麦人或日本人表现出来的贪婪与恐惧没有什么两样；黄种人在股市表现出来的过分自信和从众心理与白种人或黑人所表现出来的也没有什么区别。

2007年8月，国内一个知名博客——《老沙博客》发布了一篇名为“才涨到半万点”的博文非常有意思，其中有几句话是这样的：

“尽管现在还没到4 900点，但已经没有人怀疑能见到5 000点了！5 000点高不高呢？…… 老沙早在半年前就出过一道算术题：从1 000点涨到了2 000点，涨幅为100%，觉得好难好难；可从2 000点涨到3 000点，就觉得容易了许多，这是因为只涨了50%；那么再涨它个100%呢？就一下子到了6 000点！接着又涨个50%呢？那10 000点不就快到了吗？这么想、这么算，10 000点并不遥远！……[①]”

正如格林斯潘在他回忆录中所描述的，“我发现你根本无法想象人们有多么地相似，你无法用文化、历史、语言或者概率来解释……经济学家们应成为人类本性的学生，特别是雀跃和恐惧(exuberance and fear)的学生。雀跃是对生命的欢呼。我们之所以寻求持续生命是因为我们认为生命是有意义的。遗憾的是，过度的雀跃有时导致人们脱离现实，当人们被拉回现实时，雀跃变成了恐惧。[②]”当然，股市中也有些艺术成分是各个国家所独有的，正如中国的京剧和日本的艺妓一样。目前，国有企业在股票市场上起主导地位是中国独有的。

金融的“艺术性”不单单表现在投资者非理性和非“科学性”的行为上，

---

① 沙黾农，“才涨到半万点”，http://blog.sina.com.cn，2007年8月14日，老沙博客。

② Alan Greenspan, *The Age of Turbulence* (New York: The Penguin Press, 2007), pp. 16-17.

还反映在一个更基本的问题上—— 如何给(流动性差的)资产定价?对于流动性强的资产,如大公司的股票、美国政府债券,市场交易价格即是该资产的价格,不存在自己给资产定价的问题。而对于流动性差的资产,如金融危机中很多债务抵押债券(CDO),投资者必须根据市场情况,在某种假设的基础上,依靠一些定价模型来给资产定价。引用 Duff & Phelps 集团①戴维·拉森(David Larsen)的一句话:“某个投资的流动性越差,给该投资定价越趋向于艺术而不是科学。”举个有趣的例子,2006 年,以著名私募基金 Cerberus Capital Management 为首的一些机构投资者从通用汽车公司手中买入了 GMAC 公司(一个汽车金融服务公司)50.1%的股权。如果投资者在 2006 年投入 100 美元在 GMAC 上,该投资在 2007 年底会值多少钱呢?对于约客资本管理公司(一个对冲基金)来说该投资值 75 美元;对于另一个对冲基金来说值 80 美元;对于另外一家华尔街公司来说则值 90 美元;而对于 Cerberus Capital 来说仍然还值 100 美元②。

本书主要以美国证券市场为背景来介绍金融界一些重要的功能和业务,我衷心希望读者能够从中学到一些科学和可以移植的“艺术”,像风险管理、法律对金融的作用,等等。至于中国独有的“艺术”,像国企主导股票市场以及非流通股等,则不是本书讨论的话题。

全书一共由 10 个章节组成。2007 至 2009 年的金融危机是美国自 20 世纪 30 年代大萧条以来最严重的危机,它必将极大地改变美国和全球的金融业务与监管。我因此在第一章详细地介绍了危机的来龙去脉,以及对中国的启示。在其后的每一章中,我都会涉及金融危机对每个重要业务的影响。第二、三两章主要介绍定量金融研究与投资战略,这部分内容与我的工作和研究经历直接相关。虽然在中国定量研究和交易还未真正发展起来,但我相信随着中国证券市场的不断成熟和发展,定量投资所需数据不断完善和可靠,定量型投资会在中国占据一席之地。第二章主要探讨(股票)定量交易模型的设计过程。第三章主要介绍一些常用的定量投资战略。第四

---

① 一个专做投资组合评估的金融咨询公司。

② Peter Lattman, “Valuations Still Part Art, Accounting Change Adds Transparency, Exposes Subjectivity,” *Wall Street Journal*, May 14, 2008, p. C24.

章首先从买卖双方来探讨股票研究分析师业务，接着以访谈的方式来讨论基本面研究和交易。第五章介绍常见的固定收益类证券及其交易。金融危机的主要罪魁祸首之一就是一些复杂的固定收益类金融产品。第六章主要介绍资本市场运行的基础——法律和金融的关系。全章分三个部分。第一部分从宏观的角度探讨法律环境和金融市场发展的关系；第二部分主要从微观的角度谈谈法律实践者（律师）与金融之间的关系；最后，我想介绍一下为经济和金融相关的诉讼提供专家证词的经济咨询业。第七章主要介绍债券和金融衍生产品的信用评级业务，以及信用评级在金融危机中所起的作用。第八章介绍风险管理和控制，并兼评美国第五大投资银行贝尔斯登的灭亡。第九章讨论华尔街人才以及人才流动的推手——猎头公司。第十章探讨信息技术在金融行业中的作用。

插曲：中国是否要少一点有中国特色的自信呢？2008 年 3 月 3 日，两个新闻报道让我久久不能平静。一个是《中国证券报》的报道，某国家级投资公司高级负责人宣称，“（我们）每一笔投资都有详尽的投资方案，都是通过投资委员会集体决定的，绝不会做一笔亏本的买卖”。一个是《华尔街日报》报道，股神巴菲特在接受记者采访时承认他在 1993 年花 4 亿多美元收购 Dexter 鞋业是他有生以来最差的买卖。他打赌他还会犯更多的错误。他引用了一首乡村歌曲的歌词：“我从来没有和丑恶的女人上过床，但是我肯定我起床时碰到过几个。”（A Banker Whom Buffett Trusts，*Wall Street Journal*，March 3，2008；Page C3）集体决定就能保证不亏本？我们是不是要学习一下历史上最伟大投资家（之一）的勇于承认错误的精神，少一点有中国特色的自信呢？

第1章 十二年一觉美国梦 不经意又回到起点 ——美国次贷危机—金融危机—全球经济危机

在中文里，“危机”这个词由两个字组成。一个代表危险，另一个代表机会。

——约翰·肯尼迪（美国前总统）①

1996年12月5日，美联储前主席格林斯潘给美国企业机构（American Enterprise Institute）发表了一篇题为“民主社会中央行的挑战”的演讲。他指出“非理性繁荣”（irrational exuberance）导致了美国资产价值畸高，这些资产价值随后会遭受意想不到的、经久的收缩，正如日本在过去10年所经历的一样②。这一天，标准普尔500股票指数报收于744.38点。1997年10月27日，“血色星期一”，当天道琼斯指数由于受亚洲经济危机的影响惨跌7.2%，报收于7 161.15点。

华尔街“红灯”

---

① “When written in Chinese, the word‘crisis’is composed of two characters. One represents danger and the other represents opportunity”—John F. Kennedy.

② 原话是“*But how do we know when irrational exuberance has unduly escalated asset values, which then become subject to unexpected and prolonged contractions as they have in Japan over the past decade?*”, Alan Greenspan,“The Challenge of Central Banking in a Democratic Society”, 1996-12-05.

让我们把时光快速拨回到12年之后，2009年2月23日，星期一。当天标准普尔500股票指数下跌了3.5%，跌至743.33点，指数中的所有行业板块都齐齐下跌。当天的道琼斯指数下挫了3.4%，跌至7 114.78点。与2007年10月9日历史最高点14 164.53点相比，道指在16个月之内暴跌了50%。真是“十二年一觉美国梦，不经意又回到起点”啊！

美国这次严重的金融和经济危机起源于经济体一个角落里的泡沫——居民房地产领域中质量相对较差的按揭贷款，即所谓的次级贷款。但就是这样一个小角落①里的泡沫会在短短的两年内（截至2009年3月），摧毁了美国价值近6万亿美元的房地产市场财富，和8万亿美元②的股票市场财富。可怕的是，更多的财富还正在被摧毁，据亚洲发展银行2009年3月9日的报告③估计全球财富可能已经被摧毁了50万亿之巨，相当于全球一年的生产总值。

这是为什么？要回答这个问题，还得从危机的最根源谈起。

最美的美梦——拥有自己的家

拥有自己的家一直以来是美国梦的核心，美国公众一直认为让人们拥有住房是件美好的事情、能够创造更多的价值、构造美好和谐的社会。而“家，甜美的家”（home, sweet home!）则是美国人经常挂在嘴边的话。

与民众的梦想相配合，各级美国政府，无论是民主党当政或是共和党当政，都不遗余力地希望使更多的人拥有住房。克林顿政府于1994年推出了“全国住房战略：美国梦的合伙人④”。当时的美国住房和城市发展部长亨利·施斯莱若斯（Henry Cisneros）在1994年8月召集了由各大房地产相关企业参加的“历史性会议”。该会议最终出台了一个计划，该计划的一个重

---

① 整个居民房地产领域在2005年鼎盛时期不过占GDP的6.2%，而次级贷款只不过是所有按揭贷款中的一小部分。

② 经济学家贝克尔2009年3月4日在美国众议院的证词。http://www.house.gov.

③ Claudio M. Loser, “Global Financial Turmoil and Emerging Market Economies: Major Contagion and a Shocking Loss of Wealth?”, *Asian Development Bank*, March 9, 2009.

④ “The National Homeownership Strategy: Partners in the American Dream”.

要部分就是使用“创新的”手段来推动住房拥有率。该计划指出:“对于许多潜在的购房者来说,他们缺少足够的现金来支付首付和成交费用,这是他们购房的主要障碍。还有一些购房者没有足够的收入来按月偿还抵押贷款,这些贷款利息率是根据与标准贷款条款相对应的市场利率来确定的。私有与公共部门的创造性和资源所推动的融资战略必须设法解决这两个购房的障碍。[①]”

小布什在推动家庭拥有住房项目方面丝毫不输于克林顿,2002 年 6 月 15 日,他在对全国的广播讲话中指出:“拥有一个家是美国梦的核心,家是家庭的基石和社会稳定的源泉。家是许多美国人金融保障的基础……首次购房者的最大障碍是高额的首付,本届政府正提议成立‘美国梦首付基金’(the American Dream Down Payment Fund),当一个符合购房条件的低收入家庭缺少首付资金时,该基金将帮助提供所缺资金……仅仅政府的参与是不够的。我们需要激活私人部门,我鼓励房地产行业领袖和政府、非营利组织以及金融机构一起在全国范围内努力推动住房拥有率。”

美国国会在帮助国民圆“美国梦”上也当仁不让。早在 1977 年国会就通过了“社区再投资法案”(Community Reinvestment Act),该法案鼓励商业银行和储蓄机构给所在社区所有部门(包括中、低收入家庭在内)提供信贷服务。该法案前后经过数次修正,在其间的 30 年中银行向中、低收入家庭提供的贷款增加了 80%[②]。

1992 年,国会开始敦促房地美[③]和房利美[④](简称“两房”)两大政府支持

---

① Peter Coy, “Bill Clinton's drive to increase homeownership went way too far”, http://www.businessweek.com, February 27, 2008.

② 不少学者认为该法案是 2007 年爆发的次贷危机的原因之一,但也有不少学者持反对意见。格林斯潘在 2008 年 10 月国会的一次听证会上说,“如果我们能够回顾一下次级贷款市场发展的初始阶段,那会很有启发性。次级贷款市场可以说是产生于社区再投资法案。”(It's instructive to go back to the early stages of the subprime market, which has essentially emerged out of CRA.)

③ 房地美(Freddie Mac),全称“联邦住房抵押贷款公司”(Federal Home Loan Mortgage Corp),是美国政府赞助企业(GSE,Government Sponsored Enterprise)。房地美 1970 年由国会成立,旨在开拓美国第二抵押贷款交易市场。

④ 房利美(Fannie Mae),全称“联邦全国按揭贷款组织”(Federal National Mortgage Association),是美国政府赞助企业。创立于 1938 年,该公司的宗旨是购买按揭贷款并将之证券化,以确保提供贷款的金融机构拥有充分的资金。

企业，增加购买中低收入借款者的按揭贷款，并规定“两房”用于购买这些贷款的指标为30%。1996年，住房和城市发展部将30%的指标提高到40%，到2000年，这一指标上升为50%，而到2005年，更达到52%。

1996年，住房和城市发展部还明确规定“两房”所购买的所有按揭贷款中，必须有12%的贷款是提供给那些收入还不及当地收入中位数60%的家庭的。到2000年，这一指标变为20%；2005年，为22%；2008年，该指标计划为28%。当然2008年9月7日，“两房”被美国政府正式接管，次级抵押贷款市场基本上变成了一潭死水，该计划也就无法实施了。在2000年至2005年期间，“两房”每年都完成了指标，它们购买了数百亿的、中低收入人群申请的按揭贷款。这些贷款从信用等级①来看，很多都是非优质的（次级的）贷款，或者是浮动利率贷款（还息额根据市场利率的变动而变动，当市场利率上升时，此类贷款的还息压力加大），还有不少贷款人的首付低于10%。

在历任总统和历届国会的大力推动和带领下，越来越多的人实现了美国梦，“当家做了主人”，全美住房拥有率逐渐攀升，从1988年的63.8%上升到2004年的历史最高点69%（见表1-1）。

表1-1　美国住房拥有率（按年龄层次分）　　单位：%

	全美平均	<35岁	35岁～44岁	45岁～54岁	55岁～64岁	>=65岁
1988	63.8	39.3	66.9	75.6	79.5	75.6
1992	64.1	37.6	65.1	75.1	80.2	77.1
1996	65.4	39.1	65.5	75.6	80.0	78.9
2000	67.4	40.8	67.9	76.5	80.3	80.4
2004	69.0	43.1	69.2	77.2	81.9	81.1
2007	68.1	41.7	67.8	75.4	80.6	80.4

数据来源：美国统计局（U. S. Census Bureau，“Housing Vacancies and Home Ownership”.）www. census. gov/compendia/statab/cats/construction_housing/homeownership_and_housing_costs. html

① 请参阅第7章：信用与信用评级。

钱来得太容易，多多借债

在克林顿执政的八年期间(1993～2000年)，美国经济持续稳定地增长，住房价格也因经济繁荣和民众购房欲望的提升而健康、稳步地上扬。图1-1显示了1987～2008年期间的美国住房价格指数(标准普尔/凯斯—席勒住房价格指数，S&P/Case-Shiller National Home Price Index)走势。该指数在1993～2000年期间上涨了48.33%，平均每年增长率为5.05%；在克林顿的第二个任期(1997～2000年)内，网络经济爆炸性发展，道琼斯指数从1997年初的6 442.49点上涨到2000年底的1 0787.99点(年增长率为13.76%)。在此期间的住房价格上涨较快，年均增长率为9.82%。

住房价格9.82%的年增长率虽然偏高，但考虑到股市的财富效应，住房需求的增加，美国人口逐渐的老龄化(年长的人相对于年轻的人更有能力拥有自己的住房)，该增长率对整个经济来说还是可以承受的。

遗憾的是，2001年的经济衰退改变了一切。

图1-1 标准普尔/凯斯-席勒住房价格指数

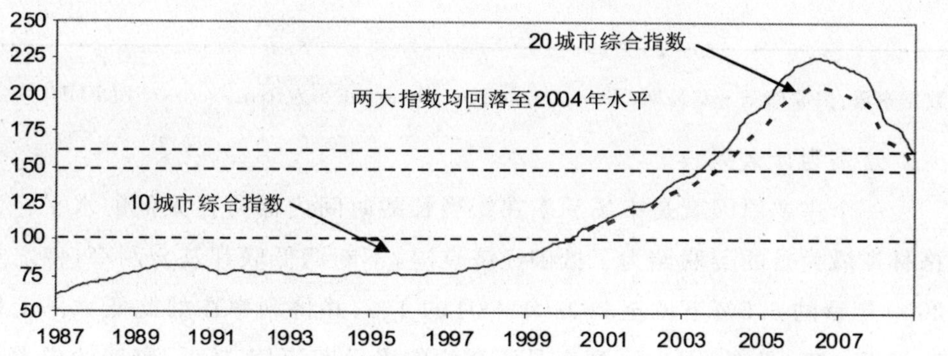

数据来源：http://www.macromarkets.com/csi_housing/sp_caseshiller.asp

2001年的美国经济衰退持续的时间其实只有八个月(2001年4～11月)。此次衰退主要是因互联网泡沫的破灭，导致证券市场，特别是针对中小企业的纳斯达克市场的崩塌，从而引起了投资的下降。但是和以往的衰退不一样，该次衰退中，个人消费和房地产企业仍然保持强劲。这和1990～1991年的衰退迥然不同，1990～1991年的经济衰退中全美住房平均价格下滑了近7%，而且，住房价格在衰退结束后的5～6年内都徘徊不前（见图1－1）。反观2001年的经济衰退，住房价格在衰退前、衰退中和衰退后一直保持着高速增长，在2000年1月至2006年7月间，20城市住房价格综合指数从100点一口气上涨到历史最高点的206.52点，每年保持两位数的高速增长。

图1－2　有效联邦基金利率（**Effective Federal Funds Rate**）

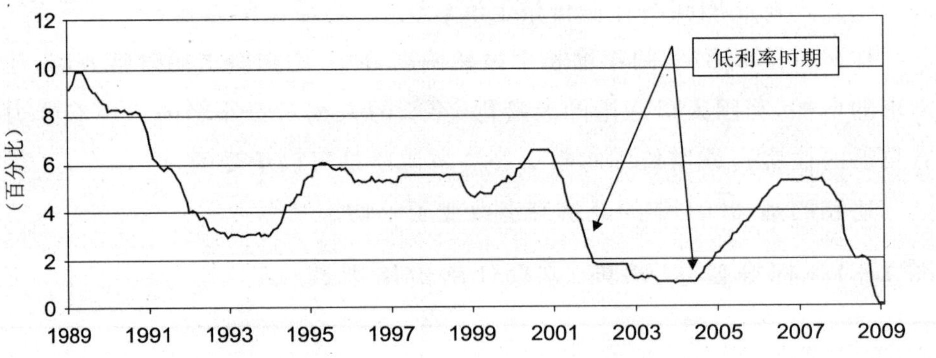

数据来源：美联储圣・路易斯，http://research.stlouisfed.org/fred2/series/FEDFUNDS

这是为什么呢？

一个主要原因就是市场利率在相当长的时间内保持在太低的水平。以格林斯潘为首的美联储为了抵御经济衰退，不断调低联邦基金利率，将之从2000年秋的6.5%下调至2003年6月的1%，并将利率在如此低水平上保持了近一年（见图1－2）。利率是资金的价格尺度，利率越低，借钱的成本就越低，个人或企业就更易借钱消费或者投资；相反，利率越高，通过借贷的消费或者投资意愿就降低。在美国，联邦基金利率可以说是所有利率的基石，其他所有利率都直接或间接与之相关。当联邦基金利率大幅下降时，其他所有与之挂钩的利率也会大幅下降。这对于很多想通过购房来圆自己美国梦的人来说是件大好事，因为他们的按揭贷款利率下降了，每个月所需支付的利息就少了。

与美联储宽松的货币政策相配合，布什说服国会每年划拨最多两亿美元用于帮助那些有困难交付首付和成交费用的首次购房者。他还推动让一些零首付的首次购房者有资格享受政府担保的抵押贷款。同时，他给予建造廉价房的企业超过20多亿的税收优惠。最后，作为自由市场的坚信者，他相信“美国企业有责任努力将美国建成一个富于同情心的地方①”。

很可惜，“美国企业”的首要责任是使股东的财富最大化，而不是同情社会。大大小小提供抵押信贷的公司，无论是银行、储蓄机构，还是专门提供按揭贷款的金融机构，为了抓住历史性的低利率和绝好的“实现美国梦政策”所提供的商机（发放的贷款越多，所得的佣金和手续费就越多），积极响应“政府的号召”，使出了种种富有“创造性”的解数。据《纽约时报》2007年8月的一篇报道②，在2000年至2007年间，各大抵押信贷公司在电视、广播和杂志等媒体上总共花费了30亿美元的广告费，这还不包括通过互联网和直接邮寄的广告。一些公司为了赢取客户，经常打出具有煽动性甚至误导性的广告。一家名叫快速贷款（Quicken Loans）的信贷公司曾经刊登出这样的广告——“你的还贷支付可以比你所能想象的还要低”。信贷公司还挖空心思地吸引那些无良好信用记录的低收入人群，比如所谓的“2/28”按揭计划。在此计划下，30年期的抵押贷款，借款者在头两年可以只付很少甚至是零利息，而在余下的28年里，借款人则要支付较高的利息（利息率通常要比优质抵押贷款利率高2％～4％）。低利率、误导性的广告，再加上非常具有诱惑力的贷款合同导致了美国的次级按揭贷款市场膨胀发展。次级按揭贷款年发放总额在2001～2006年期间增长了七倍。

---

① “Corporate America has a responsibility to work to make America a compassionate place.”

② Louise Story and Vikas Bajajas, “Woes Grow, Mortgage Ads Keep Up Pitch,” *New York Times*, August 25, 2007.

[什么是次级抵押贷款?]

这在美国并没有一致的定义。它是与优质抵押贷款相对应的。它可以根据借款人的个人信用得分来划分(比如,信用得分低于620分的借款人),可以根据贷款信贷公司的特征来划分(例如,专门从事高融资成本贷款的信贷公司),也可以根据贷款合同的类别来区分(例如,零首付或不需要文件证明等),等等。但无论如何划分,所有次级抵押贷款的共同特征是贷款人的信用较差、收入偏低、违约风险高。

可以说,在这段时期内,任何人只要签个字,就能拿到数十万美元的贷款,我本人就收到无数的要求我申请个人贷款的垃圾信件和邮件,即使当时我还是个在学校读书的收入微薄的学生。那些疯狂发放贷款的企业并不是傻瓜,它们之所以不关心贷款人能否偿还贷款有两方面的原因。第一,只要房地产价格一直像过去数年一样高速上涨,那么抵押品(房子)的市场价格就会超过贷款额,就算贷款者无力偿还贷款,企业也不会亏损。同样因为这个原因,借款人即使没有足够的收入,也有胆量去购买和享受与自己收入不匹配的房子——我可以随时找另外一家银行给我再融资。第二个原因就是,这些发放贷款的金融机构非常巧妙地将这些贷款捆绑起来,设计成一个个全新的、复杂的、以按揭贷款为基础的金融衍生产品,卖给不是很懂行的机构投资者。这样,它们不但去除了绝大部分的风险,而且还能赚取管理费和手续费。

由于房产价格不断上涨,借钱又是那么的容易,不少人开始抵押旧房投资(或是投机)新房。全美畅销书《说谎者的扑克牌》(*Liar's Poker*)的作者迈克尔·刘易斯,在2008年12月发表的一篇评论华尔街末日的文章中举了这样一个真实事例。史蒂夫·艾斯曼(Steve Eisman),一位较早发现美国次贷问题的对冲基金经理,在2006年次级贷款问题初步显露出来的时候,得知他以前的一位牙买加移民保姆和她的姐姐在短短的几年中购买了五套房子。她们是如何做到的呢？当她们买了第一套房子以后，房子很快就升值；这时一些金融机构就怂恿她们再融资并拿出25万来购买第二套住房①。很快第二套住房又升值了，她们又对第二套住房再融资并拿出部分钱来购买第三套房；如此以往，她们在几年间买了五套住房。可是当她们买了第五套住房后，房地产市场开始下滑，结果她们连一套房子的月供都付不起了。

钱对个人来说来得容易，对于金融机构来说同样来得容易。道理很简单，只要借款利息比潜在的投资收益要低，借得越多，(用借来的钱来投资)可能的利润就越大。在2007年，华尔街各大投资银行的财务杠杆(债务与自有资本的比率)都超过了25，其中摩根斯坦利的杠杆为33，高盛的为28。假设我的财务杠杆为29，这就意味着，我从自己口袋里每掏出一块钱，我就借29元钱来用于投资，哪怕我每元钱的投资回报只有五厘钱，我的总投资收益就能高达15%②，除去借款利息，我的净投资收益可以超过10%。万一每元钱的投资回报能够达到一毛钱，我的投资收益就能达到300%。哇，何乐而不为呢？

随着资本不断涌入资本市场，金融企业之间的竞争也日趋激烈，投资机会也相应减少。迫于利润的压力，华尔街的各大银行在提高财务杠杆同时，寻找新的金融投资产品，即使它们自己不是很理解一些产品，它们也愿意尝试。因为，投资机会在那些新的、复杂的产品市场上相对较多，而在成熟的、简单的市场上相对较少，如股票市场。

以按揭抵押产品为基础的一些金融衍生产品正是这样的产品。

产品越复杂越能忽悠人

发放了大量次级贷款的金融机构，为了控制自身的风险，必须设法将这

---

① 举个例子，如果她们第一套住房的原价是80万，她们首付10%为8万，银行贷款72万。一年后，她们还了银行2万，还欠银行70万。但是房子已经升值到100万，这时她们可以选择再融资，以升值了的100万的房子为抵押，她们可以贷款95万，其中70万用于以前的银行贷款，多出的25万可以用来买新房。其实如果80万的房子首付只需8万的话，她们可以同时购买3套新房！

② 5厘钱*30元总投资 = 0.15元毛收益，0.15/1元自有资本 = 15%毛收益。

些风险转移出去。一个最直接的方式就是将这些贷款转手“倒卖”给其他机构。房地美和房利美，这“两房”义不容辞地成为住房按揭贷款的重要买家，因为政府设立这两家企业的初衷就是增加房地产市场的流动性、稳定性和居民购房的承受能力。“两房”购买了这些按揭贷款后，自留一部分用于投资目的，但是更多的是将这些按揭贷款“证券化”。它们将成百上千的具有相似特征的按揭贷款（如同为 30 年到期、固定利率的按揭贷款）捆绑起来，在此基础上发行债券——住宅按揭证券（Residential Mortgage Backed Securities①）。每个月放贷的金融机构从这些成百上千的贷款人手中收取当月的利息和本金（月供），在收取一定的手续费和服务费（如 0.25％）后，将余额交付给“两房”；“两房”在收取相应的担保费用（Guaranty Fee，一般在 0.25％～0.37％）后，将余额“传递”给按揭证券的投资者——通常就是这些发放贷款的金融机构。由于“两房”的担保，一旦任何购房者违约，“两房”将负责支付所欠的利息和本金，加上“两房”的政府背景，这就使得“两房”所发行的按揭证券的信用非常高，通常为最高的 AAA 级。高信用等级导致了高流动性，发放贷款的金融机构从“两房”中购买了按揭证券后，它们可以自留，也可以卖给其他的投资者。

图 1－3 揭示了现金流从按揭贷款人（购房者）经过放贷机构和“两房”最终到达按揭证券投资者手中的简单过程。其间，放贷机构会收取一定的（如 0.25％）服务或手续费，“两房”会收取一定的担保费用。按揭证券投资者最终获得的收益要低于按揭贷款人支付的房贷。

但是问题并没有停留于此。首先，不是所有按揭贷款都能卖给“两房”的，能够卖给“两房”的按揭贷款必须符合一定的要求。主要的要求包括贷款额不能超过一定的限额②、贷款人的信用度必须高于一定程度（如信用得分不得低于 660 分）、首付必须要超过一定比例（如不得低于 10％），等等。符合“两房”要求的贷款称为“合要求贷款”（conforming loan），而不符合“两房”要求的贷款称为“不合要求贷款”（non-conforming loan）——它们中的大

---

① 详细介绍请参阅第 5 章：固定收益证券。

② 在 2006～2008 年期间，这一额度在美国大多数区域不能超过 41.7 万美元。

多数为次级贷款。由于缺少“两房”的支持，“不合要求贷款”的利息率要比“合要求贷款”的利息高1%～6%。值得提醒的是，“不合要求贷款”申请人往往拥有较差的信用记录和较低的收入，但同时他们又必须支付较高的贷款利息，这就意味着他们的违约风险要比“合要求贷款”申请人要高得多。

图1－3　住宅按揭贷款现金流

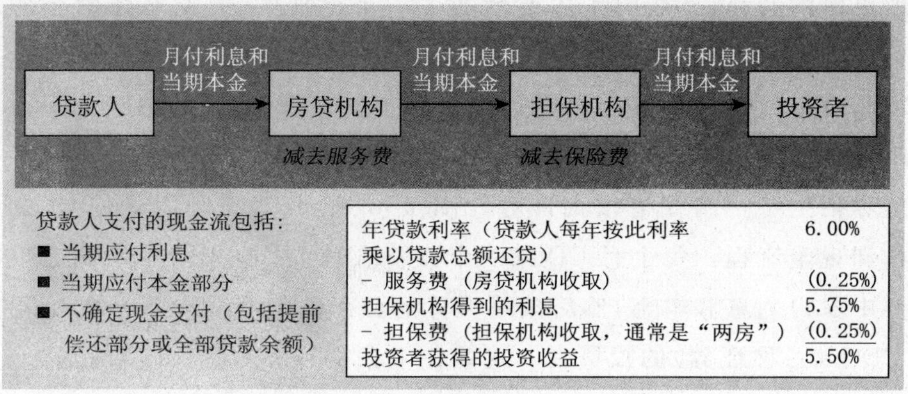

其次，按揭证券要远比普通债券来的复杂。按揭证券投资者的每月收益是不固定的，它取决于再融资、违约行为、房产的买卖等众多因素。因为一旦贷款人选择再融资或者卖房，他的旧贷款通常就被立即还清，按揭证券投资人将提前收到本金，而每月利息的支付也就随之终止。同样，如果还贷人违约，贷款担保人（通常是“两房”）将支付所欠本金，按揭证券投资人也将提前收到本金。当然，如果市场利率不断上升，经济逐步走强，选择再融资或者违约的人就相对较少[1]，这就导致了债券投资者可能会比预期的要晚收回投资收入。或早或晚，对于投资者来说都是不理想的。这还不是最头疼的。最令人头痛的问题是，按揭证券是建立在一捆由成百上千的按揭贷款组成的“资产包”之上的。而计算整个“资产包”的违约概率是非常困难的事情，违约风险加上投

① 没有人愿意通过再融资用低利率的房贷去换高利率的房贷；经济走强，人们的收入通常增加，并较稳定，违约率就相应下降。

资收益的不固定性就为投资者增加了诸多的不确定性。投资者不畏惧风险,只要市场能够给风险一个合理的价格——如果风险高,投资者就索要高回报;风险低,就索要低回报。但是投资者厌恶不确定性,因为在此情况下,投资者无法给风险定价。

为了降低"不符合要求贷款"的风险、降低按揭证券投资收益的不确定性、增加市场对按揭证券相关金融产品的有效需求,同时"顺便"为了赚取更多的利润,万能的华尔街创造了一个绝佳的、复杂难懂的金融衍生产品——债务抵押债券(collateralized debt obligations, CDOs)①。CDOs由一个特殊的、类似公司的经济实体——债务抵押责任②(collateralized debt obligation, CDO)在投资银行的协助下发行。较常见的债务抵押债券衍生于一组住宅按揭证券。图1-4给出了一个简单的CDO的结构和现金流程。每个月CDO(一个经济实体)从购买的一组住宅按揭证券中取得利息和本金,然后按照设计的分配方案将现金流分配给不同的CDOs(一种证券)的投资者。这些住宅按揭证券成为CDO的资产,它们不断地产生现金流,而投资者所购买的不同CDOs证券成为CDO的负债,CDO的组织者通常支付一定的股本金或优先股。投资高级板块(tranche)的CDOs购买者将最先获得现金,较为低级板块的投资者将随后获得现金,以此类推,当所有板块投资者都获得应得的现金流后,CDO的优先股投资者获得剩余现金流③。由于高级板块CDOs的现金流最先得到满足和保证,高级板块CDOs通常拥有最高信用等级,其他板块CDOs因违约风险较高而信用等级相应较低,但作为回报投资者可获取更高的利率。

---

① 详情请参阅第5章:固定受益证券。

② CDO(一个经济实体)发行CDOs(债券)。

③ 优先股由于风险太高(一旦按揭证券发生违约,优先股投资者最先承担损失),一般由CDO的发起者持有,但其潜在的收益也最高。

图 1－4　一个债务抵押责任(CDO)结构和现金流

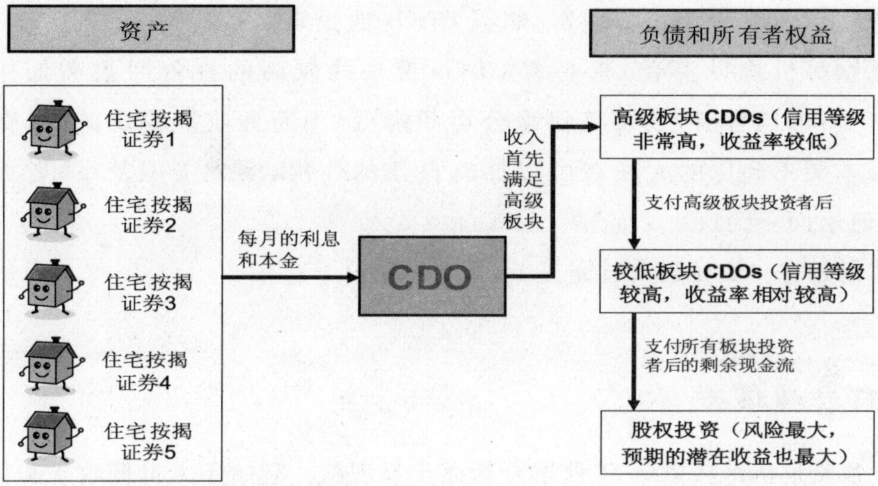

CDOs 的投资者，特别是较低板块 CDOs 证券的投资者，为了控制投资风险，通常会为自己的投资购买“保险”。信用违约互换(Credit Default Swaps，简称为 CDS)，就是一种为所投资债券提供担保的信用衍生产品。CDS 的购买者定期向 CDS 的卖方(通常是保险公司)支付一定的“保费”，为自己投资的债券(如 CDOs)投保。如果在债券到期之前，债券发生违约，CDS 的卖方向买方支付投资损失。事实上，CDS 的购买者通过支付固定的“保费”将不确定的投资风险转移到 CDS 的卖方身上了。

CDOs 和 CDS 都是相对复杂的金融衍生产品。它们的定价和信用评级都必须依赖于诸多的假设和数学模型。但是假设未必都合理，例如在 2000～2006 年期间，几乎没有人会假设房价会平均下降超过 25%。同样，模型也并不能完全描绘现实。为 CDOs 定价作出突破性贡献的李祥林先生在 2005 年谈论自己的模型时，曾表示“极少数人能够真正理解该模型的精髓”。美国财经频道 CNBC 在 2009 年 2 月 12 日播出了一期与金融危机相关的特别节目，格林斯潘在节目中也坦言，他不是很理解 CDOs，而他的手下有几百个博士，如果他都不是完全理解 CDOs 这样的金融产品，那究竟有多少人能够真正理解呢？

但是在房价不断上涨、极少数人违约的时代，不理解又有什么关系呢？贷款中介和银行不断发放贷款获得不菲的佣金；投资银行能够不断赚取高额的承销费和管理费；购买 CDOs 的投资者（主要是共同基金、对冲基金等机构投资者）享受着 CDOs 带来的较高的投资回报和低违约率；CDS 的销售者（主要是保险公司和银行）不断地收取稳定的"保费"；而原本买不起房的人现在可以拥有自己的住房，实现美国梦了；皆大欢喜，何乐而不为呢？

但是这一切显得太过完美了，太不可思议了。

次贷危机爆发

次贷危机是从 2006 年秋季开始逐步显现的。它始于大批低收入和信用程度差的借款人不能按期偿还贷款。这类人群通常只能获得"次级"抵押贷款或者"Alt-A"贷款（一种风险介于次级和优质之间的抵押贷款）。

美联储在 2004 年 1 月至 2006 年 6 月间连续 17 次提升联邦基金利率，将其从 1%的最低点提升到 5.25%，次级抵押贷款的还款利率，特别是浮动利率的次级贷款的还款利率，大幅上升，购房者的还贷负担急剧加重。与此同时，自 2006 年开始，住房市场开始降温，美国大部分区域的住房价格逐渐回落，这使得购房者出售住房或者通过抵押住房再融资变得困难。这种局面直接导致大批次级抵押贷款的借款人不能按期还贷，在 2007 年，大约有 130 万家庭住宅被没收，比 2006 年上升了79% 。①

2007 年 2 月 7 日被认为是次级抵押贷款危机的正式开始之日。当日，汇丰银行宣布与次级抵押贷款相关的坏账准备金要高出市场预期 20%并发布赢利预警，这是汇丰银行 142 年历史上的首次赢利预警。同日，新世纪房屋贷款公司（New Century Financial）透露重新申报以往的财务报表并公布亏损。当时，市场还乐观地认为汇丰在次贷上的亏损是个个例，汇丰的首席执行官 Geoghegan 相信"这（次级贷款）只是我们全球业务的非常小的一部

① "U. s. foreclosure activity increases 75 percent in 2007," http://www.realtytrac.com. 2008.

分,并且次贷风暴的顶峰将会在今年(就过去了)[①]”。可是,相隔仅仅八个星期,新世纪房屋贷款公司就于4月2日申请破产保护。Fremont General和NovaStar Financial等几乎所有的次级贷款发放机构的股票都不断地自由下落。5月,穆迪评级将62个CDOs板块“降级预审”(downgrade review),这导致了与次贷相关的金融衍生产品的价格下降。

在6、7月份,三大评级机构(穆迪、标准普尔和惠誉)对其他一些CDOs板块的降级极大地撼动了整个信用产品市场。一场摧枯拉朽的暴风雨似乎即将来临!而华尔街第五大投资银行贝尔斯登(Bear Stearns)内部两个对冲基金的倒闭成了这场暴风雨的完美序曲。

金融危机序曲一:贝尔斯登旗下基金的倒闭

贝尔斯登一直以来都是美国固定收益证券市场上的领头军,同时还是大型对冲基金管理人。贝尔斯登旗下有两只对冲基金[②]主要投资高信用等级金融产品,如高级板块的CDOs。这两个基金的运作可以简单地这么描述[③]:

在房产市场蓬勃发展、极少数购房者违约期间:

- 买入CDOs,这些CDOs提供的利息通常要比借钱成本要高。
- 利用财务杠杆大量借钱,尽可能多地买入CDOs,并用CDOs作为借钱的抵押物。只要CDOs的利息大于借钱利息,借得越多,赚得越多。
- 买入CDS作为投资CDOs的保险。
- 只要投资收益大于贷款利息和保险费的总额,那就可以天天在家里等着数钱了。

可是不可能完全地消除风险,因为这是个高度竞争的市场,无风险投资

① Mike Geoghegan, “This is a tiny part of our worldwide business and the peak of the storm is likely to be in 2007.” Feb 7, 2007.

② “Bear Stearns High-grade structured credit fund”和“Bear Stearns high-grade structured credit enhanced leverage fund.”

③ 两基金的运作描述部分参照“*Dissecting The Bear Stearns Hedge Fund Collapse*”, by Investopedia Staff, http://www.investopedia.com/articles/07/bear-stearns-collapse.asp.

的回报相应会很低，基金经理所能做的就是对冲可预期风险。非常不幸的是，购房者违约率在2007年“意想不到”的飙升和高财务杠杆，很快就推倒了这两个基金：

- 按揭贷款违约率飙升致使CDOs价格大幅下跌。
- 由于CDOs被用来抵押给银行借钱，2007年6月中旬，借钱给两基金的银行因为抵押物的价值大幅缩水要求它们提供额外的现金。
- 没有足够的现金，加上CDS未能提供足够的保险，两基金被迫销售持有的CDOs债券筹集资金。可悲的是，这时市场的主要参与者都知道贝尔斯登的这两个基金资金吃紧，可能要被迫大量销售债券筹集资金。这些参与者的策略就是一个字：等！不急着购买这两个基金的债券，等两基金被逼的没有办法自动降价！
- 果不其然，CDOs市场进一步恶化，价格不断下降。
- 银行要求两基金提供更多的现金；它们必须进一步出售更多的债券；这又导致债券价格的再次下跌。
- 恶性循环、一来二去，没过多久，两个基金的本金基本耗光。

2007年7月17日，贝尔斯登在一封给投资者的信中披露，其中一个基金损失了90%以上的资本，而另外一个利用更高财务杠杆的基金则损失了全部的资本金。7月31日，两个基金正式申请破产。美国政府随后对基金管理人展开刑事调查。

与贝尔斯登基金倒闭并行发展的是房地产市场和按揭证券市场的急剧恶化。2007年7月24日，美国最大的抵押信贷商全国金融公司(Countrywide Financial)公布赢利低于预期，公司宣称由次贷违约造成的“困难”可能会持续下去，房产需求很可能在2009年之前都不会恢复。7月26日，全美国最大的住宅建筑公司——D. R. Horton Inc，宣告公司出现上市以来的首次亏损。同日，数据显示新房销售比去年同期下降6.6%。8月初，全国金融公司认为次贷风暴已经波及高质量的按揭贷款。那些被评级机构评为最高信用等级AAA(通常被认为几乎没有可能违约)的CDOs价格跌去了5%～10%，而其他信用等级的CDOs价格则在短短的数月中跌去了20%～60%。

贝尔斯登基金的倒闭以及房地产市场及其相关金融产品的不断恶化，彻底动摇了投资者对交易对方以及评级机构的信任（参阅第 7 章：信用与信用评级）。而这种信任对于短期借贷市场是至关重要的，因为在短期，投资者可能根本没有时间去彻底检查对方的诚信，交易主要建立在相互信任的基础之上。

金融危机序曲二：短期信贷市场的“流动性枯竭”

短期信贷市场主要包括商业票据市场、回购协议市场①、联邦基金市场以及银行间拆借市场。商业票据是指由金融公司或信用较高的大型企业开出的期限在 9 个月以下的短期票据。2007 年 7 月，由于根本不清楚资产（尤其是按揭证券、CDOs 等复杂金融产品）的真实价值，再加上对评级机构给出的信用评级失去了信心，投资者开始迅速撤离资产支持商业票据②市场。

图 1－5　资产支持商业票据（ABCP）

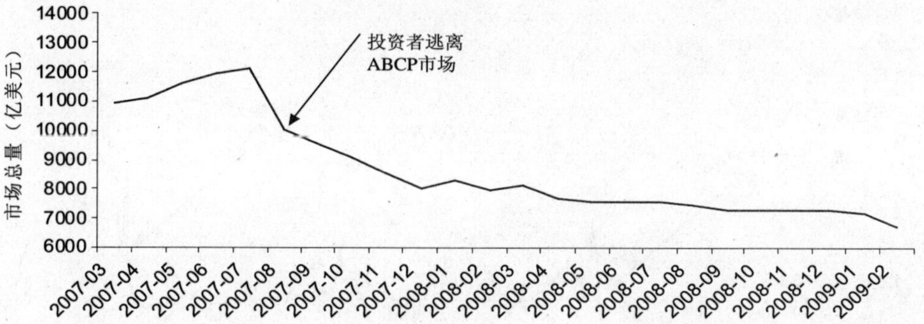

数据来源：美国联邦储备委员会（Federal Reserve Board），https://www.federalreserve.

① 回购协议市场是指通过回购协议进行短期资金融通交易的场所。回购协议是指资金借入方在出售证券的同时和证券购买者签订的、在一定期限内按约定价格购回所卖证券的协议。证券购买方其实是借钱给证券出售方，购买方的收益来自证券的买卖差价。由于其短期性同时有证券作为抵押物，回购协议市场的流动性和安全性都很高。

② 资产支持商业票据（asset-backed commercial paper，简称 ABCP）与 CDOs 类似，它由一个特殊目的的经济实体发行，发行所筹集资金投资于诸如应收账款、汽车贷款、CDOs 等各类金融资产。ABCP 投资者所面临的主要风险是所投资金融资产的价格下降。

gov/datadownload.

7月，德国IKB德意志工业银行(IKB Deutsche Industrie bank)成为次贷危机在欧洲的第一个牺牲品。该银行旗下的一个投资实体无法继续发行资产支持商业票据，而IKB本身则无力为该实体提供许诺的信用额度。德国政府不得不组织包括国有银行KfW集团在内的诸多银行，提供给IKB50亿美元资金援助。该事件发生后，市场参与者开始恐慌了，它们开始拒绝借钱给对方，许多依赖短期信贷市场维持运营的金融机构和非金融机构开始感到"呼吸"困难。

恐慌很快就蔓延到银行间拆借市场，以前"称兄道弟"的银行家们开始拒绝给对方拆借，或者索取高额的利息。一个衡量银行间拆借成本的重要指标是伦敦同业拆借利率，LIBOR (London Interbank Offered Rate)。该利率衡量一个银行向另外一个银行短期(通常为一天至三个月)无担保借款的成本。由于借款时间极短，虽然没有担保，借款还是相对很安全，LIBOR通常只比无风险的美国三

图1－6　2007年1月～2008年12月TED利差(TED Spread)

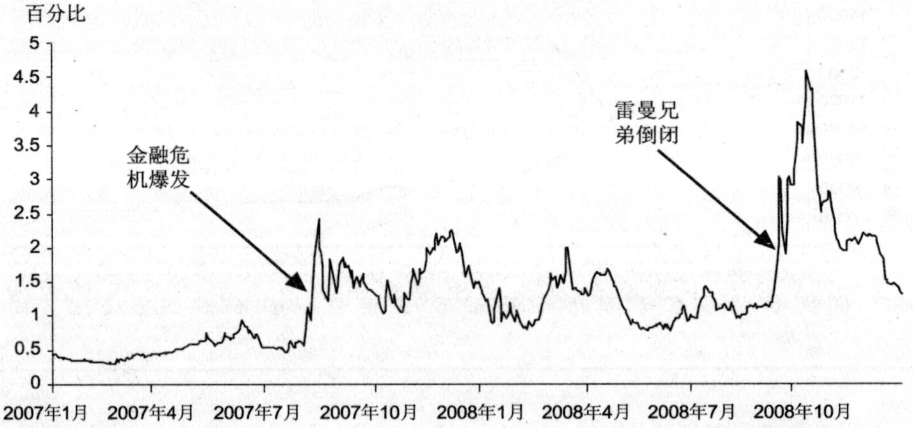

数据来源：LIBOR数据来自英国银行家协会(www.bba.org.uk)。三月期美国短期国债数据来自美国财政部(http://www.ustreas.gov/offices/domestic-finance/debt-management/interest-rate/daily_treas_bill_rates_historical_main.shtml)。TED利差 ＝ LIBOR － 3月期债券利息。

个月期的国债利率稍高一点点，在0.15%～0.3%左右。LIBOR与三月期国债的利率差被称作“TED利差”(TED spred)，该利差是衡量货币市场流动性的重要指标。在8月上旬至下旬期间，TED利差从0.5%猛升到2.5%左右(见图1-6)。

金融危机爆发——各大央行被迫出手

8月9日，由美国次贷危机引起的金融危机[①]正式爆发。8月9日早晨，法国第一大银行——法国巴黎银行宣布由于无法给结构性金融产品(如CDOs)定价，决定暂时阻止投资者从旗下的三个投资基金抽取资金。在一份正式声明中，巴黎银行宣称“美国证券化市场某些领域的流动性完全消失了，这使得我们无法给某些资产合理定价，无论这些资产的质量或信用等级如何[②]”。

想想，一个世界主要银行发出这样的一个声明意味着什么?! 这份声明发表之后，关于其他银行和对冲基金有类似问题的谣言四起，恐惧开始在市场蔓延。各大金融机构开始拒绝借贷，囤积现金，市场的流动性一下子蒸发了。为了避免金融市场完全停止运转，欧洲央行当日往银行间拆借市场注入1 470亿美元；美联储紧随其后，注入240亿美元；加拿大和日本央行也跟着介入。

危机发展到这个阶段，市场开始将所有金融产品分为两类：无风险的美国国债和其他所有金融产品。凡是非美国国债，都是有风险的，信用等级再高也没有用，市场都要索取高额的利率以补偿潜在的风险，或者干脆直接避而远之。

8月17日，美联储调低储备金贴现率0.5%，扩大了银行可用来抵押资产的范围，并将银行从美联储借款的期限延长至30天。9月18日，美联储将联邦基金利率下调0.5%至4.75%，同时将贴现率再次下调0.5%至5.25%。尽管美联储三番两次出手，市场还是认为联储官员出手太慢、太

① 也称信贷危机。

② “The complete evaporation of liquidity in certain market segments of the U.S. securitization market has made it impossible to value certain assets fairly regardless of their quality or credit rating.”

轻。早在8月3日下午，CNBC《疯狂的金钱》主持人吉姆·克拉默(Jim Cramer)在直播电视中，歇斯底里地骂美联储主席贝南克是个蠢蛋、什么都不知道的学究，根本不知道市场发生了什么，并要求美联储降低贴现率和联邦基金利率。在接下来的几个月里，各大银行不断减计资产账面价值，损失不断扩大，美联储不得不在12月11日再次降息0.25%。

摩根大通收购贝尔斯登

2008年初房地产市场进一步恶化，按揭证券及其衍生产品的价格不断下降，这给贝尔斯登的打击是很沉重的，因为它是五大投行中最小最弱、财务杠杆最高的一个，它同时还拥有大量按揭贷款相关证券。2008年3月初发生的一系列不利事件终于将贝尔斯登彻底挤垮(详情请参阅第8章《风险管理与控制》)。

由于贝尔斯登和无数市场参与者都有交易，交易数目据估计大约有1亿5千万[①]之巨，而交易涉及的金额高达14.2万亿美元！如果听之任之地让它灭亡，太多的关联方将会被拖下水，整个金融系统可能都会被拖垮，美联储于是来了个"拉郎配"，在3月16日星期日下午(亚洲股市星期一凌晨开盘前)，将贝尔斯登强行"许配"给摩根大通银行，并提供300亿美元的融资。当晚，美联储宣布将贴现率从3.5%降至3.25%，并在历史上第一次允许投资银行通过贴现窗口借贷资金(以往只有商业银行才能使用贴现窗口)。这一举措，暂缓了投资银行的流动性压力。

"两房"被接管，华尔街崩塌——金融海啸

房地美和房利美拥有或担保美国近一半的12万亿美元的按揭贷款市场。随着房地产市场的进一步恶化，按揭贷款违约率逐步攀升，人们开始怀

---

① Markus K. Brunnermeier, "Deciphering the Liquidity and Credit Crunch 2007-2008," *Journal of Economic Perspectives*, Vol. 23, No. 1, Winter 2009, pp. 77-100.

疑“两房”是否有足够资本金来应付这次危机。2008年7月11日,《纽约时报》报道美国政府正在考虑如果“两房”的金融状况持续恶化,政府将接管两公司。消息出来后,当天房利美股价暴跌了22.3%,房地美跌幅较小,跌了3.1%。股价下跌的主要原因是一旦政府接管公司,现有的股东权益将被极大地稀释。7月13日,财政部长保尔森宣布政府计划公开担保支持“两房”证券(注意,“担保证券”并非“接管公司”)。

图1-7 房利美和房地美股价走势

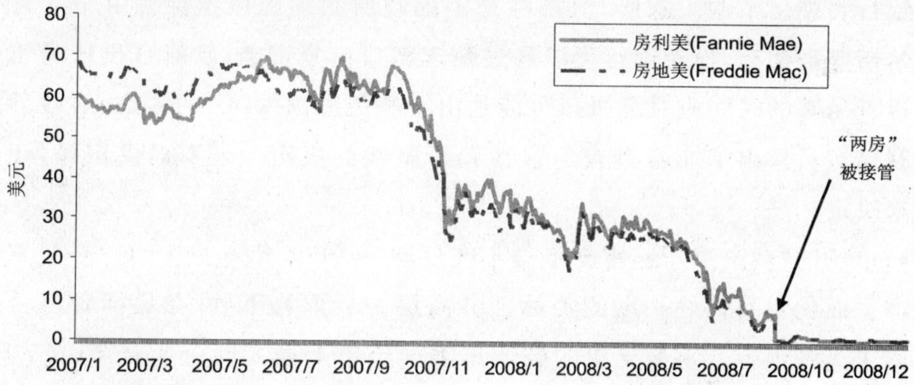

可是,“两房”的金融状况继续恶化,股价剧烈地波动下滑。9月7日星期日,美国联邦住房金融局(Federal Housing Finance Agency, FHFA)主管Lockhart宣布“两房”正式被FHFA接管。次日,房利美股价从上周末的每股7.04美元暴跌至0.73美元,而房地美股价则从每股5.1美元落至0.88美元(见图1-7)。而仅仅在一年之前,“两房”的股价还在60～70美元的区间波动。

房地美美国总部

2008年3月贝尔斯登倒了以后,雷曼兄弟成了主要投资银行中最弱的一个,比雷曼稍好一点的是美林证券,最强的是高盛和摩根斯坦利。可是大家的日子过得一天不如一天。雷曼的情况尤其糟糕,雷曼持有了大量低级板块的CDOs和风险更高的CDO股权投资（见图1-4）。在2008年第二财政季度，雷曼亏损28亿美元，2008年上半年股价惨跌73%。8月份，雷曼开始暗地里接触潜在买家，韩国发展银行显示了浓厚的兴趣。很不幸，9月9日，韩国发展银行退出了购买洽谈，当天，雷曼股价暴跌了45%至7.79美元。10日，雷曼宣布再次亏损39亿美元并打算出售投资管理业务，当天股价跌了7%。11日，有消息透露雷曼正在积极寻找买家，股价再跌40%。

9月13～14日（星期六和星期日），美联储纽约分行主席Geithner召集了主要银行和投资银行的首脑讨论如何救助雷曼。美洲银行和英国的巴克莱银行表现出了购买意愿，但条件是美国政府必须提供担保。由于3月份贝尔斯登被购后，投资银行可以通过贴现窗口借贷资金，政府官员认为雷曼应该有足够的时间应对危机。可能是出于避免道德风险①的考虑，财政部和美联储官员作出了非常具有争议性和历史性的决定——不提供担保，让市场来决定！

市场的“裁决书”是，雷曼不得不在星期一（2008年9月15日）早晨宣布破产。而比雷曼稍好一点的美林证券高层一看形势不妙，在星期日将公司卖给了美洲银行。雷曼兄弟的破产是美国历史上最大的企业破产。16日，巴克莱银行宣布购买雷曼北美投资银行和交易业务以及纽约总部大楼。22日，日本野村证券（Nomura Holdings）宣布购买雷曼亚太地区业务。23日，野村再次宣布购买雷曼在欧洲和中东的投资银行和股票业务。

有着158年历史的雷曼兄弟的倒闭致使雷曼的普通股股东、优先股股东、大多债券投资人的绝大部分投资化为乌有。市场处于极度惊恐状态，投资者在纷纷预测下一个倒闭的金融巨头。保险业巨无霸美国国际集团AIG很自然地成为了下一个牺牲品。AIG在经济和房地产市场繁荣时期，销售了大量的债券保险合同，特别是CDS。就像如果某个保险公司承保了某个城市大部分住宅的房屋安全险，但是非常不幸，该城市几乎所有房子都被一场大火吞噬了，那这个保险公司将会赔得很惨②。按揭贷款的高违约率，

① 指的是如果企业知道自己一旦出现问题，政府就会出手援助；企业就会甘愿冒险，做最有利于自己的事情，而不顾后果，因为有政府托着。

② 当然，现实中，保险公司往往为自己销售的保单再保险。

CDOs价格的急剧下降，导致了AIG在债券保险业务上遭受了巨额亏损。9月16日，AIG宣布2008年上半年公司亏损132亿美元，AIG的信用等级被降至AA级，当日股价跌去95%，至每股1.25美元。这次，为了“避免系统性风险”，美国政府决定出手援助。当晚，美联储决定给予AIG850亿美元的两年贷款，并以此换取79.9%的股权。AIG的好戏还在后头，10月8日，由于AIG的证券借贷业务的问题，救助贷款总额上升到1 230亿美元。11月9日，贷款额上升至1 500亿美元。2009年3月1日，美国政府再次伸出援助之手，愿意提供额外的300亿美元。3月2日，AIG公布2008年第四季度亏损达到骇人听闻的617亿美元，其2008年全年的亏损为993亿美元。

为了避免重蹈雷曼的覆辙，剩下的两大投资银行——高盛和摩根斯坦利在2008年9月21日正式宣布从投资银行转变为银行控股公司——可以吸纳个人和企业存款，并发放贷款。从此，传统意义上的华尔街彻底消失了，雷曼破产了，贝尔斯登和美林被卖了，而高盛和摩根斯坦利变成银行控股公司了。随着华尔街而去的是一大批曾经风光无限、挥金如土的高薪人才。真是，

忆往昔，江山如画，一时多少豪杰！
看今朝，人生如梦，一樽还酹江月。

政府救助与美国经济衰退

雷曼和AIG事件后，信贷市场状况持续恶化。保守的投资者不断地逃离喘着粗气、元气大伤的金融机构；而激进的投资者和金融大鳄们则不亦乐乎地寻找下一个坠落天使，他们大量地卖空这些金融机构的股票，或者购买这些公司债券的保险——CDS（当债券价格下降，债券的保险价值上升）。华盛顿互惠银行（Washington Mutual，美国第六大银行）和瓦乔维亚银行（Wachovia Bank）很快成了下一个牺牲品。在政府的协助下，两大银行先后卖给了摩根大通和美国富国银行（Wells Fargo）。

从事金融的华尔街倒了，经营实业的“主街道”（Main Street，指非金融

的主体经济)也不能独善其身。沃伦·巴菲特有句非常精辟的话,“无论你乐不乐意,居住在美国华尔街、主街道和所有小街的人都在同一条船上①”。因为金融是经济运行的润滑剂,金融市场不能良好运行,主体经济也不可能很好运行。2008年9月30日,世界最大的电信公司——美国电话电报公司(AT&T)的首席执行官兰德尔·史蒂文森(Randall Stephenson)宣称②在过去的一周里,AT&T无法销售任何期限长于一天的商业票据,而商业票据是大型公司用来管理短期资金需求的重要手段。可怕的是,倒不是短期借贷非常昂贵,而是根本没有买家。“我们将非常戒备,非常谨慎地对待我们的投资、招聘和资本支出。”史蒂文森说。时隔一日,另一家巨型企业,通用电气公司也顶不住了,该公司宣布将销售至少120亿美元的普通股股票,同时销售30亿美元的优先股股票给沃伦·巴菲特的公司。信誉一流的巨型企业尚且如此,信誉相对较差的企业的待遇就糟得无法想象了。2008年11月,企业如果想发行垃圾债券(信用等级低于BBB级),平均必须提供超出美国长期国债15%左右的利率,而在2007年6月,同样的垃圾债券利率只需高出国债利率2.5%。这一差距(利差)在12月达到闻所未闻的22%左右!换句话说,假设10年期国债的利率为3%,如果企业想在2008年12月发行垃圾债券,它必须每年支付投资者25%的利息率,否则没有人购买它的债券。究竟有多少企业能够支付如此高的利率?答案是没有几个。企业所能做的就是减少或完全停止融资。

一旦企业开始停止融资投资、停止招聘和资本支出,经济将停滞不前,甚至倒退。事实上,美国在2007年12月就进入经济衰退。意识到金融危机的严重性,美国政府(包括财政部、证监会和相对独立的美联储)推出了自大萧条时期以来最大规模的经济干预举措。在2008年9月15日雷曼兄弟倒闭前后的两个星期内,一直高举自由市场大旗的美国政府(特别是共和党政府)实施了以下措施:

---

① Like it or not, the inhabitants of Wall Street, Main Street and the various Side Streets of America were all in the same boat. —Warren Buffett.

② Emery P. Dalesio, “AT&T chairman says credit woes crimping operations,” www.usatoday.com, October 1, 2008.

- 9 月 7 日，接管“两房”，动用大量资金维持抵押贷款市场正常运转。
- 9 月 16 日，实质接管 AIG，用 850 亿美元的两年期贷款换取 AIG80％股权。
- 9 月 19 日，布什总统授权财政部动用 500 亿美元资金为规模高达 3.5 万亿美元的货币市场共同基金提供担保。
- 9 月 19 日，证监会对 799 只金融类股票实施卖空禁令，禁止投资者通过打压股价渔利。
- 9 月 19 日提出了 7 000 亿美元的紧急援助计划。10 月 3 日，布什总统签署“美国紧急经济稳定法案”(Emergency Economic Stabilization Act of 2008)法令，宣布成立 7 000 亿美元的不良资产救援计划(Troubled Assets Relief Program，简称 TARP)。TARP 将主要用来从金融机构收购数千亿美元不良资产。

可是计划不如变化快，政府很快就发现购买不良资产根本不能解决金融机构资本金不足、市场缺乏信心的问题。2008 年 10 月 14 日，财政部长保尔森和布什总统在不同场合都宣布修改 TARP 计划。财政部将通过购买优先股和权证的方式向九个最大的美国银行直接注入资金，同时许诺以类似的方式向其他几百个较小的银行注资，注资总额达到2 500亿美元。与财政部行动相呼应，美联储在 12 月 16 日，将联邦基金利率史无前例地设在 0～0.25％之间。

政府的救援还在继续，奥巴马新政府在上台后不久(2009 年 2 月 17 日)就提出了 7 870 亿美元的刺激经济计划，财政部则打算用最高两万亿美元的资金来救助不断流血的金融机构。

遗憾的是，这一切接近疯狂和充满争议的举措都未能挽回投资者对金融市场的信心，也未能挽回经济下滑的颓势。2008 年第四季度，美国经济大幅下滑了 6.2％①，为 1982 年以来最差的一个季度。自 2007 年 12 月进入经济衰退期以来，截至 2009 年 2 月，美国已经丢失了 440 万工作岗位。2009 年 2 月的失业率为 8.1％，创 26 年来的最高纪录。道琼斯指数在 2009 年的

① 该数字为经过调整的年增长率。

头九个星期跌去了24.5%。花旗银行的股票在2009年3月5日首次跌破一美元，而仅仅在两年前，其股价近50美元每股。

引用莎士比亚戏剧《李尔王》中一句话，“只要我们还能说‘这就是最坏了’这句话，最坏的还在后头”。

全球经济衰退/萧条

危机大多时候是国际性的，它或者同时影响若干个国家，或者从危机中心传播到其他国家。国际金融市场通过种种机制紧密地连成一体。例如，无套利原则，同样一个证券（如石油或者黄金期货）在一个国家的价格应该与在另外一个国家经汇率调整后的价格相当。又如，各国中央银行携手对市场进行大规模的干预（如，2007年8月9日，欧洲和美国央行对货币市场的干预）。再如，纯粹的心理作用（如，2008年9～10月，全球证券市场完全被恐惧统治了）。作为世界头号经济大国，美国此次20世纪30年代大萧条以来最严重的金融危机很快就波及世界各地。

世界第二大经济强国——日本，在2008年第四季度，日本经济收缩了12.7%，为1974年第一次石油危机以来之最。2009年1月，日本贸易13年首次出现赤字，达到17.6亿美元。

美国的近邻——墨西哥，根据经济学家信息单元（Economist Intelligence Unit，EIU）报告墨西哥在2008年第四季度经济下滑1.6%，而2009年可能继续收缩1.9%。最令人担心的是墨西哥货币，墨西哥比索在2009年2月之前的六个月期间相对美元贬值了30%之多。

欧洲大陆也未能幸免。最惨的要算冰岛，该北欧小国已实质性破产，据估计这次金融危机给冰岛造成的损失已经超过了该国2007年国民生产总值的75%。作为欧洲经济的龙头老大，德国的经济在2008年四季度相比三季度下降了2.1%，为1987年以来的最差纪录。而整个欧元区则下降了1.2%，为该经济共同体成立以来的最大降幅。

2009年2月9日，国际货币基金组织总干事 Dominique Strauss-Kahn

宣称全球包括美国、西欧和日本在内的发达国家经济，已经处于经济“萧条”期①。

一直保持高速增长的中国也受到重创，中国 2009 年 2 月份进出口连续第四个月下降。2009 年 3 月 19 日，世界银行将中国 2009 年经济增长率调低到 6.5%。

危机的罪魁祸首是谁？

危机还在进行中，探讨危机的根源有益于危机的解决。究竟是什么导致了这次危机？众说纷纭。2009 年 2 月中旬，国内一位著名的金融学家指出，“金融危机完全是国际金融炒家精心策划出来的。”我本人非常尊敬这位学者，但是不太同意他的这个判断。首先，谁是“金融炒家”？是曾经可以呼风唤雨的华尔街精英吗？不是！华尔街现在已经不存在了，雷曼倒了，美林和贝尔被卖了，高盛和摩根变成商业控股银行了。是分支机构遍布全球的花旗银行、美洲银行和摩根大通银行吗？更不是！这些银行在 2008 年被迫接受美国政府数百亿美元的紧急输血，股价在两年中跌去了 80%～90%！它们是被“炒”的对象！是善于打阻击战和游击战的对冲基金吗？也许。但是对冲基金整个行业在 2008 年经受了有史以来最差的一年。连全球最著名对冲基金之一的 Citadel 也损失了 50%以上。大批资金不断撤离对冲基金，仅 2008 年下半年，全球对冲基金所辖资产规模就减少了 20%，2009 年可能将至多再下降 30%。当然，也有一些对冲基金狂赚了一笔，如约翰·保尔森(John Paulson)个人在 2007 年就赚取了 37 亿美元，为个人收入历史之最。但他并没有精心策划这次危机，他只是抓住了机遇，利用了这次危机②。

那真正原因是什么呢？这里，我想简单地谈谈自己的一些看法。

---

① 事实上，无论是学术界还是实业界对“经济萧条”都没有严格的定义。一般认为，如果一个经济体在较长时间内，如五年，经济持续明显的收缩，可以认为该经济体处于经济萧条期。如果按照这个定义，日本在 90 年代可以说是处于经济萧条期。

② 在危机尚处于萌芽状态，保尔森曾经游说大型基金，告诉它们他对次贷问题的看法，要求它们投资，不少基金不相信他的预测，没有投钱[包括我朋友所在的黑石资产(BlackRock)管理公司]。

全球贸易和资本流动不平衡

2009年3月10日,美联储主席贝南克在华盛顿发表题为"针对系统性危险的金融改革"[①]的演讲。他一开始就把金融危机和全球贸易及资本流动不平衡联系在一起。他认为就像水从高处往低处流一样,储蓄会从高储蓄的国家流向储蓄缺乏的国家,这就导致了在过去的10多年中,大量的资本流入了美国和其他一些发达国家。但是美国私有企业的风险管理系统和政府对金融部门的监管没能确保这些资金被审慎地投资。这最终引起了投资者情绪的逆转和信贷市场的枯竭。

巧合的是,同天,美联储前主席格林斯潘在《华尔街日报》发表评论文章[②]为自己申冤,认为美联储本世纪初宽松的货币政策并不是导致房地产泡沫的原因。他认为以中国为代表的发展中国家的高速经济发展导致了全球性的储蓄过剩(相对于投资而言),过多的储蓄导致了过低的长期利率。这个才是房产泡沫的主要原因。

虽然两位主席都认为全球贸易和资本流动的不平衡是造成金融危机的重要原因,但是贝南克倾向于自责,认为内因是最主要的;而格林斯潘则是指责别人(特别是中国),认为外因是最主要的。孰对孰错?我个人认为格林斯潘的判断是错误的。首先,虽然美联储货币政策只能直接影响短期利率,而固定利率按揭贷款的利率受长期利率影响,但是在这次危机中违约率最高的贷款并不是固定利率按揭贷款,而是浮动利率按揭贷款。浮动利率贷款利率是根据短期利率(如LIBOR)而波动的。这一点,格林斯潘只字未提。其次,如果没有那些满足投资者高收益率需求的"创新性"金融产品,全球贸易和资金不均衡根本就不会导致金融危机。结果显示,这些金融产品的实际风险要比许诺的风险高得多。那全球不平衡有没有责任?我个人认为,有间接责任,因为它起到了火上浇油的作用。

---

① Ben Bernanke, "Financial Reform to Address Systemic Risk," March 10, 2009.

② Alan Greenspan, "The Fed Didn't Cause the Housing Bubble," *Wall Street Journal*, March 10, 2009.

将拥有自己的住房过分政治化

美国各届政府和国会都不遗余力地推动民众拥有住房(参见本章“最美的美梦——拥有自己的家”这一节),民众住房自有率也确实从1994年的64%上升到2004年的历史最高点——69%。但是这些增长大多来自低收入、高风险的购房者。正如巴菲特在2009年3月1日致股东的信中一针见血指出的那样,“让人们住进房子,虽然是个很好的目标,但是不能成为我们国家的首要目标。让人们保住他们的住房才是应有的目标。①”

过松的货币政策和过高的财务杠杆

为了对付互联网泡沫破灭导致的经济衰退,美联储在过长的时间内将利率保持在过低的水平(见图1-2),这助长了本来就很火的房地产市场。美国房地产价格在新世纪初的六年内保持每年两位数的增长。如果只是房地产泡沫,对整个经济的破坏并不是很大,因为居民房地产业在整个经济体中只占5%左右;但是如果把这个泡沫通过神奇的“财务杠杆”吹大30倍,那一旦它破灭了,后果将是可怕的。

在货币政策宽松的年代,存贷款利率相对较低,为了赚取更多的利润,投资者开始拼命地借钱投资,因为只要借款成本比潜在的投资收益低,借得越多,可能的利润就越大(参见本章“钱来得太容易,多多借债”这一节)。可是高财务杠杆在将收益扩大的同时也将风险同等程度地扩大了。一旦市场风向转变,如房价普遍大幅下跌,大批按揭贷款违约,很多举债投资的个人(如购买五套住房的牙买加移民姐妹)和机构(如财务杠杆高达33的贝尔斯登)将很快被清理出局。

过分依赖短期融资

如果投资者和金融机构过分依赖短期借贷来为长期投资融资,一旦他

① Warren Buffet, “Putting people into homes, though a desirable goal, shouldn't be our country's primary objective. Keeping them in their homes should be the ambition”.

们无法确保短期融资来源，他们将会被挤兑得很惨。

一个古老而典型的例子是银行挤兑。储户将钱存入银行并有权随时将钱取走——这些钱对银行来说是短期负债。银行将千家万户的储蓄集中起来后，将钱贷给企业或购房者——这些贷款往往是数年甚至是数十年。一旦大量储户对银行不再信任，一起要求取出存款，银行就会面临巨大问题：银行的资金长期借贷给企业和购房者了，根本没有足够的现金支付所有储户的取款要求。这种现象叫做银行挤兑。一个最近的例子是华盛顿互惠银行，在 2008 年 9 月 15 日至 24 日，这 10 天期间，储户从这个美国最大储蓄和贷款机构中抽走了 167 亿美元的资金[①]，为该银行总资产（2008 年 6 月底）的 9%。9 月 25 日，该银行被美国联邦存款保险公司（FDIC）接管。

许多申请次级贷款的购房者也面临着同样的问题，他们当中很多在低利率时期申请了“浮动利率”按揭贷款——贷款利率按照当时市场利率随时调整。许多贷款人也许（天真地）认为当市场利率上升过高，从而导致还贷利率随之上升过高时，他们可以通过再融资的方式将浮动利率按揭贷款置换成固定利率按揭贷款。但事实上，利率是上升了，但是很多银行却拒绝再融资了。对于许多购房者来说，突然之间他们无法给他们一生中最重要的长期投资——住房，融资了。至 2009 年 2 月，大约 48%的可调利率按揭贷款要么拖欠支付，要么被没收拍卖[②]。

人们为什么乐意用短期借款来为长期投资融资呢？答案很简单，因为短期借款的成本往往比长期融资成本要低。在 2008 年之前的 26 年当中，3 月期的美国国债利率高于 10 年期的国债利率只有大约 7%的时间[③]。

过分复杂的金融产品导致信息不对称

债务抵押债券（CDOs）（*参见本章“产品越复杂越能忽悠人”*这一节）是非

---

① “OTS Fact Sheet on Washington Mutual Bank,” Office of Thrift Supervision. http://files.ots.treas.gov, September 25, 2008.

② J. W. Elphinstone, “Mortgage Crisis Worsens, Shifts,” www.kentucky.com, March 6, 2009.

③ Jon Hilsenrath, “When Nerves Get Short, Credit Gets Tight”, *Wall Street Journal*, Feburary 19, 2008, p. C1.

常复杂的金融衍生产品。当市场交易活跃、流动性强时，投资者可以不需要仔细研究这些产品究竟是什么，而放心大胆地买卖它们；因为投资者可以随时将投资转手。但是当市场交易量低、流动性不强时，投资者如果不小心买了不知底细的产品，很可能会砸在自己手中。这时，投资者，尤其是买方会特别小心。因为卖方，常常是这些产品的设计者，他们对这些产品的理解理论上应该会比作为买方的投资者深得多。这就导致了典型的信息不对称。当卖方愿意以某个价格卖某个产品时，由于该产品很复杂、市场流动性又不强，买方所能做的就是从卖方的报价推断出产品的真正价值。买方知道在正常情况下卖方不是傻瓜，不会做亏本买卖，所以买方断定卖方的报价肯定会高于产品的真正价值，买方因而不愿在该价格买入。如果卖方愿意作出让步，如降价 10%，结果可能更糟。买方心想卖方既然愿意打 9 折，这证明实际价值可能比预想得更低，聪明的做法就是——还是不买！如此下去，整个市场可能都会崩溃。

过分相信金融数学模型

CDOs 和 CDS 的定价和信用评级都必须依赖于诸多的假设、数学模型以及基于历史数据的计算机模拟。例如，一个被华尔街和评级机构广泛使用的李祥林的计算违约风险相关性模型(李氏模型)，使用 CDS 价格的相关性来替代真正的违约相关性。李氏模型的突破在于债券实际违约的历史数据非常缺乏，而 CDS 价格随时可以获得。但该模型有两个基本假设：第一，CDS 市场能够正确地给违约风险定价；第二，基于 CDS 价格的违约相关性是常量。遗憾的是，这两个假设前提都不正确。还有，CDS 存在的历史不过 10 年左右，而这 10 年恰恰是美国房市膨胀发展、违约率很低的时期，根据 CDS 价格计算出的违约风险相关性自然很低。模型的使用者没有想到"万一市场出现百年甚至万年一遇的情况，违约相关性会如何变化？"

错误的假设、盲目地相信模型自然会导致不合理的定价——太多 CDOs 的信用等级被评得太高了！危机过后，人们冷静了许多。2009 年 2 月 26 日，穆迪评级机构宣称 2006 年发行的次级贷款大约有 70%会违约①。可以肯定，

① "Heard on the Street-Overheard," *Wall Street Journal*, Feburary 16, 2009.

现在违约风险相关性要比两年前高出不知道多少倍了！

插曲：史蒂夫·艾斯曼(Steve Eisman)，一位较早发现美国次贷问题的对冲基金管理人，曾经询问标准普尔评级公司，"如果房地产价格下跌，这些债券的违约率会发生什么变化?"标准普尔的一位分析师告诉艾斯曼，他们使用的房价模型不能接受负的数值(他们假设房价会一直上涨)。(该插曲来自2008年12月期的"投资组合"，作者为Michael Lewis，www. portfolio. com)。

过松的金融监管?

金融危机爆发后，大家纷纷跳出来找原因，共和党执政期间所热衷的放松金融监管，让市场自己解决问题的政策很自然地成为一大原因(至少民主党是这么认为)。但金融监管[①]是否是过松了呢? 我个人认为金融监管过松不是主要问题所在，主要问题出在监管思路和如何处理系统性风险上。让我们来看看一些事实。

事实一：1999年Gramm-Leach-Bliley(GLB)法案被认为是导致此次危机的原因之一，该法案允许商业银行、保险公司和证券公司在一个金融控股公司下混业经营。但是如果GLB法案是问题所在，那金融危机应源于欧洲，而不是美国；因为欧洲从来就没有限制混业经营。同样在这次金融危机中最先倒下的贝尔斯登和雷曼兄弟是金融机构中业务非常专一的，而依然挺立的摩根大通银行则是最多元化。再者，GLB法案并没有放松所有管制，它赋予美联储超级监管者的权力，让它监管所有金融服务控股公司[②]。

事实二：在危机中，单个银行应付监管层对资本金要求的重要方式就是出售资产，给自己消肿。但是，某银行出售资产(尤其是流动性差的不良资产)时，会打压资产价格，可能会间接导致其他银行的资本准备金率不足；于

① 请参阅第6章：法律、律师、经济咨询和金融。

② Phil Gramm, "Deregulation and the Financial Panic", *Wall Street Journal*, Feburary 20, 2009.

是其他银行为了满足监管要求，也不得不按“跳楼价”出售资产。如此恶性循环下去，最后的结果是大家的风险都失去了控制。

事实三：美国政府在2008年9月16日决定出手救助AIG的主要原因是为了“避免系统性风险”，因为AIG为全球几万亿美元的（金融和非金融）资产承保，它和太多的金融机构有着千丝万缕的联系。许多银行因为购买了AIG对金融资产的保险而不需要提供额外的资本金。一旦AIG倒了，很多机构不但需要大幅增加自有资本金，还可能面临破产倒闭的危险。事实证明确实如此，截至2009年2月，至少有20多家全球金融机构从AIG获得了超过500亿美元的赔偿，其中高盛和德意志银行各获得了60亿美元①。想想，如果在9月16日AIG倒闭了，高盛的下场可能会很惨，因为华尔街传言AIG欠高盛200亿美元之多②。

事实一表明单单根据一两个法规就认为放松监管有问题是不正确的。事实二显示即使单个的金融机构都尽力满足监管要求，它们在满足监管要求过程中形成 的“合力”可能会使整个金融更不安全，甚至垮台。事实三则指出一些金融机构对于整个金融系统来说“太大了、太重要了”，政府因而不能让它倒闭。

当前美国的监管有两大缺陷。第一，那种认为如果单个金融机构安全了，那整个金融系统就安全了的监管思路有严重的缺陷！因为，一个个安全或追求安全的企业合在一个的系统未必安全。第二，目前的监管部门还无法对付那些因太大而不能垮台的企业。

美联储主席贝南克在2009年3月10日的讲话详细地涉及了系统性风险，相信美国不久会推出相应的监管改革。2009年3月19日，英国金融服务管理局（Financial Services Authority）主席特纳（Adair Turner）建议对该国监管体制进行重大改革，此举可能使英国著名的“轻度监管”成为历史。特纳还建议创建一个新的欧洲监管机构，但同时侧重支持对外资银行实施

---

① Serena Ng and Carrick Mollenkamp, “Top U. S., European Banks Got $50 Billion in AIG Aid,” *Wall Street Journal*, March 7, 2009.

② 因为当时的美国财政部长保尔森是高盛的前首席执行官，谣言是他决定救助AIG，而任由雷曼在前一天灭亡的重要原因就是如果AIG倒了，高盛很可能也跟着倒。

更为严格的国家监管。同日，德国的财政部宣布该部已经起草了一个法案将授权德国的金融监管机构大得多的控制银行的权力。毋庸置疑，无论监管太松是否是元凶之一，全面加强金融监管将是必然的全球趋势。

当然，我们还可以列出一串长长的“有罪”名单，像金融机构和投资者太注重短期收益、证监会放松对投资银行资本金要求致使它们的财务杠杆过高、布什政府和奥巴马政府过分地强调危机的严重性而让民众们失去信心，等等。2009 年 2 月份一期的《时代周刊》甚至列出了包括美国总统布什和克林顿在内的 25 个造成此次金融危机的“罪魁祸首”。你可以轻易地找出 250 或 2 500 个“罪犯”，但我个人认为现在最重要是如何从危机中吸取教训。

危机对中国的启示

这次金融危机在摧毁无数物质财富的同时，也根本动摇了很多国人对西方金融体制的信心。任何体制都有漏洞和弊端。对于中国来说，重要的也许不是否定或批判，而是学习和反思别国是如何纠正自己的错误，从危机中爬起来的。

中国在危机中的作用和影响

全球贸易和资金流动的不平衡虽然不是金融危机爆发的主因，但是是有一定责任的。中国购买了上万亿美元的美国国债和“两房”发行的债券，客观上为美国长期债券利率维持在较低水平作出了“贡献”。同时，大量中国制造的价廉物美的产品充斥美国市场，又为美国通货膨胀率维持在较低水平作出了一定“贡献”。而低通货膨胀率有助于短期利率维持在较低水平。较低的长短期利率使得人们更乐意购买住房或者自住或者投资。这在一定程度上，助长了房地产泡沫。

在 2009 年 2 月 26 日的一个网络电话会议上，我问了前布什政府经济顾问委员会主席格林·胡伯德(Glenn Hubbard)一个问题：“中国在美国经济复苏中可能起的作用。”胡伯德认为中国政府 2008 年推出的四万亿经济刺激计划不但对中国经济发展有帮助，对美国经济复苏也有帮助。同时他认为中国应改善国内的金融系统，这不但会增加基于内需的可持续增长的可能性，还能减缓对全球金融市场的压力。我同意他增加内需的观点。中国现在对净出口的依存度较高，2002～2007年间，中国贸易顺差占GDP比重从3%骤增至9.6%。如果中国改变发展模型，更多地发展内需，会在一定程度上降低贸易顺差和外汇储备，从而减缓全球贸易和资本不平衡。

深刻思考危机的起因以及房市与股市的互动

这次危机并不是历史上第一次金融危机，历史上全球爆发过大大小小上百次金融危机。这次危机的起因——房地产市场泡沫，也并不独特。"资产价格泡沫取决于信贷的增长[1]"——已故著名经济学家金德尔·伯格将之称为一个公理。他在《癫狂、恐慌与崩溃》这本经典巨著中英明地指出"次级贷款借款人所支付的利息相对于优质贷款借款人所支付利息的上升可能会导致财务困境[2]"。

另外，他还指出许多房地产市场泡沫与股票市场泡沫是紧密相关的。两个市场的联系有三种类型。第一，股票市场价值很大一部分来自房地产企业、建筑公司以及包括银行在内的相关企业；第二，由于房产升值，在房地产市场赚足钱的投资者为了将财富多元化购买股票；第三，由于股票市场升值而赚足钱的投资者购买更大更贵的第一或第二套住房。

我们不觉得金德尔·伯格所描述的股票市场与房地产市场的联系是多么的熟悉？中国在2005～2007年股票和房地产市场疯长期间不正是这样么？如果再看看我们近邻——日本在20世纪80年代末期的房地产泡沫期间不也是这样么？在80年代末房地产市场鼎盛时期，日本房地产的市场价格总值是美国房地产市场价格总值的两倍，尽管日本的国土面积只有美国的5%，其中还有80%的山脉。日本房地产泡沫破灭

---

① "Axiom number two. Asset price bubbles depend on the growth of credit."—Charles P. Kindleberger and Robert Aliber, *Manias, Panics, and Crashes* (Wiley, 2005), p. 55.

② "Causes of distress and the symptoms of distress are observed at the same time and include..., an increase in the interest rates paid by sub-prime borrowers relative to the interest rates paid by prime borrowers,... and an end of price increases in commodities, securities, and real estate."—Kindleberger and Aliber (Wiley, 2005, p. 82).

的结局如何呢？股票市场在1990和1991年连续下跌超过30%，平均房价跌幅最终超过了40%。在90年代，日本的年经济增长率只有1%，这10年被称为“失去的一代”。

美国房地产平均价格至2009年3月已经从历史最高点跌幅超过25%了，而股市也从2007年10月的最高点跌去大半。中国股市从2007年10月的6 100多点暴跌到2009年3月的2 400点左右，奇怪的是中国的房市并没有大跌（深圳除外）。这里，我们必须作出判断，这是“有中国特色”的呢，还是暂时现象，房市最终还是会跌的。我们必须从别国的危机中吸取教训！

如何监管那些太大而不能垮的金融机构

在金融危机中，贝尔斯登、“两房”、花旗银行和美国国际保险集团被认为是“太大而不能垮”的金融机构，得到了美国政府的直接或间接援助而存活了；而可怜的雷曼兄弟却被“遗弃而亡”。如何认定以及如何监管“太大而不能垮”的金融机构是非常困难的。中国面临着同样的问题。如何监管四大国有银行、大型保险公司（如中国人寿、太平洋保险）、大型证券公司（如中信证券）？如果中国在未来遇到大型金融机构濒临破产时，是救还是不救？如果救，如何避免或减轻“道德风险”？如果不救，如何快速有序地解决资产和债务问题而不危及整个金融系统的安全？政府如何在不过分干扰金融企业自由运作的同时，控制系统性风险？这些我们都可以借鉴美国和其他国家正在进行的金融监管改革中吸取一些经验教训。

中美经济刺激计划比对

中美两国为刺激各自的经济复苏都推出了大力度的经济刺激计划。美国总统奥巴马在2009年2月17日签署了《2009年美国恢复和再投资法》（即所谓的经济刺激法案），该法案详细规定了7 870亿美元的投资去向。2008年11月5日，中国国务院出台“四万亿”的投资规划，旨在依靠投资来拉动内需，刺激经济稳定。2009年3月6日，发改委主任张平就中国“四万亿”投资的构成、投资去向、资金来源及项目实施情况作了说明，这是迄今为止最详尽的官方解读。[①]

表 1－2 中美经济刺激计划比较

美国 7 870 亿美元财政刺激计划分配方案			中国四万亿人民币投资分配方案	
资金去向	亿(美元)	亿(人民币)*	资金去向	亿(人民币)
减税	2 880	1 9670	民生工程	4 000
州和地方财政救济	1 440	9 835	农村民生工程	3 700
基础设施和科学	1 110	7 581	基础设施建设	1 5000
保护弱势群体	810	5 532	社会事业	1 500
卫生保健	590	4 030	汶川大地震灾后恢复重建	10 000
教育和培训	530	3 620	结构调整和技术改造	3 700
能源	430	2 937	节能减排和生态工程	2 100
其他	80	546		
总计	7 870	53 782	总计	40 000
联邦政府承担	7 870	53 782	中央政府承担	11 800

* 汇率按 1：6.83 计算。

表 1－2 列出了中美两国经济刺激计划的主要投资去向。这里，我想谈谈我对这两个计划的看法。

第一，时效性。中美两国经济刺激计划的推出和实施的时效性都非常强。奥巴马是 2009 年 1 月 20 日当上总统的，他在不到一个月内就将经济刺激计划以法律的形式确定下来。从 2009 年 3 月 3 日开始，所有接受资金的联邦机构必须在每个星期二提交报告，详细说明资金的使用情况。截至 2009 年 5 月 19 日，各联邦机构已经花费了 26.8%的可支配资金。中国在 2008 年 11 月提出了“四万亿”的投资计划。2009 年 5 月 20 日，财政部副部长丁学东披露，截至 2009 年 4 月 1 日，中央政府公共投资预算已累计下达 4 035亿元人民币，已完成预算的 44.4%，对拉动恢复经济增长发挥了重要的作用。

第二，支出重点差异。美国计划的最大支出是减税；中国的最大支出是

① “2009 年 5 月上旬，中国国务院总理温家宝表示，中国的经济刺激举措远远不止四万亿元投资计划，除了在去年 11 月份宣布的民生工程和基础设施投入之外，中国政府还启动了十大产业振兴计划，有科技支撑和社会保障等。”

基础设施建设，在整个投资方案中没有减税这一项。但中国对民生工程和农村民生工程的投资达到7 700亿美元。

第三，谁买单？美国是联邦政府全部买单并且提供州和地方政府1 440亿美元的财政救济；中国中央政府只承担1.18万亿元。

第四，谁来审核、监管和审计投资？《2009年美国恢复和再投资法》详细规定了如何审批、监管和审计每笔投资，并有专门的网站www.recovery.gov实时公布资金的去向。中国尚未推出类似的举措。

中美两国国情完全不同、受"灾"程度不同、中央和地方的关系也不同，这些都导致了经济刺激方案的不同。但是我们至少可以借鉴和对比美国是如何分配7 870亿美元财政投入的，中国是如何分配四万亿人民币财政投入的？差异是什么，为什么？美国是如何监管财政资金使用的，中国是如何监管的？美国联邦政府是如何与州和市各级政府协调的？中国中央政府又是如何与各省市政府协调的？

中国货币政策的思考

几乎和所有人一样，中国的货币政策制定者2008年上半年之前严重低估了金融危机的破坏性。中国人民银行行长周小川2008年4月12日在记者会上表示，"从目前来看，美国次贷危机对中国经济的负面影响比原来预期的要小，中国一些金融机构的损失也完全在可消化范围内。"可以说在2008年8月之前，中国一直担心通货膨胀，采取的是从紧的货币政策，不断提高准备金率。至2008年6月7日，短短五个多月，央行五度提高存款准备金率，是自2007年以来第15次提高存款准备金率。在多次加息、提高准备金率的紧缩政策效果不明显的情况下，央行更是动用了行政手段，实施窗口指导和限制贷款规模。在9月15日雷曼倒闭事件发生后，中国央行采取了一系列果敢的措施以阻止危机的蔓延。但是，很明显中国对2007年8月就在美国爆发的金融危机的杀伤力估计不足，否则不会等到雷曼倒闭，金融危机演变成金融海啸后才出手。

和"出手时机"同样让人担忧的是，央行出手"轻重"问题。例如，2009年

1月份新增贷款1.6万亿元，超过了央行的预期。周小川在2009年3月6日人大答记者问时回答道，“本轮国际金融危机是多年不遇的，如果我们出手慢了、出拳不够重，很有可能会出现世界上其他一些国家出现的现象。我们宁可出手快一点，出拳重一点。政策出去以后，可能有些数据涨得太猛，包括货币供应量、信贷总量。一月份的信贷总量是有些超乎我们的预期。但如果它能够及时制止住在国际金融危机情况下造成的信心下滑，……，应该能使得信贷发放在整体数量上、在一个中期范围内，保持合理的水平。”我相信危机当头，作为政策制定者，下药宁可过些；而不愿少些。但政策制定者应该充分预测和对比“过”与“少”的利弊，尽量将“出乎预料”降到最低。

经济学家的作用

2009年3月10日全国政协委员刘革新在讨论中指出，“主流经济学家的判断已经证明不行了，需要有一个民间独立的机构和他们进行质询，还要淘汰一部分经济学家。”(3月11日《华夏时报》)刘革新的话在国内激起了很大的反响。

我不清楚“主流经济学家”的定义是什么，但我明白经济学不是纯数学，在很多情况下，它并不能给出肯定的答案。著名宏观经济学家、美联储主席贝南克也承认，“我对这次经济衰退的预测纪录和美国棒球联盟中的‘华盛顿国民’(Washington Nationals)队的胜率差不多(2008年，该队59胜、102负)”。

我个人认为重要的并不是经济学家的判断是对或是错，重要的是是否有不同的声音被听到。如果全国经济学界出来的或被听到的只有一个声音，例如，我们应该采用适度从紧的货币政策，那这个问题就严重了。公众和政策制定者必须有渠道接触到不同流派、主流或非主流的经济学家的主张和判断。

这里我想引用贝南克对经济学的反思：

“我真的认为经济学不是音乐或数学。它本身并没有价值。经济学只有能在帮助公众、帮助经济中才有价值。我的整个生涯都是在研究货币政策、宏观经济、金融危机和它们对经济的影响。我希望我的研究能够在当前的环境中有所帮助。我把它看成是一个学以致用、报效祖国、服务人民的绝佳机会。我不能否认我度过了不少黑暗的日子、困难的夜晚和难熬的周末，但我非常开心我能够应用我的技能和个人能力有所作为。我认为这个应该是每一个经济学家的理想。①"

① WSJ Staff, "Bernanke Turns Introspective," *Wall Street Journal* , March 10, 2009.

第 2 章　股票定量投资研究

你可以使用所有你能获取的定量数据，但是你还是得怀疑它并运用自己的智慧和判断力。

—— 埃尔文·托夫勒（美国著名未来学家）①

定量金融（Quantitative Finance）是一个相对较新的金融领域。它利用数学、统计和计算机知识来为金融衍生产品定价，评估风险，或者预测市场走向并寻找交易机会。

纽约曼哈顿 5 街西 9 号

在 20 世纪 70 年代之前，华尔街的研究主要是指基本面或者技术层面的研究。1973 年，Black、Scholes 和 Merton 分别发表文章公布了具有划时代意义的 Black-Scholes 期权定价模型。同年 4 月 26 日，芝加哥期权交易所成立并开始交易 16 种股票的期权。以期权为代表的金融衍生产品随即迅猛发展起来，从而带动了与金融衍生产品相关的定量研究的发展。由于很多定量模型无法直接求解，人们必须借助于计算机来进行繁复的数值计算，因此定量研究真正意义上的大发展是在计算机技术按“摩尔定律”不断日新月异的 80 年代和 90 年代。

① “You can use all the quantitative data you can get, but you still have to distrust it and use your own intelligence and judgment.”—Alvin Toffler.

定量研究发展的另外一个推动力是金融市场不确定性的增加。这种不确定性来自多方面，包括固定汇率变浮动汇率、全球各国对国际资本流动控制的减弱、主要经济大国放松对金融行业的监管，等等。事实上，过去20年标准普尔500指数的年平均风险要比50年前的还要高。人们厌恶风险，并愿意付出合理的代价去规避风险，这就是保险的由来。定量研究为人们规避金融风险提供了全新的渠道，通过为自己"量身定做"的金融产品，人们可以付费让别人承担自己不愿承担的风险。

另外，以定量模型为基础的交易战略在20世纪80年代的兴起也极大地推动了定量研究的发展。定量型交易是与定性型交易相对的。定性型交易一般是通过对个股基本面的研究来积极地买卖股票。以定性分析为主的投资经理一般通过对财务报表的研究、对公司高管的采访、对分析师研究报告的研读和自身的本能反应来选取股票。在多数情况下，他们依赖自己的直觉、判断力和信息计算来过滤和使用信息。而以定量分析为主的投资经理则主要依赖数学和统计分析。他们使用一切定量数据，这些数据可以来自财务报表、历史股票价格和交易量、宏观经济数据、分析师推荐，等等。凭着这些数据，定量型投资经理使用高级的数学、统计和计算软件来建立定量模型，并利用该模型来选择"好"的股票和"坏"的股票。定量型投资经理利用模型来选股而不是自身的直觉来选股。

本章主要探讨股票定量交易模型的设计过程，下一章将介绍一些实际中常用的股票定量交易战略。在介绍模型设计过程之前，我想先介绍一下模型的设计者——Quant（矿工）。从事定量研究和交易的人员被称作"Quant"（音：匡特），一些中国人干脆诙谐地称这些人为"矿工"。这个称呼其实很形象，它不但音相近，而且活脱脱地勾勒出Quants起早摸黑（不少人每周工作60～70小时），整天任劳任怨地和枯燥的数学模型和计算机程序打交道的"矿工"形象。Quants通常具有非常强的数学建模能力和计算机编程能力。他们大多具有物理、数学或者工程博士背景，少数人拥有经济或金融博士学位。最近10年，一些专门培养Quants的硕士专业不断出现，例如，金融工程、计算金融和数学金融。这些专业的名称虽然不同，但所授课程比较相近，只是一些专业比较偏重于建模教育，另一些专业则偏重于编程能力的培养。

研究和开发新的交易模型

研究从想点子开始。但是点子很廉价，脑子一拍就可以想一些合理不合理的点子，曾经有些对冲基金还研究太阳黑子运动对股票市场的影响[①]。事实上真正有创意，实际可行的点子非常少。开发新点子的通常做法是阅读最新的、尚未发表的金融、会计和经济文献（working paper），了解最前沿的研究。如果某个最新研究成果有交易赚钱的潜力，我们会争取以最快的速度将该成果融入交易模型进行测试。但是这是个竞争非常残酷的行业，大家都手持着钞票伸长了脖子，寻找能够赚钱的点子。事实上，经常参加金

插曲：我有幸旁听了麻省理工学院著名金融学家斯蒂芬·罗斯（Stephen Ross）所授的研究生金融基础课。他曾在课堂上说过金融是理论和现实离得最近的社会学科。他是将理论和现实结合非常完美的一个典型。他先后创建了几个投资咨询公司，目前他主要参与报酬定价公司（Compensation Valuation Inc.）的运作，他还是上市公司美国联邦家庭抵押贷款公司（Freddie Mac）的董事。许多其他著名金融学家也有自己的公司，如管理 660 亿美元资产（截至 2008 年第一季度）的 LSV 资产管理公司就是由三个金融学家在 1994 年创办的，他们是伊利诺伊大学的 Josef Lakonishok、哈佛大学的 Andrei Shleifer 和芝加哥大学的 Robert Vishny。L、S、V 就是这三位教授姓名的第一个字母。哈佛大学教授 Kenneth Froot 是 FDO 有限合伙人公司以及 State Street Associates 公司的创始人。

融学术会议的有很大一部分是基金经理和交易员，而且不少公司还花大价钱请一些金融学家做咨询顾问（不少顶尖金融学家肥水不留外人田，自己开

① 如果牵强地想，这两个还是可以联系上的。太阳黑子的平均运动周期为 11 年，它的运动会对包括农作物在内的地球生物的运动和繁衍产生影响。农作物一旦受到影响，整个人类的经济活动就会受到影响，而作为经济发展“晴雨表”的股票市场就会受到影响。

办投资公司)，投资经理们随时在捕捉任何可能赚钱的东西。

我们必须清楚地认识到在我们了解该成果的同时，很有可能已经有上百人也知道了该成果。所以通常真正赚钱的模型有两大特点。第一，很少只采用一个简单的点子，我们叫信号(signal)，更多的时候是将几个不同的信号捆绑在一起；第二，很少直接采用众所周知的信号，我们往往对这些信号进行加工和改变。举个简单例子，假设股票市场有1 000只股票，假设研究发现平均来说市盈率高的股票未来三个月的收益会低于市盈率低的股票，假设研究还发现，过去半年股价上涨(下跌)较快的股票通常还会继续上涨(下跌)一段时间。根据这两个研究成果，我们可以对这1 000只股票进行双向排序，然后买入低市盈率、过去半年股价上涨快的200只股票，同时卖空高市盈率过去半年股价下跌快的200只股票。这种研究方法的好处就是相对简单，容易上手；但是，坏处就是许多投资者会采纳相似甚至是相同的方法。结果是，超额的收益(excess return)通常很低，甚至为负数。

另外一个研究的方式是很少读，或者干脆不读研究文献，自己闭门造车。这样做有它一定的道理。这种研究方式的假设前提就是凡是公开的(无论是已经正式发表的，还是在学术会议上讨论的，还是公布的尚未发表的文章)的研究成果都不能带来任何超额回报。既然如此，那又何必浪费时间阅读这些"又长又臭"的文章呢？研究者通常研究一切与股票走势相关的信号，他们画价格走势图，计算波动性，计算不同股票之间的协同性，等等，最终的目的是设计自己独特的信号。这种研究模式最大的缺点是费时费力，重复了很多前人已经做过的事情，很有可能研究的成果别人很久前就发现了。但是好处就是一旦开发出了新的信号，该信号很有可能会很独特，从而很赚钱。

这两种研究方式都有人采用。多数人采用第一种方式，而我熟识的一个交易员则偏好第二种方式。他花了整整三年时间设计出了第一个赚钱的模型。遗憾的是，现在很少有公司能够如此"大度"，给员工三年的时间去开发一个交易模型。

常用的投资信号一：以基本面分析为基础的信号

基本面分析为基础的信号描述了一个公司的财务状况，绝大多数基本面信号来源于三大财务报表：资产负债表、损益表和现金流量表。基本面信号又可以分为以下几类信号：

1. 价值类信号

价值类信号衡量股票相对价格的高低。最常用的价值类信号为市盈率，它是股价与每股净收入的比率。其他常用的信号包括市销率（股价与每股销售额之比）、市账率（price-to-book，股价与每股账面值之比）、股息收益（dividend yield，一年的总派息额与股价之比）、股价与现金流之比，等等。实证研究[①]发现高股息收益、低市盈率、低市销率、低市账率、低股价与现金流之比的公司要比低股息收益、高市盈率、高市销率、高市账率、高股价与现金流之比的公司在长期看来表现要好。

为了方便将不同信号叠加，我们常将价格对基本面价值比例转换成基本面价值对价格之比。例如，我们常用每股赢利对价格比值，而不用市盈率。这样有两个好处，第一，该比值越大表示该股票潜在价值相对越高（市盈率越大表示潜在价值相对越低）；第二，净收入可以为负数，这时如果机械地按照市盈率来给股票排序，得出的结果是错误的。因为对于两个赢利都为负数的股票，负得越多，价格对赢利比值反而越大。但每股赢利对价格比值则不存在这样的问题。负得越多，该比值越小。另外一个规避负赢利问题的方法就是使用其他的价值类信号，比如每股账面价值与价格之比（市账率的倒数）。

① S.，Basu，"Investment performance of common stocks in relation to their price-earnings ratios: A test of the efficient market hypothesis，" *Journal of Finance*，June 1977，pp. 663-682. Eugene Fama，and Kenneth，R. French，"The cross-section of expected stocks returns，" *Journal of Finance*，47 (1992)：427.

需要指出的是，我们不宜直接比较不同行业之间的股票价值。金融行业股票的市账率要远远低于计算机行业股票的市账率(可能的解释是，金融公司的业务相当复杂，投资者不容易理解它们的财务报表，另外它们的负债率高，经营风险也相对较高，所以投资者愿意付出的购买价格比较低)。如果我们只是简单地按照市账率给所有股票排序，我们可能买入很多金融类股票而卖空很多计算机类的股票，这在 2007～2008 年之间的金融危机期间是致命的错误。通常的做法是求出两类价值信号：简单的价值信号和相对的价值信号。简单的价值信号就是按照定义直接求出的信号，而相对的价值信号则是相对于股票所在行业的价值信号。例如，市盈率是一个简单的价值信号，而公司的市盈率减去公司所在行业的平均(或者是中位数)市盈率则是相对的价值信号。

最后，我们在求价值信号时可以用历史数据也可以用预期的数据。例如，我们可以使用过去 12 个月的总赢利来计算市盈率，也可以用分析师对该股票未来一年的赢利预期来计算市盈率。在实际中，两者都有人使用。

2. 增长类信号

增长类信号通常是与价值类信号相对的。人们常常将股票分为价值类股票和增长类的股票。通常增长型公司发展速度较快，没有太多赢利，不少公司的赢利还为负数，大多数公司不派发股息，而是将收入留存进行再投资。增长型股票的投资者看重的是企业的发展前景。价值类公司通常是较为成熟的公司，有稳定的赢利，不少公司会派发股息。

常用的增长类的信号有：

历史增长率：过去三年的平均年销售额的增长率、过去三年的平均年赢利的增长率。预期的增长率(根据分析师的研究报告)：未来五年的赢利预期增长率、下一年度的赢利预期增长率。

3. 营运效率类信号

该类信号衡量公司在短期和长期内的营运效率。常用的信号有存货周转率(销售成本/平均存货)衡量公司短期营运效率。一般来讲,存货周转速度越快,存货的占用水平越低,流动性越强,存货转换为现金、应收账款等的速度越快。提高存货周转率可以提高企业的变现能力,而存货周转速度越慢则变现能力越差。总资产周转率(净销售额/平均总资产)衡量公司长期营运效率——每一元钱资产可以产生多少销售额。高的总资产周转率表明公司资产利用效率很高。

虽然周转率高通常是好事,但是我们必须警惕与行业均值相比高得离谱的周转率。比如特别高的存货周转率会增加因存货短缺而造成的无法满足顾客需求的风险,这就是我们往往会剔除特别高的或者特别低的信号值的原因,学术界称之为"winsorization"。

4. 营运利润率信号

常用的营运利润率信号包括毛利率(gross profit margin,毛利/销售收入)、净利润率(net profit margin, 净利润/销售收入)、经营利润率(Operating Profit Margin,经营利润/销售收入,经营利润 = 净利润+所得税+利息)、资产回报率(return on assets,净利润/平均总资产)、股东权益回报率(return on common equity,全年赢利/股东权益),等等。

营运利润率与公司所在的行业以及公司的竞争战略紧密相关。寡头垄断行业和垄断行业企业的利润率可能很高,当然一些寡头垄断行业的利润率也很低,例如美国汽车制造业里的三大汽车企业。另外,如果一个公司采取的是差异化(differentiation)的竞争战略,像高级手提包、香水等行业内的公司,有可能赚取高的利润率。它们不采用低成本大批量生产的战略(cost leadership),而是建立独特的品牌,采取高质量高价格的战略。

5. 偿债能力类信号

流动负债率(current ratio,流动资产/流动负债)、速动比率[quick ratio,(流动资产－存货)/流动负债]、现金比率(Cash Ratio,现金/流动负债)等都是衡量企业偿债能力的信号。流动负债率与速动比率受行业影响很大,一般不同行业的企业不能直接相比较。高流动负债率往往意味着较强的短期偿债能力,但是我们必须同时察看存货周转率和资产回报率,因为存货是流动资产的一部分,大量的存货可能导致高的流动负债率,但实际上却显示了公司销售乏力。

6. 财务风险类信号

财务风险类信号包括负债与股东权益比率 (debt-to-equity ratio,长期负债/股东权益)、总负债比率(total debt ratio,总负债/总资产)、利息覆盖比率(interest coverage ratio, 营业收益/利息费用)和现金流偿债能力比率(cash-flow coverage ratio,总现金流/利息费用)。财务风险主要是衡量企业渡过困难时期的能力。我们可以看到所有这些信号要么含有负债、要么含有利息费用,这是因为企业即使在困难时期也必须按时足额地偿还债务,不然债权人可以起诉债务人,拍卖抵押品。

一个在学术界和业界常用的衡量公司营运风险的指标是由纽约大学教授 Altman 在 1968 年提出的 z 分值(Altman's z-score),该分值是这样定义的:

$$Z = 1.2(X1) + 1.4(X2) + 3.3(X3) + 0.6(X4) + 0.999(X5)$$

这里,X1＝(流动资产－流动负债)/总资产

X2＝留存收益/总资产

X3＝EBIT/总资产

X4＝权益市场值/总债务的账面值

X5＝销售收入/总资产

Altman认为(破产)下限值为1.81，(非破产)上限值为2.99。任意落在1.81到2.99范围内的分数都被认为在忽略区域。

另外一个常用的衡量破产概率的信号为Ohlson[①]在1980年提出的O分值(O-Score)，由于该分值的计算比较复杂，有兴趣的读者可以自行查找具体的定义。

常用的投资信号二：以技术分析为基础的信号

技术分析指标成千上万，它们绝大多数都是建立在股票的历史价格、交易量和买卖价差的基础之上。以基本面信息为基础的信号一般更新速度较慢，因为财务报表每季度才公布一次；而价格和交易量则每分每秒都在变，所以以技术分析为基础的信号的更新频率可以很高。大多数高频率的投资战略都或多或少地利用此类信号。市面上有太多有关技术分析的书籍，在这里不再重复，我只着重介绍一下发展趋势(momentum)。[②]

不要抗拒价格发展趋势(price momentum，俗称trend)是技术分析的核心之一。技术分析的鼻祖查尔斯·道早在100多年前就在其著名的"道理论"中提出三大趋势：主趋势、次级趋势和小趋势。与之相比，学术界研究价格发展趋势要晚很多。Jegadeesh和Titman[③]在1993年发现如果按照股票过去一年的回报率将股票排序分组，那么过去的赢家在未来的第二到第十二个月内将会继续是赢家，而输家将继续是输家。这一现象被称为中期价格发展趋势。他们同时发现过去的赢家在未来的第一个月内将会是输家，这一现象被称为短期价格趋势反转。这些现象不但出现在美国股市，而且

① James A. Ohlson, "Financial ratios and the probabilistic prediction of bankruptcy," *Journal of Accounting Research*, 18(1980): pp. 109-131.

② 其他常用的技术指标包括：移动平均(moving average)、布林线指标(Bolinger Bands)、移动平均聚集分散指标(moving average convergence-divergence, MACD)、相对强度指标(Relative strength index, RSI)、能量潮技术指标(on-balance volume, OBV)、卖空比率(short interest)，等等。

③ Narasimhan Jegadeesh, and Sheridan Titman, "Returns to buying winners and selling losers: implications for stock market efficiency," *Journal of Finance*, Vol. 48, No. 1, 65, March 1993.

同样出现在其他国家和地区的股市。金融学家们想尽一切办法去解释这个非有效性的现象，但是至今没有找到满意的答案。现在大家基本认同 Hong 和 Stein① 在 1999 年的发现：公司越大，价格发展趋势战略所能带来的利润越低，价格发展趋势现象主要存在于中小企业的股票；如果公司大小一定，被少数分析师跟踪覆盖的股票价格发展趋势比较显著。例如，如果两个公司大小相似，一个公司被五个分析师所覆盖，而另外一个只被两个分析师所覆盖，则总体来看，后者的价格发展趋势现象会比前者的要显著。另外，这种与分析师相关的发展趋势相对于输家更为显著，也就是说，对于被少数分析师覆盖的股票，输家的发展趋势（输上加输）要比赢家的发展趋势（赢上加赢）来得显著。

一个与价格发展趋势紧密相连的是赢利发展趋势（earnings momentum）。研究发现如果分析师大幅更新对股票赢利的预期，那么在未来的几个季度里，赢利预期总体上会按同一方向更新——保持赢利发展趋势。即如果分析师大幅提高对某股票的赢利预期，在未来的几个季度（通常是一年），分析师们很有可能还会不断提高对该股票的赢利预期②。我将在下一章介绍围绕赢利预期的投资战略时再详细阐述赢利发展趋势。

常用的投资信号三：以宏观经济信息为基础的信号

每当美联储要公布联邦基金利率政策时，公司里的交易员都特别紧张，把锁定在财经频道（通常是 CNBC）的电视声音放得很大。毫无疑问，所有证券市场与宏观经济都是息息相关的。大多定量投资战略都是将宏观经济数据作为背景资料。例如，价值类信号通常在市场走低和利息率上升时表现相对较好，这是由于价值类信号基本是防御性的。为数不多的战略直接利用宏观数据。例如，有些战略考察石油期货与黄金期货之间的相关性（这

---

① Harrison Hong and Jeremy C. Stein, "A unified theory of underreaction, momentum trading and overreaction in assets markets," *Journal of Finance*, Vol. 54, No. 6, 2143, December 1999.

② Thomas J. Kerrigan, "When forecasting earnings, it pays to watch forecasts," *Journal of Portfolio Management*, Vol. 10, No. 4, 19, Summer 1984.

里石油价格被看成宏观数据)。在下一章里,我将介绍一些适用于经济衰退时期的战略。投资者经常关注的宏观经济数据包括实际 GDP 增长率、通货膨胀率、联邦基金利率、失业率、石油价格、密西根大学消费者信心指数、Case-Shiller(Shiller 就是耶鲁大学经济学教授、《非理性繁荣》一书的作者)房屋价格指标等等。

其他常用的投资信号

其他常用的投资信号包括:

- 与公司治理结构相关的信号:CEO 持股数、期权数,董事会成员构成(独立董事所占比例、董事会大小、董事所持有股票数、董事长是否同时兼任 CEO),公司的大股东是否有机构投资者,公司章程的设计是否有利于外界投资者发起并购活动,等等。通常 CEO 持有一定的股票和期权数有利于激励他们努力工作,是利好。但是研究发现 CEO 持有太多的股票和期权可能不是好事,因为当 CEO 拥有足够的投票权时,即使他干得很差,董事会也很难将他驱逐出去。对于董事会构成来说,通常较小的、独立董事比重大的、董事长和 CEO 由不同人担任的董事会有利于公司的发展。
- 与内部人交易相关的信号:高级管理人员和董事在过去的一段时间内买卖公司股票的情况。一般来说,内部人买入股票表示他们对公司的未来有信心,是利好;而内部人卖出股票则没有太多的信息含量,因为人们可以出于多种理由卖出股票,他们可能想买个大房子,或者亲人生病了急需钱用,等等。
- 与分析师的推荐和赢利预期相关的信号:分析师会定期公布他们对所跟踪企业的赢利预期,并提出是否强力推荐、持有还是卖出等建议。我会在下一章详细介绍一些与分析师推荐和赢利预期相关的信号和投资战略。
- 与企业社会责任相关的信号。和人一样,企业不是生存在真空中,而是"生活"在由不同利益相关者组成的世界里。不少人认为企业应不单单追求利润最大化和对股东负责，还应对雇员负责、对社区负责、对整个社会负责。一些相关的信号有：慈善捐款、对改善环境所作的努力、公司雇员的福利、男女比例和种族比例，等等。

将有潜质的研究成果编成程序

设计出定量信号后，下一步就是将信号转换成可执行的程序。在定量研究领域中，C++占主导地位，当然也有不少研究人员使用Matlab或SAS。C++的主要特点是使用灵活，执行速度快。灵活性高是许多投资经理喜欢自己编程的主要原因。举个例子，我在模型中需要用到发展势头(momentum)这个信号。我可以从一些数据提供商（如Barra公司）直接获得每只股票发展势头的值。但是数据提供商的数据不是很灵活，它给出什么数据，我就得用什么数据，而且Barra在计算发展势头时用的是股票月收益，这就导致了该信号每个月才改变一次，这对于瞬息万变的股市来说是远远不够的。为了对该信号有完全的控制权，我自己按照该信号的定义写程序，为了增加灵活性我采用了股票的日收益而不是月收益。我的程序得出的信号每天都根据新的信息在改变，而且和Barra提供的信号值相关性相当高（相关系数达到0.9）。

编程能力很重要，但不是最主要的，因为最低限度，你可以请专业程序员帮助你写程序。但是除非你做得已经很出色了或者在很大的公司工作，很少有专门的程序员会为你服务。其次，即使有人为你编程，精通程序，懂得如何控制程序，对你测试和调整战略非常重要。还有一个考虑就是保护自身研究成果。请他人编程，必然要将你的想法和研究成果详细地解释给编程人员听。这个在华尔街是很忌讳的，因为一些有价值的研究成果需要耗费很多的人力和物力，但是对明白人来说可能一点就破。我所知道的一些定量交易员就是先从为别人写程序开始起家的，所以在华尔街大多数定量研究人员通常自己写程序。

如何将几个不同的信号叠加在一起

相当多的定量模型同时使用多个信号，我们通常称这些模型为多信号或者多因子模型(multi-factor model)。对于这些模型，如何将信号有效地叠加在一起就非常重要。做到这一点非常不容易。常用的方法有分步筛选和同步筛选。

首先，我们可以根据信号的相对重要性先后使用信号来筛选股票。最重要的信号最先使用。比如，我们通常交易大的、流动性好的股票，所以我们第一步就是选择美国按市值计算最大的 1 500 只股票和按换手率计算最大的 1 500 只股票，两者的交集可能只有 1 300 只股票。第二步，我们会使用次重要的信号，如市盈率，我们可能会按市盈率给这1 300只股票排序，从中选出市盈率最低和最高的各 100 只股票。买入市盈率最低的 100 只股票，卖空市盈率最高的 100 只股票。

罗伯特·G. 哈格斯乔木(Robert G. Hagstrom)根据对“股神”巴菲特所在公司 Berkshire Hathaway 年报的理解，写了一本介绍巴菲特投资战略的书。我们其实可以按照巴菲特的投资理念用定量的方法来选择股票。首先，我们会从美国三大股市(NYSE，AMEX，NASDAQ)中按公司市值选出最大的 1 500 只股票，这是因为巴菲特特别偏好在本行业内具有很强竞争优势的公司，这些公司能够比行业对手做得更好(特别是在经济困难时期)，一般较小的公司比较难拥有和保持这样的竞争优势。其次，巴菲特非常注重公司的赢利能力和生成现金流的能力。一个不能生成足够现金流的企业可能会面临流动性问题。因此第二步，我们从 1 500 只股票中选择股东权益回报率大于 15%和自由现金流对销售收入比值在这 1 500 只股票中排在前 30%的股票。经过第二步后，可能只剩下 300 只股票。第三步，净利润率要超过行业平均净利润率。第四步，未来五年的预期自由现金流的折现值之和要大于公司当前的市值，这意味着该股票价格是被低估的。经过最后两步，最后剩下的股票可能只有 100 只。

分步筛选能够成功的前提是我们明确地知道信号的相对重要性，但是在很多情况下，我们并不是很清楚孰轻孰重，这时使用分步筛选可能就有问题。例如，我们有两个信号：公司大小和市盈率。如果我们第一步使用公司的市值大小来筛选可能会剔除过多的市盈率低的公司，这是我们不愿意看到的。另外，分步筛选过程中，每多一步，可选择的股票数就会减少一些，如果我们的信号很多，最后我们可能选不出几只股票。

同步筛选有效地解决了分步筛选中所涉及的两个问题。同步筛选中最常用的方法是将每个信号正态化，生成所谓的 Z 分值(Z-Score)，然后将所有信号的 Z 分值叠加起来。不同的信号通常有不同的量纲，很难直接比较，更不用说叠加了。正态化的一大好处就是将所有信号的量纲去掉，并近似地将信号转换成服从平均值为零，方差为 1 的标准正态分布。做法其实很简单，以市盈率为例，我们可以求得 1 000 只股票的平均值和标准方差，然后分别将每个股票的市盈率减去平均值再除以标准方差，所得的值就是正态化后的值。

在实际操作中，我们往往不把所有股票放在一起正态化，而是将股票按板块组合在一起进行正态化。假设我们有 1 000 只股票，分别属于 10 大板块，每个板块有 100 只股票。我们会分别求出每个板块市盈率的均值和标准方差，然后分别将每个股票的市盈率减去所属板块的均值再除以所属板块的标准方差。这样做的最大好处是增强了不同板块之间股票的可比性。因为如果简单地把所有股票放在一起正态化，很有可能一些板块的市盈率会大大超过另外一些板块的市盈率。例如，信息技术板块的市盈率可能大多大于1，而金融类板块的市盈率可能大多小于−1。但是，如果我们是按板块正态化的，每个板块内的股票的市盈率都基本服从均值为零，方差为 1 的标准正态分布。也就是说，无论信息技术板块的市盈率还是金融板块的市盈率都大致坐落在[−2.33,2.33]的区间内。这样当我们根据 Z 分值选股的时候，会较为平均地选择不同板块的股票，而不会出现过多或过少地选择某个板块的股票。

依此类推，我们可以轻易地将每只股票的不同信号正态化。最后，我们可以将正态化后的所有信号叠加(或者简单叠加，或者有权重地叠加)起来。利用这种方式，理论上我们可以同时使用无数个有价值的信号。但是该方式的缺点就是，我们很难知道哪个信号贡献了多少。某个股票赚钱了，是因为市盈率帮你赚钱了，还是因为其他信号帮你赚钱了呢？

向后测试

用历史数据对模型进行向后测试(back testing)是测试你的模型如果若干年前就发明了并被使用了，那它在这几年中的表现如何。模型测试是否可靠的前提是我们能否完全地、真实地反映“历史原貌”。具体地说，我们如果测试模型在2000年1月1日的表现，就只能使用历史上该日期之前公布的、未经处理的数据，而不能使用我们现在拥有的、经过处理的数据。测试的一个重要功能就是调整参数以深刻了解模型在不同历史参数下的表现。比如，投资组合持有期是一天好呢，还是一个月好呢？买卖股票的数目是150只好呢，还是200只好呢？是信号A的贡献大呢，还是信号B的贡献大呢？等等。这些都没有现成的答案，文献即使给出一些答案也未必正确，或者说符合你的模型。你必须不断地测试不同的可能性以决定最佳参数值(至少从历史的观点来看)。

下面我简要地介绍一下测试的步骤：

步骤一：确定所需包括的股票数量和种类(也称投资空间)、收集历史数据、生成信号。我们首先得确定我们需要多少只股票进行测试，这是与我们的战略紧密相关的。如果战略是短线操作的，股票的流动性应该较高，通常市值大的股票流动性强，因此，我们会选择较大的1 000或者2 000只股票；如果是中长期战略，则对股票的流动性要求会低些，我们选择的范围可以相应放宽，如市值最大的3 000甚至4 000只股票。另外，我们还要考虑是否将其他类别的股票包括进来，如股票信托凭证(ADRs)，是否将其他国家的股票包括进来，等等。较为常见的做法是不同的国家有不同的投资组合，至少是同一地区的国家，如亚太地区(除去日本)。

确定测试和投资空间后，投资经理通常从不同的商业数据库购买各种所需数据，然后将这些数据合并生成所需的各种信号。我将在不同的章节详细探讨数据问题。

步骤二：如果投资战略只能买入，不能卖空（long-only），我们必须选择决定战略是否成功的参照系（benchmark），参照系是用来确定投资战略的有效性和投资经理的主要报酬。我们通常选择一个与投资空间相近的指数作为参照系。如果投资空间是最大的500只美国股票，则一个自然的参照系为标准普尔500股票指数；如果投资空间是2 000只较小的股票，则应选择罗素2 000股票指数。

如果投资战略可以买空卖空，而且在买入方的投资额与在卖空方的投资额基本相同，则通常没有参照系。这样的投资战略常称为市场中性①（market neutral）。

步骤三：测试信号的有效性。假设我们选择了10个信号，我们如何确定信号的有效性（预测股票未来走势的能力）呢？一个常用的方法是用计量经济学中的回归。自变量为上期的信号值，而因变量为当期的股票收益。先一个一个地回归，剔除不显著相关的信号。单单显著还不够，信号回归系数的符号（是正还是负）还应与我们设想的一致。假设市盈率是我们所用的一个信号，我们设想的回归系数符号应该是负数。如果回归的结果是正数，则证明我们的设想是错误的，这样的信号也应被剔除。假设这10个信号中，经过一对一的回归后，只有六个信号与当期股票收益显著相关，由于回归是发生在股票收益和信号之间，我们并不清楚这些信号之间是否有很强的相关性。我们应该测试这六个信号之间的相关系数，如果有两个信号相关系数很高，如0.8，我们应该只保留其中的一个信号。最后，我们将所剩下的信号放在一起作为自变量，股票收益为因变量，进行多变量的回归——确定哪些信号仍然与股票收益显著相关。

步骤四：选定信号后，下一步需要确定的是信号与股票收益之间的相关性是否稳定。如果我们有120月的数据，我们可以用每个月的数据回归一次，得到一组回归系数，将每6个月的回归系数进行比较以确定这些回归系数是否稳定。我们有20个6个月，如果这20个6个月中多数是稳定的，则我们有理由相信信号与股票收益之间的相关性是稳定的。

---

① 市场中性的另外一个定义是买入方＋卖空方的投资组合与整个市场的相关性基本为零。

步骤五:如果信号是稳定的,我们可以根据回归系数和当期的信号值来预测下期(未来)的股票收益——我们的终极目标。根据预测的股票收益大小以及股票的风险(通常用标准方差来衡量),我们可以组建投资组合。

如何降低风险

在投资领域,有效地控制风险,保存实力求得生存通常比大起大落更为重要。首先也是较为容易做到的就是,增加投资股票的数目。对于在买入股票的同时卖空相近数目股票的投资模型来说(long-short),投资股票数目通常要至少 200 只,即买入方的组合至少有 100 只股票,卖空方的组合也至少有 100 只股票。股票数目增多可以有效地分散个股特有的风险。市场和行业风险则因同时买卖而大幅度降低。我们通常会将每个行业的净投资控制在很低的水平。也就是说,我们在买入某个行业中某些股票的同时,会卖空同一行业中的其他一些股票,并会让买入的总市值与卖空的总市值尽量相近。这时,按照板块将信号正态化的优越性就显现出来了,因为正态化后所得的 Z 分值是围绕 0 对成分布的,如果我们紧紧按照 Z 分值给股票排序并选股,那我们一般会在每个板块中买卖相近数目(由于对成性)的股票。其次,注重大的、流动性高的股票,我们通常只买卖股票市值最大的和过去 20 天平均换手率最高的两千,最多 3 000 只股票。第三,可以使用一些标准的最优化方法,如均值—方差最优化技术,投资组合 VaR,等等。通常,我们会尽量使用标准方差衡量的投资组合的年波动性在 4%左右,这样的波动性通常只有标准普尔 500 指数波动性的 1/3 到 1/4。你可以考虑成千上万的事情来控制风险。比如,是否要设置一个止亏点,一旦在某个股票上亏了 7%就强制性平仓?是否需要设计一个预测模型来预测某个股票在未来三个月内被收购的可能?是否需要设计一个赢利预测模型来预测季度每股赢利的大小以降低赢利公告对投资组合的影响?……你可以轻易地花费几个月的时间去思考这些问题。

实战演习——纸上交易

纸上交易(paper trading)就如实弹演习,用的是实时的数据,得到的买卖标价也是实时的,只是不用真的钱在交易。纸上交易的结果应该和真实交易的结果非常接近。但是有两种情况需要考虑到。第一,一些买卖指令在实际交易中可能不能被100%地执行,比如涉及与交易员所在公司相关联公司的股票。第二,实际交易中,股票的买卖本身会影响股价,这点在交易流通性不是很强的股票时非常明显。这就是我们通常只交易大型、流通性好的股票的主要原因。纸上交易的目的就是考察在历史上"赚钱"的模型是否在现实中仍然赚钱。纸上交易常常能发现一些意想不到的问题。比如,在用历史数据测试时,一些ADRs表现得很好。但是在现在的市场环境下,它们表现得非常异常。这时你就得决定是否包括这些ADR,如果不包括,则必须用历史数据重新测试。这样的过程——发现问题—提出可能答案—重新测试,可以反复多次,经历很长时间。

正式交易

如果你在前面几步做得很深入,正式交易的结果和纸上交易的结果相差不应该很大。如果出现大幅度偏差(无论是多赚了钱还是多亏了钱),交易员必须查出哪里出现问题:是没有考虑到一些情况呢,还是模型假设不再符合现在的实情呢,还是这样的偏差只是暂时现象?如果你认为这只是暂时现象,而不是模型的问题,则就应该继续使用该模型;如果你发现了模型的缺陷,则应考虑立刻暂停使用该模型;如果你不知道发生了什么,最好停止使用该模型。

访 谈 一

被采访人:刘莹博士,道富环球投资管理公司高级研究中心,美国和全球股票研究团队主管

刘莹(Ying L. Becker),2000年至今任职于道富环球投资管理公司(SSgA)[①]的高级研究中心。她同时兼任美国国内和全球股票研究团队的主管,她现在的研究包括利用行为金融学和基本面的信号来预测股票收益,使用类属编程(generic programming)技术来研究不同投资信号之间的相互作用,等等。在加入道富之前,她曾担任宝丽来公司的高级研究经理。她拥有伍斯特理工学院(Worcester Polytechnic Institute)的化学工程博士学位、布南迪斯大学(Brandeis University)金融硕士学位和清华大学化学工程本科及硕士学位。

第一次采访时间:2008年7月7日　　　　地点:麻省波士顿市

第二次采访时间:2009年3月17日

问:理工科的培训对你现在的工作有何帮助?相对于没有理工科背景的人,你拥有哪些优势,哪些劣势?

答:工程背景确实给了我一些优势。第一就是系统性的、强化性的科学训练,这为我提供了很好的科学基础——特别是很好的数学背景、过程观念和逻辑思考。我是这么理解工程和科学的区别的。科学是你发现新的事物,理解它的本质并尽力去发现某个特定问题的答案。而工程则很强调过程观念,这种过程观念是很多学纯理科的人没有的,他们只会去找什么东西不够完善,怎么样去找到这个问题,怎么样证实和解决这个问题。工程训练则教会人如何建造新事物并供人使用,这在现实生活中很重要。我的感觉

① State Street Global Advisors,世界最大的资产管理公司,至2008年7月,该公司管理约两万亿美元的资产。

是，现在在买方的金融机构中有越来越多的具有工程背景的人。如果他们从事定量性研究，他们可能不会给你“最优的”或是“最有创造力”的结果，但是他们很可能会设计更为实用的战略，并确保任务的完成。工程培训使我得益匪浅。

问：那相对于金融背景的人，有没有劣势？

答：我的情况有些特殊，因为我有很多年的研究背景，因而获益很多。我学会了将一个貌似很复杂的项目尽量简化，发现核心问题所在。一旦找到核心问题以后，其他的问题就可以迎刃而解了。至于劣势，我们看问题的方法和角度和纯粹做金融的人不一样，有时候缺乏宏观经济方面的眼光和概念。但是我觉得这些东西都可以通过实践和后来的学习来弥补。

问：整体来看，无论何种专业背景，哪种类型的人适合从事定量金融研究？

答：我个人的观点是，为了能够在这个定量金融领域成功，你必须拥有3～4项技能。第一，基本技能，特别是在当前，这个领域的竞争非常激烈，很多有才华的人在相互竞争。基本技能指的是你拥有扎实的金融基本功、计算机编程能力和定量分析能力。第二，你必须拥有能够将一些不同领域的知识综合起来的整合能力。这不仅仅包括定量分析部分，还包括金融和经济部分，还有逻辑处理部分。逻辑处理能够让你最终形成战略。第三就是交流能力，这个极度重要，特别是对于那些具有很强技术性背景的人。他们经常忽略这个环节，认为，“哦，这只不过是夸夸其谈，是个软性技能”。但是正是这些软性技能能够使你有效地和别人沟通，有效地吸取信息并有效地转换技术性的技能。对于我来说，交流能力有助于我较好地传达技术、好的想法和战略，在不适用权力的情况下说服别人。

问：作为两个研究团队的领导人，你是如何分配你的时间，用以管理不同团队？

答：尽量将所有人都整合在一起，增强举一反三、触类旁通的能力。时间总是不够用的，最好一天28个小时。我认为举一反三的能力很重要，美国是公认的有效性市场。如果你能将在美国市场中所学到的东西推广到全球市场(或者反过来，将在全球性市场中学到的知识用于美国市场)，你会从中受益很多。

举一反三不仅仅针对金融领域内部的东西，而且还指别的领域和金融之间的交融，例如，将工程和自然科学里已经成功应用的成果嫁接到金融领域。金融不是纯粹的科学，也不单单是艺术，它是(科学和艺术的)组合。

问：现在美国太多的人从事定量研究和交易，不少人使用类似甚至相同的战略，这个市场是否太拥挤了？

答：经过去年夏季[①]，不少人或者认为定量金融战略有很大局限性，它们相互之间高度相关；或者认为从事定量金融的人太多了、太拥挤了，给予每个人的发展空间很有限。我本人认为定量金融的一个优势同时也是它的弊病就是它的一贯性——如果你使用相同的数据和相同的数学处理方式，你应该得到相同的结果。如果很多有才华的人使用很相似的想法、战略和方法，那么大家最后选定的投资组合可能会有很高的相关度。但就定量金融这个领域来看，它在整个投资领域里还只占一个较小的比重，还有很大的空间让更多的人参与进来。但我的感觉是，如果你想赢、具有竞争性，你得跳出现有的框框，你得有与其他常用战略相关度较低的战略，你得具有创造性。例如，你可以将一些在工程和纯科学领域里非常成功的方法应用到金融领域，这是非常好的，因为你从一个新的角度来看问题。但是你必须很好地处理客户是否接受这些新方法的问题。像我利用类属编程(generic programming)，人们的第一反应是数据挖掘(比较难以接受)。

问：未来最有可能有突破的定量研究领域在哪里？

答：我觉得主要是新产品，(针对)不同的证券种类及其组合的产品，如股票、债券、货币、衍生产品，等等。这是许多人都谈及的所谓的全球宏观(global

---

① 2007年8月7～10日，一些著名的从事定量交易的基金同时遭受重大损失。

macro)——你如何选择不同的投资类别或者投资类别组合进行投资，这是一方面。另一方面，就每一个证券种类而言，开发新产品也是很重要的。新的产品不仅仅是买空卖空、130/30[①] 或市场中性[②]，更多是根据客户自身的需求，使用不同的工具为客户量身定做具有不同风险和回报特征的投资产品。

如果你相信市场是有效的，那你会认同与其想方设法寻找套利机会，不如去设计能够满足客户需求的产品，许多新产品就是这么产生的，例如，交易所交易基金(exchange traded fund-ETF)。作为投资经理，你在很多时候不是想尽力超越大盘，而是满足客户特定的需求。

如果你想发掘套利机会，我会有不同的观点。我会告诉你利用新的产品、利用先进的技术、利用金融领域里的各种方法去寻找非有效性的时刻和地方以赚钱。但是这是否是定量金融应该发展的方向？这种市场非有效性的机会可能会越来越少。

问：你是如何产生新点子的？换句话说，你是从哪儿获得灵感的？

答：很多时候点子的产生是通过阅读最新的文献、卖方的研究报告、和同事交流、了解市场动态。理解市场是最为重要的事情，理解市场的变化和宏观经济。卖方公司有不少投资的想法。这些想法可以促使你往某个方向进行深入研究，但是整体上，它们比较通用，不太能够直接应用于投资。

灵感是一方面，另一方面是应用。应用型的研究主要取决于日常的经验。这时，工程方面的训练就有助于我进行逻辑思考，跳出现有的框框。

问：当你花了工夫在某个点子上，发觉困难比较大，你是继续花时间在它上面，还是放弃，还是因情况而定(能否举例说明)？

答：这是个非常现实的问题，我们时常会碰到它。这取决于你的研究目

---

① 130/30 战略指的是，在买入 130 元股票的同时卖空 30 元股票。这种战略在共同基金里比较流行。

② 市场中性指的是，在买入 100 元股票的同时卖空 100 元股票；或者这个投资组合与市场大盘的相关性为零。前者叫美元中性(dollar neutral)，后者叫贝塔中性(beta neutral)。

的是什么？是纯粹找新的东西呢，还是修补现有的问题？如果你想寻找新的东西，以前没有人试过，你也许可以多花些时间。例如，你可以尝试神经网络，神经网络是一个广泛应用于工程和科学领域的技术，你可以利用它来开发新的金融数学模型。你可以沿着这一思路一直走下去，直到碰到比较大的障碍。然后你得分析这个障碍是技术性的问题，还是因误解而导致的沟通方面的问题，还是因为金融投资业还没有作好接受该项技术的准备。如果是因为市场还没有作好准备，那就取决于你决定投入多少资源，很多时候你得暂停该项目，即使该技术在测试中很赚钱。等到市场真正作好准备的时候，你再重新开展该项目。

如果你想修补现有的问题，或者是提高现有战略的投资回报，那别无选择，你必须发现能够起作用的东西。我想以赢利更新(earnings revision)为例，几乎所有的定量投资模型都会使用赢利更新。但是在美国实施《公平披露法规》(Regulation Fair Disclosure，简称"Reg FD"①)之后，该信号的预测(股票未来收益的)能力大为降低了。有许多争论，不少人认为该信号永久性地失去了预测能力，但另外一些人认为，它在过去很管用，不可能一下子就不行了。我们现在的模型里有与赢利更新相关的信号。我认为我们首先应确定这是否是个暂时现象，然后我们得弄清楚我们是否需要该信号中所传递的信息。(卖方)分析师做了很多很深入的研究，他们对赢利(和推荐)的更新提供了"向前看"(具有前瞻性)的信息。一个有竞争性的模型必须包含类似的、具有前瞻性的信号。我们做了一些相关的研究工作。首先是证实这种改变是暂时的，还是永久性的。其次，如果你认为该信号所提供的信息应该起作用，那你会发现传统的产生信号的方法不起作用是因为它没能更为深入地挖掘信息——你必须研究"领先—跟随"(leader-follower)现象、分析师的从众现象以及有条件的相关信息。这些研究可能会推动你发现新的信号或者增强和改进现有的信号。

---

① 该项由美国证监会颁布的法规在2000年10月正式实施，它规定上市公司必须同时向所有投资者公布重大信息。该法规主要是用来防止有选择的披露，防止一些投资者(主要是大的机构投资者，如对冲基金)在其他投资者(主要是散户)之前获得有价值的信息。

问:如果一个点子经过论证后,觉得可行,在点子变成最后可以执行的交易战略之间,你们通常会做哪些工作(或要经过哪些程序)?

答:第一步是看该研究结果是否具有统计显著性。但有时你可能会被统计结果所愚弄。第二步,就要看该研究结果是否能够通过市场或金融理论来解释。这个结果是否符合金融市场的常理?你不能简单地挖掘数据和寻找所谓的"规律"。如果你的研究成果不但具有统计显著性,而且很符合金融和经济的常理,下一步,就要探究能否将模型潜在的能效转换到现实的投资组合中去。这时我们要将研究中所发现的新信号,添加到投资组合建造(portfolio construction)中去,我们会加上各种约束条件、综合风险模型(risk model)来反复验证该信号的有效性。最后,在前面几步的基础之上,新的模型将正式投入运营。

问:SSgA是很大的基金,研究部门是个单独的部门,你们是如何与其他部门,如投资经理、风险控制部合作与交流的?

答:研究部门要有效地发挥作用必须非常紧密地与投资部门合作。我个人认为SSgA很成功地将研究功能集中起来,同时又很好地将研究部和直接投资部门连接在一起。集中性研究能够确保信息有效地传递,同时可以将在某一领域的研究成果快速地推广到其他领域。与投资部门及时、有效的沟通能够使研究具有很强的针对性和现实意义。我每天都会和投资经理沟通。我们有正式的沟通渠道。在每周一次的讨论会上,我们和投资部门讨论决定研究的重点,哪些是短期项目,哪些是长期项目。短期项目往往针对某个需要立即改进的投资模型,而长期项目则允许我们尝试一些全新的、具有前瞻性的研究。

我们不直接和风险控制部门接触,我们会做一些风险控制方面的研究。例如,研究和开发新的风险模型;当我们测试新的投资模型时,我们必须同时考虑风险。从这个意义上讲,我们涉及风险控制,但我们不直接和风险控制部门接触。

问:不少公司使用多因素模型,我想你们公司也在使用,这样的模型的投资回报不会太高。你们是如何增加模型的赢利能力的?

答:我认为有两个发展方向。第一,是我刚才提到的,就是提供新的产品。新产品不单单指能够利用新的套利机会的产品,更指能够满足市场新需求的产品。第二,就是开发新的投资模型,或者增强现有的定量投资模型。尽可能地发掘新的信号、新的组合信号的方式。你可以将多信号很简单地、线性地组合在一起,但这样做局限性很大,因为信号之间是相互作用的。可以研究非线性的、有条件的组合。另外,还可以考虑将不同的投资模型结合在一起、考虑不同的行业、板块和国家因素,等等。

问:定量模型能否成功的一个关键是能否获得可靠的数据,这一点在发达国家做得相对较好,但是在发展中国家,很多数据根本没有,即使有也不是很可靠。你觉得定量交易模型能否在包括中国在内的发展中国家中成功实施吗?

答:你提到了中国,中国是很特别的,中国发展得很快。我认为定量金融在中国绝对有很大的发展潜力。特别是当金融市场逐渐变得更职业化、监管变得更有效,定量金融会有很大的发展空间。事实上,几个礼拜前,我的一个同事在主持一个和北京大学共同建造金融数据库的项目。该项目的重点就是发展中国家的市场。他们已经开发了一些非常有潜质的成果。

就单纯的数据而言,你所说的是对的。定量模型是建立在人数定理基础之上的,大量可靠的数据是模型能否成功的关键,“进的是垃圾,出来的也会是垃圾”。在我们研究部,我们研究发展中国家市场的团队一直做得很好。为了在数据不健全、不可靠的市场做好研究,我们必须在使用现有数据建模的同时,增加基本面的分析和对当地金融市场的理解。

问:即使发达国家之间差异也较大,据我所知,日本股票对不少“信号”的反应就与美国股票的反应不一样,你能否举例说明当你把某个成功的信号移植到其他发达国家时,你一般做哪些修正和额外的工作?

答:就股票而言,我个人认为定量模型是与投资空间紧密地联系在一起的。日本是个非常特别的市场,我可以给你一些例子。一个简单的例子就是发展趋势(momentum),所有人都知道,发展趋势是个很有用的信号,大多数的定量模型都会包含它。对于大多数发达国家市场来说,我们在使用发展趋势信号时会把最近的一个月去掉(例如,使用前12个月至前一个月之间,共11个月的股票总收益来作为发展趋势信号),因为股票价格的走势往往和最近一个月的股票收益的正负号相反,这叫价格反转(reverse)。但是,在日本却没有这样的反转现象,这是和日本这个投资空间联系在一起的现象。当我们在日本市场应用发展趋势信号时,我们会作相应的变更。另外一个例子是与数据相关,日本本国最近开发一些很好的金融数据库。假设我们想采用与赢利更新相关的信号,如果我们采用常用的一些金融数据(例如,路透社和托马斯金融公司,这些公司也提供日本市场数据),我们很有可能不能很好地理解日本市场。如果我们利用日本本国开发的数据库,即使使用完全相同的模型,结果可能会好很多,因为这些数据库的数据更好地反映了日本证券市场的特点。它们不但包括了更多、更广的信息,而且所提供的信息更具有价值。你可以看到,当我们将信号或者模型从一个市场移植到另外一个市场时,我们不但要考虑信号/模型本身的适用性,还要考虑其他方面,如数据,等等。

问:你曾在不同的公司和行业工作过,作为一个少数裔的女性,相对于男性而言,你觉得这种身份是给你带来了帮助还是困难?还是这根本不重要,只要你有才华,努力工作,你就有发展空间,无论你是女性还是男性,无论你是白人还是华人?

答:玻璃顶(glass ceiling)总归是存在的。对于女性来说,玻璃顶是存在的,对于东方女性来说,玻璃顶更是存在的。这取决你做什么样的工作。我认为玻璃顶的存在是有一定原因的。当我在以研究为主导的高科技企业工作时,玻璃顶不是那么明显。在金融领域,不但你的工作能力很重要,而且你的交流能力和交流风格也很重要。我不知道是因为我是东方女性,还是因为我的交流能力(英文是我的第二语言)对我的发展产生了影响。我想这既给我带来了帮助,也带来了困难。可能更多的是帮助,因为作为一个女性,我已经习惯在没有(或不需使用)职务权力的情况下,来说服别人和传递我的想法。这给我带来了便利,我也因此发展了一些相应的技能——在没有使用权力的情况下影响别人。

问：从理论上讲，共同基金能够做的，对冲基金也能做，你觉得对冲基金会取代共同基金吗？

答：不可能。共同基金的定义是什么？对冲基金的定义是什么？无论你是用何种证券、何种投资战略，对冲基金都是高风险、（可能）高回报的。共同基金的投资者与对冲基金的很不一样，有很多小的、个人投资者。我不认为这些小型投资者愿意冒很大的风险以换取较高的投资回报。同时，对冲基金的成功率不是很高，大概只有20%～30%的对冲基金"存活率"，这还不包括那些苟延残喘的基金。另外，不少机构投资者只能利用对冲基金来真正地"对冲"风险，而不能用它来作为主要的收入来源。所以，我认为对冲基金不会取代共同基金。

问：问一个比较学术的问题，你认为美国的股票市场是有效的吗？平均来看，定量投资经理能否打败指数基金？

答：我认为美国市场是相对有效的市场。定量投资之所以存在，第一是因为投资者有特别的投资需求。第二，市场虽然总体上是有效的，但它不是时时处处都有效。就业绩而言，如果你相信市场有效性，定量投资的长期收益应该与大盘或指数基金的收益相当。你可以说如果投资60年，可能没有投资经理的业绩能够超过指数基金的业绩。但是没有投资者会考虑那么久远。如果以投资10年来看，还是有不少投资经理的业绩远远超过大盘指数收益的。所以这个问题取决你如何看，我们内部的一些基金，最近三年、五年甚至10年的业绩高出大盘指数很多。

问：2008年不少130/30基金①和"改进型"（enhanced）定量性投资基金与基准（benchmark）相比表现并不理想，你是如何看待的？

答：在过去的一年半时间内，许多定量投资基金是做得不好，但几乎所有类别的基金都做得很差，不单单是定量性投资，因为整个市场崩塌了。事

① "130/30"代表着长仓130%和短仓30%，在资产组合中所占的比重。在基金的运作方面，基金经理会用全部投资资金买进价值低估的股票，再卖空价值高估的股票以建立不超过资本30%的短仓组合，将卖空所得来的额外资金购进更多"好"的股票。最终在维持最高100%净市场参与率的情况下完成了130%的长仓和30%的短仓投资组合。

实上，我们旗下的一些130/30基金相对于基准表现得非常好，名列市场的前三名；我们另外一个市场中性（market neutral）的基金去年回报高达13%①。因此，不能一概而论。

问：*这次金融危机有没有在某种程度上改变了你的投资理念呢？*

答：没有。定量投资是以大数定律和对市场理解为基础的，这个不会变。所有深思熟虑（well-balanced）的定量模型都是建立在对市场、证券和发行证券企业内在价值的深刻理解之上的；同时它还必须考虑市场情绪。这些是定量分析的基础，是不会改变的。但是，定量分析也是有缺陷的。定量模型撇去了很多人为的主观因素，但如果很多人都用类似的工具和模型，投资空间会很拥挤。

问：*在这次危机中你获得的经验教训是什么？*

答：首先，任何模型都不是万能的，模型只是用数学抽象来衡量现实。当现实处于混沌状态时，你很难建模。多数模型假设类似事件会不断重复发生，并从这些重复出现的事件中找出规律。换句话说，我们寄希望于历史能够重复自己，并根据历史预测未来。但是对于那些具有极大影响但发生频率很低的事件②，模型很难或根本无法描述它们。

其次，我们应该意识到模型是由人使用的。作为建模者，我们必须尽力做好风险控制与管理：包括投资组合相对不同因素的风险（所谓的“beta风险”）、组合内个别证券的风险。这是非常难的。

我想提一下Black的一篇文章“噪音”（Noise）③。他在文章中指出哪些是可预测的，哪些是无法预测的；哪些是信号，哪些是噪音。我最近一年反复地读这篇文章，因为它揭示了哪些是资产管理（不单单是定量型资产管理）可以做的。去年，我们几个基金做得很好，你也可能认为只是个“噪音”。

问：*鉴于这次危机造成的市场巨幅波动，你会不会考虑更加频繁地轮换*

---

① 2008年标准普尔500指数下跌了38.5%。

② 所谓的“黑天鹅事件”，请参阅《第8章：风险管理和控制》。

③ 该文章是费歇尔·布莱克作为全美金融协会主席的大会演讲。Fisher Black, “Presidential Address: Noise,” *Journal of Finance* 41(1986): pp. 529-543.

投资信号或改变不同股票的投资权重?

答:你可能问的是“动态加权”(dynamic weighting)的问题。“动态加权”在投资领域流行了一段时间,但我还没有看到真正很成功的例子。极端来说,你可以每天都更新你的模型,每天都交易不同的股票。这很大程度上是在跟踪市场(time the market),我并不觉得这样的做法可以成功。

回答你的问题,我们是更加紧密、谨慎地监控模型和不同市场因素,但是还是一句话,模型不是万能的。如果模型的假设和现实有所不同,模型导致的投资结果就会和(预期的)现实不同。

要在定量型投资领域获得成功,我的经验法则就是:“保持一致性(be consistent),在一段时间内,持续地超过基准的业绩。”

第 3 章　定量交易战略

无论战略是多么的美丽，你得偶尔看看结果。

——温斯顿·丘吉尔(英国前首相)①

我们买卖证券，不是买卖它的过去和现在，而是买卖它的未来——这一点无论是对股票、债券还是衍生产品都适用。但是我们会想尽一切办法去研究证券的过去和现在，希望洞察历史能够帮助我们预知未来。我们研究证券的历史价格、交易量、与其他证券之间的相关性；我们研究与证券相关联公司的历史赢利、高级管理人员的持股数目和交易记录、机构投资者的买卖行为；我们研究公司的竞争战略、所在行业的主要竞争对手和行业的发展前景；我们还研究世界主要国家的宏观经济政策和主要经济数据，等等。我们所做的这一切都是想通过对历史数据的研究和探索来更好地预测未来——证券价格的走势。

某对冲基金工作地点

所有定量型的交易战略都是建立在对历史数据和事件的研究基础之上，投资者设计出在历史环境下能够很好地解释和预测证券价格走势的某种模型，并希望该模型在未来也能够较好地预测证券价格的走势。本章将

① “However beautiful the strategy, you should occasionally look at the results,”-Winston Churchill.

着重介绍一些定量交易战略，由于本人主要从事与美国股票相关的定量交易，本章介绍的战略也相应地主要与美国股票相关。这可能会给读者带来一些困难。

首先，在美国适用的战略，在中国或其他国家不一定适用。美国可以说是世界上证券市场最发达、最成熟的国家，金融界和学术界对美国证券市场的研究也是最充分和最全面的。正是基于这一点，我们可以利用美国证券市场的研究成果来引导我们研究中国和其他国家的证券市场。另外，在美国不成功的战略并不代表在中国或其他地区不成功。事实上，研究发现一些在高效成熟市场不再成功的战略在一些不是很成熟的市场还能继续赚钱。比如，研究内部人交易行为在美国市场上已经不是很赚钱，但在一些发展中国家的证券市场却还能赚钱。

其次，过去成功的战略并不代表未来也会成功。事实上，随着证券从业人员的不断跳槽、学术研究成果的不断（很多是免费的）公布，不少过去成功的投资战略，现在已不再有利可图。

第三，好多战略需要同时买空卖空，这在一些国家和地区并不适用。中国至今还不允许对个股进行卖空。这一点相对容易解决，大多战略都是在选出好的或价格相对低估的证券的同时选出相对较差的或价格相对高估的证券。如果不能卖空，我们可以利用该战略买入或增加持有好的和价格相对低估的证券，而不买入或者减少持有相对较差的或价格相对高估的证券。

最后，由于本人经历和本书的篇幅限制，本章主要讨论的是股票的投资战略，很多战略是围绕其他证券的，如债券和衍生产品，这点请读者谅解。事实上，我个人认为定量研究一个非常有前途的领域就是研究不同证券之间的相关性。例如，期权市场与股票市场，债券市场与股票市场，等等。我会在一些战略中稍微涉及其他证券。

在华尔街上，你问 100 个人，我相信没有一个人会告诉你现在成功、很赚钱的战略，如果你走运，可能会有一两个人会告诉你过去成功但现在不成功的战略，我希望本章能够起到抛砖引玉的作用，能够激发读者去思考。最后也是最重要的，战略只是一个蓝图，如果没有很好的有自我约束力的、注重细节的、强有力的执行者去执行，再好的战略也得不到理想的结果。

对子交易战略

对子交易 (pair trading),顾名思义,投资者按照某种策略将相关或相似的股票一一配对起来进行交易,投资者买入对子中价格相对低估的股票,卖空对子中价格相对高估的股票。对子交易的根本在于投资者对两只股票相对价值的看法——股票的相对价值应该在相当长的时间内显示出稳定的、回归均值的特性。

在大多数情况下,对子交易牵涉到两个相似或者相关的公司。两个公司之间的关系可以是结构性的,也可以是非结构性的。结构性的对子有着很强的关联关系,它们之间的关系会因套利行为而加强。一些常见的结构性对子包括:

- 同一公司发行的不同类别股票。如国内股市的A股和B股。不同类别的股票通常有不同的权限。例如福特汽车公司有A股和B股,A股为一般普通股票,而B股则由公司创始人——亨利·福特的13个继承人持有,福特公司的B股享有比A股大得多的投票权(每股B股的投票权相当于约10股A股的投票权)。
- 美国存托凭证(ADRs, American Depository Receipt ,境外上市公司发行外资股在美国采用的存托凭证方式)和全球存托凭证(GDRs, Global Depository Receipt)与公司股票。在理想状态下,美国存托凭证的价格应该与经过汇率转换后的公司普通股票价格相等。但是在现实中,两者之间会因为流动性、税收等因素而产生差异。
- 母公司与子公司。例如同在美国上市的中国侨兴环球电话公司(股票代码"XING")和其子公司侨兴移动通信有限公司(股票代码"QXM")。在2008年5月,环球持有移动61.33%的股份。理论上讲,侨兴移动的股价应在很大程度上与侨兴环球的股价相关联,事实上,两者之间的相对价格波动非常大。
- 并购套利或风险套利(merger arbitrage 或者 risk arbitrage)中的收购

方与被收购方。当并购信息被披露后，被收购方的股票价格通常会低于并购要约价格，该价差反映了投资者对于该并购能否成功实施的可能性的考虑，价差越大，市场认为并购成功的可能性就越低。

对于非结构性的对子，对子中的两个股票可以没有任何关系，但它们通常受到相同的系统性因素的影响。它们常常属于同一行业或板块，或者来自同一地区，或者有着同一个大股东，等等。两只股票的相对价值可以基于基本面的因素、技术层面的因素或者纯粹的统计分析。

对子交易战略虽然经常被能够买空卖空的对冲基金采用，但对于不能卖空的投资者来说。投资者可以在增加价格低估股票权重的同时，降低价格高估股票的权重。对于以基本面分析为主的投资者来说，股票的相对价值比较可以提供预警信号——如果某个股票的相对价格严重高估或者低估，投资者应该仔细分析该价格偏离行为是短期波动，还是因为某个重要的基本面因素发生了根本性的变化而导致的长期波动。

下面我想介绍一下对子交易的起源和统计套利对子模型。

对子交易——历史简介

对子交易最先发源于摩根斯坦利的经纪一做市商(broker-dealer)的大宗交易柜台(block-trading desk)。大宗交易通常是指至少一万股股票或者市值超过20万美元的交易。由于对流动性的考虑(市场对该股票的承受能力)，经纪一做市商通常会将大宗股票分割成若干份，在一定时间内分批卖出去，但是如果市场低迷，股票很有可能会较长时间地积压在手中。为了降低“存货”风险，公司往往会对冲风险(hedge risks)。具体的做法就是为手中的股票配对，如果手里持有的股票是可口可乐，那么公司就会卖空百事可乐，这样不但整体市场风险，而且饮料行业风险也会被有效地规避。

一个名叫格里·班伯格(Gerry Bamberger)的程序员在观察众多对子股价波动时发现了一个有趣的规律：当对子中的某一股票相对另外一支股票价格变动时，该股票价格通常会返回到原来的相对价格。举个具体的例子，如果可口可乐的股票突然下跌了，正常情况下有两种可能。第一也是最常发生的，没有任何特殊事情发生，但是某个投资者由于流动性需要，急需现金，将10万股股票脱手从而导致股价遭受打压；在这种情况下，股票价格通常会立即反弹。第二，某个只与可口可乐公司相关的坏消息流露出来了。复杂的情况是，市场参与者不知道股票价格是继续下跌，原地不动，还是返回原处。但是，如果我们有几百对这样的股票，我们可以将第二种可能有效地分散掉，而剩下的就是第一种可能的净作用：我们买进股价相对下跌的股票，卖空股价相对上涨的股票；如果我们手上有200对这样的股票，那么我们就同时买入200只相对下跌的股票，卖空200只相对上涨的股票——第一个对子交易模型（同时也是统计套利模型）诞生了。凭着这个简单模型，班伯格第一年一个人为摩根斯坦利赚了六百万美元。

后来，各种各样的对子交易模型不断涌出，有根据股票波动性的，有根据交易量的，有根据股票贝塔值的，有根据行业内领先一滞后现象的[①]等等。

统计套利对子交易战略

统计套利对子（statistical arbitrage pairs）交易战略的原理非常简单：找出这么一对股票，从历史上来看，它们的股票价格像被某种纽带联系在一起一样，按照某种比例同升同降。但是，不知道出于何种原因，该纽带关系在当前被扭曲了——一只股票的价格相对于另外一只股票的价格偏高，如果我们相信历史会重复，我们便买入股价相对偏低的股票，卖空股价相对偏高的股票，当纽带关系恢复正常后，我们便会从中获利。

不言而喻，该战略成功的关键是找出这样的对子。这里我们要借助统计学和计量经济学里的知识。研究过股票的投资者都知道单一股票价格的波动很不稳定，忽上忽下，可以连续数月上升，也可以连续数月盘整，打拉锯战。股票价格的这种波动状态在统计学中叫非稳定性（non-stationary）。除非是有规律可循的非稳定性，例如，一直上升或一直下降的非稳定性，人们很少愿意与非稳定性的事物打交道。原因很简单，非稳定性意味着不确定

---

① 研究发现同一行业内，大公司通常对信息反应最快，小公司通常反应要慢半拍。这样，如果一旦发现大公司涨了，我们就立刻买进小公司股票，卖空大公司股票；反过来，如果大公司股票突然跌了，我们就会立刻卖空小公司股票，买入大公司的股票。

性和高风险。1987 年，两位诺贝尔经济学奖得主罗伯特·恩格尔（Robert Engle）和克莱夫·格兰杰（Clive Granger）在一篇开拓性的文章中发现，两个非稳定性的时间序列的线性组合有可能是稳定性的（stationary）。通俗地讲，虽然股票 A 的价格是非稳定性的，股票 B 的价格也是非稳定性的，但是股票 A 和股票 B 的某种固定的线性组合却是稳定性的。也就是说，股票 A 和股票 B 的价格时间序列的走势趋于同步。恩格尔和格兰杰称这种同步性为协整（Cointegration）。

图 2－1　股票对子

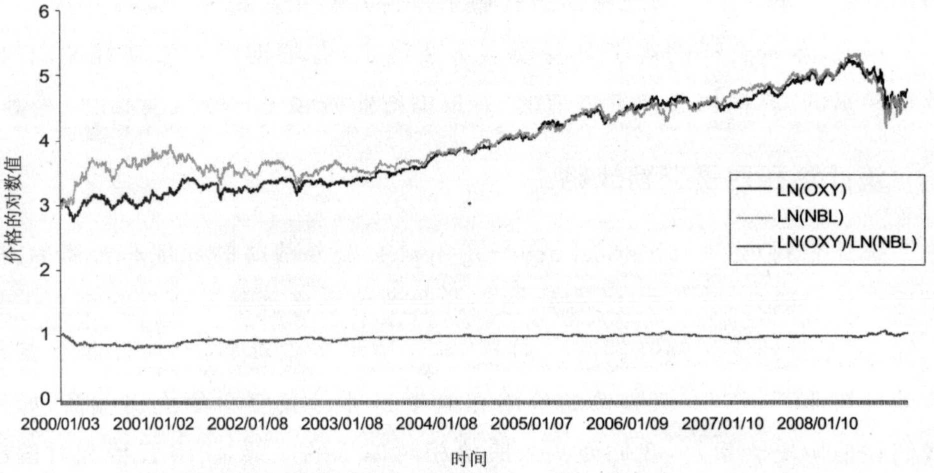

上图中，我给出了美国两个能源上市公司 2000 年 1 月 2 日～2008 年 12 月 31 日期间的股票价格[①]（自然对数值），以及两只股票价格（自然对数值）的比值。这两个公司，一个是总部位于洛杉矶的西方石油公司（Occidental Petroleum Corp，股票代码为"OXY"），另外一个是休斯敦的高贵能源公司（Noble Energy，Inc. 股票代码为"NBL"）。在 2000 年至 2007 年的八年间，无论是 OXY 还是 NBL 的股价都是非稳定性的，整体趋势是不断上升的；

① 股票价格为根据股票分拆调整后的每日收盘价格。

但是两只股票价格的比值却显示出惊人的稳定性 —— 这八年间，该比值一直在1上下浮动。换句话说，这两个股票的股价是协整的。一个简单易行的投资战略是：求出股价比值(OXY 的对数值/NBL 的对数值)的63天历史平均值以及标准方差，如果当天的股价比值明显偏离过去63天的历史平均值，我们则采取行动。比如，如果该比值比63天的均值要低，而且低的程度超过了两个标准方差，我们便买入 OXY，卖空 NBL。这个对子按照这样的交易战略在2007年的总投资回报高达80%。

大体上，对子交易战略设计有四个步骤：第一步，寻找潜在的具有协整性的股票对子。我们可以通过考察股票的基本面来寻找，也可以通过股票的历史价格完全用统计的方法来筛选。我个人倾向于利用股票的基本面来筛选，至少是用来首次筛选，最直接的是在同一行业里选出一个潜在的股票对子。第二步，找到潜在的股票对子后，我们得确定两只股票之间的配对比例，或称为协整系数(cointegration coefficient)——它们是一比一配对呢，还是一比二配对呢？第三步，我们必须利用计量和统计工具来验证该对子在历史上确实是协整的，而且它们的协整关系是稳定的。第四步，确定买入和卖出时机。买卖既不能太频繁，也不能太低迷。过于频繁，持有时间太短，交易成本会很高；过于消极，则会错过不少赢利机会。下面我就这几个步骤分别进行阐述。

第一步，寻找潜在的具有协整性的股票对子。我们可以利用统计和计量工具来衡量两只股票的协整程度。一个最直接的衡量变量就是两只股票日收益率的相关系数①的绝对值。我们可以利用多因素的资产定价模型来求出任何股票之间的相关系数，在业界常用的是 BARRA 模型。我们通常先将整个投资空间按一定的规则划分为若干个小的区间，比如，我们可以将2 000只股票按照板块划分为20个小区间，我们也可以按照股票过去12个月和6个月的回报率将投资空间分为5×5 = 25个小区间。在每个小区间

① 相关系数表示两个变量间相互的直线关系。相关系数没有单位。在－1～＋1范围内变动，其绝对值愈接近1，两个变量间的直线相关愈密切；愈接近0，相关愈不密切。相关系数若为正，说明一变量随另一变量增减而增减，方向相同；若为负，表示一变量增加，另一变量减少，即方向相反，但它不能表达直线以外(如各种曲线)的关系。

内,我们找出与每一只股票相关系数最高的股票。假设我们有 20 个小区间,每个区间有 100 只股票,那我们就有 100 个对子(有些对子是相同的,因为股票 A 与股票 B 之间的相关系数可能既是在与 A 相关的所有相关系数中最大的,也是在与 B 相关的所有相关系数中最大的),从这 100 个对子中选出 5 对相关系数最大的对子。因为我们有 20 个小区间,最终我们会有 100 个对子(每个区间 5 个)。除了利用相关系数的绝对值以外,我们还可以用股票正态化的价格来直接衡量股票之间的相关度。假设我们利用过去 12 个月作为我们计算股票相关度的历史时间段,那么过去 12 个月的第一天,所有股票的价格都设定为 1,第二天的价格为 1 *(1 + 第二天的收益),第三天的价格为第二天的价格 *(1+第三天的收益),…… 依此类推,用数学符号表示就是:

$$P_t{}^A=\prod_{\tau=1}^{t}(1+r_\tau{}^A)$$

股票 A 在第 t 天的正态化的价格为 $1*(1+r_1)*(1+r_2)\cdots*(1+r_t)$,同样,我们可以求出股票 B 在每一天的正态化的价格。股票 A 与股票 B 之间的"距离"(JuLi)可以用以下的公式来衡量①:

$JuLi=\sum_{t=1}^{天数}(P_t{}^A-P_t{}^B)^2$,距离为所有天两个股票股价差的平方和。

如果我们用过去一年的数据,天数应约为 252 天。注意:股票间"距离"越短,相关性应越高。和相关系数不同,这里我们寻找"距离"最短的对子。

找到相关性高的对子后,我们得找出对子中两只股票的配对比例(协整系数)。一个简单易行的公式就是:

$\gamma_{AB}=\dfrac{COV(r_A,r_B)}{\mathrm{var}(r_B)}$,或者 $\gamma'_{AB}=\dfrac{COV(r_A,r_B)}{\mathrm{var}(r_A)}$

这里,$COV(r_A,r_B)$为股票 AB 之间的协方差,$\mathrm{var}(r_B)$为股票 B 的方差,$\mathrm{var}(r_A)$为股票 A 的方差,γ_{AB}和 γ'_{AB}都是协整系数。在 γ_{AB}和γ'_{AB}之间,

① Evan Gatev, William N. Goetzmann, and K. Geert Rouwenhorst, "Pairs Trading: Performance of a Relative-Value Arbitrage Rule," *The Review of Financial Studies*, Vol. 19, Issue 3, pp. 797-827, 2006.

我们会选择较大的一个。如果 γ_{AB} 较大，则对子价差(spread)就是 $\ln(p_t^A)-\gamma_{AB}\ln(p_t^B)$［这里，$\ln(p_t^A)$是股票 A 价格的自然对数值，$\ln(p_t^B)$是股票 B 价格的自然对数值］，如果 γ'_{AB} 较大，则对子价差就是 $\ln(p_t^B)-\gamma'_{AB}\ln(p_t^A)$。$\ln(p_t^A)-\gamma_{AB}\ln(p_t^B)$意味着在实施对子交易时，我们每买入(卖出)一股股票 A，就卖空(买入)γ_{AB} 股股票 B。

确定了协整系数后，下一步就是测试该对子是否是稳定的、回归均值的。我们需要得出对子价差［$\ln(p_t^A)-\gamma_{AB}\ln(p_t^B)$］的时间序列，然后用 Dickey-Fuller 测试来检验该时间序列是否是稳定的。有时为了简单起见，我们也可以用股票的价格比($\ln(p_t^A)/\ln(p_t^B)$)来测试时间序列的稳定性。如果测试结果是稳定的，则保留该对子；如果时间序列不稳定，则放弃该对子。对于稳定的对子，我们求出对子组合的稳定态下的均值——$\ln(p_t^A)-\gamma_{AB}\ln(p_t^B)$时间序列的平均值，我们可以用过去三个月(大约 63 个交易日)的平均值来作为稳定态下的均值，假设该值为 μ。我们还可以得到该时间序列的标准方差，假设方差值为 σ。

最后一步就是确定买入卖出时机。买卖规则通常是这样的：

- 当价差 $\ln(p_t^A)-\gamma_{AB}\ln(p_t{}^B)>\mu+x\sigma$ 时，我们卖出股票 A，买入股票 B；
- 当价差 $\ln(p_t^A)-\gamma_{AB}\ln(p_t^B)<\mu-\mathrm{x}\sigma$ 时，我们买入股票 A，卖出股票 B；
- 当 $\mu-\chi\sigma<$价差 $\ln(p_t^A)-\gamma_{AB}\ln(p_t^B)<\mu+x\sigma$ 时，我们“按兵不动”。

这里 x 为一正数，可以根据投资决策者所设参数计算得出，具体的计算比较复杂，超过了本书的范围。例如，X 可以设为 2。买卖规则其实很容易理解——当股票对子价差超过(或者低于)价差历史均值太多时，我们就卖出价格相对高估的股票，买入价格相对低估的股票。

围绕赢利的投资战略一：分析师的赢利预测和推荐为基础的战略

季度每股赢利对各类投资者都相当重要。有不少定量模型是以赢利为基础的，而更多的模型是将与赢利相关的变量作为模型多个输入信号之一。

所有围绕赢利的定量投资战略无非有两种：第一，根据各种参数来预测未来赢利走势的战略；第二，赢利公布后，根据赢利与预期的差异大小而采取相应行动的战略。第一类战略包括比较多的模型，像以卖方分析师的预测和推荐为基础的战略，以赢利公布前的订单流量（order flow）为基础的战略，以赢利公布前股票期权的买卖活动为基础的战略，等等。相比之下，第二类的战略则比较单一，它们一般是通过某种设计来捕捉所谓的“PEAD现象”（Post Earnings Announcement Drifts，PEAD）。PEAD现象指的是当公司的每股赢利超过（低于）市场预期时，股价会在季报公布后的较长一段时间内（一般为3～12个月）持续上涨（下降），给投资者带来额外的收益（亏损）。

这一部分，我将讨论以（卖方）分析师的赢利预测和推荐为基础的战略。卖方分析师会不断地（大多是每月一次）更新他们对所覆盖公司的赢利预期和推荐（是否买入，持有还是卖出）。但是如果投资者直接简单地听从分析师的推荐，很多情况下并非是明智之举。首先，分析师不太愿意发布“卖出”的推荐，原因是多方面的。分析师都希望与公司管理层保持良好的关系，而“卖出”推荐对公司管理层来说，显然不是很友善的举动。不少分析师担心管理层会因此减少与分析师的沟通。从投资者的角度来看，分析师也不愿意得罪机构投资者。一个有影响力的分析师的“卖出”推荐会对市场产生很大的影响。Oppenheimer公司的明星分析师Meredith Whitney在2007年10月31日（正确地）预测了花旗银行会削减分红以夯实资本金并推荐“卖出”花旗，第二天，花旗股票缩水了8.1%。所有股东，特别是持有大量股票的机构投资者将会遭受重大损失。而这些机构投资者往往是分析师所在公司的重要客户。再者，对于潜在投资者来说，多数是寻找好的买入机会而不是卖出机会，除了一些寻找卖空机会的比较成熟的投资者，多数人是想买入一个有上升空间的股票。因此，“买入”推荐往往会给分析师公司带来新的客户和更多的经纪业务，而“卖出”推荐则有着相反的作用。

虽然分析师的推荐时常过于乐观甚至有误导倾向，但是彻底地抛弃分析师的推荐和赢利预期也是非常不理智的。研究发现分析师对赢利和推荐的更新和调整与股价具有非常显著的相关性。股价在分析师上调赢利预期或者调高推荐等级(从卖出调高至持有,和从持有调高至买入)后,往往会上升;在分析师下调赢利预期或者调低推荐等级后,往往会走低。而且这种上升或走低通常并不是一步到位的,这就给了投资者在分析师公布调整后采取相应行动的机会和时间。原因有两个。第一,这个月被上调赢利预期的股票往往在下一个月会再次被上调赢利预期。分析师不是上帝,他们在上调公司赢利预期的时候,虽然通过自己的研究或者某种消息渠道预计到公司的前景会不错,赢利可能会上升,但是不可能百分百估计到上升到哪里。因此,对于他们来说打"安全牌",不出头(不与其他分析师的预期偏离太多),小幅度地提升赢利预期是理性的选择。枪打出头鸟,如果一个分析师的预测错得比较离谱,而其他分析师的预期则比较一致,那该分析师的职业生涯会受到严重影响;反过来,如果大家都错了,而且都错得差不多,"法不责众",该分析师可能不会受到太大的影响。正是这种从众行为使得分析师的赢利调整具有某种程度上的相关性。另外,分析师非常珍惜自己在业界的声誉,他们非常看重自己在《机构投资者杂志》(*Institutional Investor Magazine*)上的排名。声誉越高,收入相应也越高。他们因此往往在调整自己的预期和推荐时比较谨慎,他们不愿意承认自己错了。如果某个分析师经常性较大幅度地调整自己先前的预期和推荐,他在业界和机构投资者面前会失去不少面子。这也导致了分析师行为某种程度上的可预测性。很多定量投资模型正是基于这种可预测性。在这里我介绍两个模型。

战略一:利用所有分析师的赢利预期的战略

步骤一:收集股票最近 30 天(或 45 天)内的对公司下个季度赢利和未来两年的年度赢利作出预期的所有分析师及其赢利预测值。不少金融信息公司像 Thomson Financials 和路透社都会提供这样的信息,由于不同公司普查的分析师会不同,不同公司提供的数据会有些差异。

步骤二:对每个分析师,找出最近的两次针对下季度的赢利预期,一个最新,一个次新。如果次新的预期不在 60 天内,但在一定期限内,如三个月内,则该分析师算做有效分析师。如果次新的预期是在三个月前,则可以考虑剔除该分析师。

步骤三:求出每个有效分析师的调整幅度,调整幅度=(最新预期 一次新预期)

步骤四:得出最新更新的时间与今天的时间差(以天数表示)。将该时间差按一定的公式转换成权重,注意,天数越少,权重应越大(分析师更新时所用的信息越新)。具体的转换公式可以是多样的,理论上任何平滑的递减函数都可以使用。可以将最新的调整(昨天)的权重设成100,而最旧的权重(90天前)的权重设成0。

步骤五:假设有N个分析师覆盖该股票,

$$该股票的平均调整幅度 =100\cdot\frac{\sum_{i=1}^{N}调整幅度_i\cdot权重_i}{昨天的股价\cdot\sum_{i=1}^{N}权重_i}$$

步骤六:重复步骤二至五,得到针对下年度年度赢利的平均调整幅度和针对未来第二年年度赢利的平均调整幅度。

步骤七:将步骤五和六中所得出的三个调整幅度(下季度、第一年和第二年)加权平均,得到该股票的整体平均调整幅度。具体的权重读者可以自行测试而定,一般来说,下季度和第一年的权重相对较高,而第二年的权重则相对较小。

步骤八:对于每只股票,重复步骤一至七,得到每只股票的整体平均调整幅度。

步骤九:将所有股票的整体平均调整幅度放在一起排序。

以上的步骤产生了一个以分析师赢利预期调整为基础的信号,如果我们先前的探讨正确的话,我们可以买进向上调整幅度最大的一组股票,卖空向下调整幅度最大的一组股票。

这里"赢利"说得比较模糊,其实赢利有很多种,例如,去除特别项目和终止的经营业务之前的赢利,扣除利息、税收和摊销之前的赢利,等等。分析师常常(特别是在最近几年)提供不同种赢利的预期和销售收入的预期。我们其实可以重复以上步骤二至八,得出针对不同赢利和销售收入的整体调整幅度。

战略二:利用部分分析师的赢利预期的战略

战略一有两个潜在的问题。第一,它平等对待每个分析师。换句话说,如果两个分析师同时在昨天更新预期,这两个分析师的权重是一样的(战略一中的权重只取决于时间)。这其实是不正确的,研究发现好的分析师[①]即使在换了工作单位后,通常还能够保持高质量的研究和推荐,而差的分析师在哪儿工作表现都差[②]。因此,我们可以对战略一作出调整:根据以往预测质量给分析师打分,预测质量越高的,分数越高,相应的权重也越高。第二,我们在战略一中计算调整幅度时,对于最新的预期只要是在 90 天之内就会包括进来。事实上,90 天内可以发生很多事情,公司可能在 10 天前公布了重大信息,如涉及重大诉讼案、CEO 突然辞职,等等。分析师往往会在公司公布重大信息后及时地(通常是几天内)更新赢利预期和推荐,显而易见,在重大信息公布之前的预期已经没有太多指导价值了。基于此,Haim Mozes 和 Williams[③] 发表了一系列的文章来阐述所谓的"赢利串"(clusters of analyst forecasts)的概念。赢利串指的是一组分析师在短短的几天内调整预期。一旦这样的赢利串出现了,就意味着公司很有可能披露了某种重大信息,而在赢利串之前的预期则是陈旧的,没有太多利用价值的信息。Mozes 和 Williams 发现如果只计算赢利串及其之后所有预期的平均值会比使用所有分析师的平均值要更加接近实际的赢利。

基于以上两点,我们可以开发新的战略。

步骤一:对每只股票找出这样的赢利串以及赢利串的开始日期。赢利串可以这样定义:如果在五天之内有超过 25%的分析师更新赢利预期,则五天之内的分析师属于一个赢利串,而五天的第一天是赢利串的开始之日。

---

① 往往是顶尖经纪人公司里的分析师。一个辨认的方法是察看《机构投资者》杂志,每年该杂志都会评选"全美研究团队",往往只有最好的分析师才能榜上有名。

② Jeffrey A. Busse and Klaas Baks, "The Importance of Analysts vs. Brokers in the Performance of Stock Recommendations"(January 2007). Available at SSRN: http://ssrn.com/abstract=972794.

③ Haim A. Mozes and Patricia Williams. "Modeling Earnings Expectations Based on Clusters of Analyst Forecasts." *Journal of Investing* 8(2), 25-38, Summer 1999. Haim A. Mozes, and Patricia Williams, "Brokerage Firm Analysts: How good Are the Forecast?" *Journal of Investing* 9(3), 5-13, Fall 2000.

步骤二:通过某种方式衡量赢利串开始之日后,公布赢利的所有分析师的赢利预测准确度。有两种途径可以用来衡量分析师的预测准确度。第一,考虑分析师在所覆盖的所有股票上的预测表现。平均来看,一个分析师会覆盖同一个行业内的8～10个公司,而每个公司会被零到几十个分析师所覆盖(谷歌被37个分析师所覆盖)。我们通常会剔除分析师数目小于三的股票,这些股票一般流动性都比较差,交易成本相对较高。对于每只股票,我们可以根据分析师的预测偏差(通常定义为该分析师的预期与所有分析师预期值的均值之差的绝对值)将分析师排序,偏差越小的分析师得分越高。如果某个分析师覆盖10只股票,我们可以将该分析师在这10只股票上的得分加总求平均值,该平均值可以作为衡量该分析师的赢利预测准确度(具体的操作可以参照Hong、Kubik和Solomon① 在2000年发表的文章)。第二种衡量分析师预测准确度的方式只注重分析师在某个股票上的表现,因为一个分析师在每只股票上花费的时间和工夫不一样,他可能在甲股票上花费很多时间从而对甲股票的赢利预期比较准确,而在乙股票上只花费很少时间从而对乙股票的预测比较差。如果把两者平均起来并不能很好地描述该分析师对甲或者乙的预测准确度。第二种方式将分析师对不同股票的预测分别对待,不平均。

步骤三:只保留赢利串开始之日之后的赢利预期(包括赢利串之内的,和比赢利串更新的预期),得出每个预期的权重。该权重必须同时考虑时间因素和相应分析师的预测准确度,越新的和越准确的分析师公布的预期得到的权重越高。

步骤四:得到赢利预期的加权平均值,将该值与所有分析师赢利预期平均值相比就可以得出一个全新的信号。注意,我们的推理是剔除了陈旧后的加权平均预期要比所有分析师的简单平均预期精确。所以,如果前者大于后者,我们会倾向于购买该股票;反之,如果前者小于后者,我们会倾向于卖空该股票。

---

① Harrison Hong, Jeffrey D. Kubik and Amit Solomon, "Security Analysts' Career Concerns and Herding of Earnings Forecasts," *RAND Journal of Economics* Vol. 31, No. 1, Spring 2000. pp. 121-144.

步骤五：重复步骤一至四，得出所有股票的信号，将股票根据该信号排序。我们的投资战略：买入信号最强的10%的股票，卖空信号最差的10%的股票。

围绕赢利的投资战略二：以赢利质量为基础的战略

数量不同于质量，数量多并不代表质量高。公司每股净收益实质上是"数量"，投资者希望该数量越大越好，事实也证明较高的、超出预期的每股收益往往能够给投资者带来较高的投资回报。但是同样每股10元的净收益，如果一个公司的收益是实实在在地拿在手里的10元现金，而另外一个公司的收益只有5元是现金，而剩下的5元则来自应收账款，你会觉得这两个公司的实际赢利能力和未来前景会一样吗？你可能会觉得不会，而事实上，从历史数据来看，也确实不会。一些定量投资模型就是以赢利质量(earnings quality)为基础的，不同的模型使用不同的参数，但大体的战略思路是一致的。这里我想主要阐述一下模型设计思路。

以赢利质量为基础的定量投资战略的根本出发点就是——高的赢利质量能够准确地反映公司当前和过去的运营业绩；更重要的是，高质量的赢利有更强的持续性，它能更好地预示未来的运营业绩，从而能够更可靠地衡量公司价值。所以，同样是每股10元收益的公司，高赢利质量的公司在下个季度的赢利会有更大的可能保持下去，而低赢利质量的公司则很有可能不能保持下去。值得注意的是，公司操纵甚至篡改财务报表会导致低的赢利质量，但是低的赢利质量往往并不意味着公司在操纵财务报表。更多的情况下，低的赢利质量反映了公司的基本面在变差。

所有赢利相关的投资战略都是买入高赢利质量的股票卖空低赢利质量的股票。问题的关键在于：如何衡量赢利质量的高低？大多数投资战略是从应计款项(accruals)着手。

权责发生制原则(accrual-basis accounting)是会计学中的一个重要准则，它要求公司在产生收入或费用时记录并汇报相应的收入和费用，而不是在收取和支付现金的时候才记录。而实际收取或支付的现金与汇报的收入或费用之间的差异被称做应计(accruals)。在权责发生制下,营运收入等于营运现金流与应计款项之和。与现金流不同,应计款项受主观因素的影响较多。公司在确认应计款项时有不少的操作空间,比如,公司应按照何种比例从应收账款中提取坏账准备,是0%还是20%,公司有很大的决定权。

会计学家理查德·斯隆(Richard Sloan)发现营运收入中应计款项所占的比重越小,赢利水平的持续性越强,而股票价格没能充分反映赢利中应计款项多寡所带来的差异,直到这一差异反映到未来的赢利收益中。换句话说,对于同样每股收益10元的公司,市场的反映刚开始是差不多的,但是应计款项所占比重小的公司的赢利比较能够持续下去,而比重大的则往往不能。当应计款项比重大的公司在以后的季度公布业绩时,市场才意识到当初该公司每股10元的收益是不能持续的,这时投资者才采取相应的行动。

具体来说,我们可以计算以下衡量应计款项的指标:

- 流动营运应计款项的变化 = 流动营运资产的变化/总资产。
- 流动营运资产 = 流动资产—现金和短期投资,流动营运资产的变化等于本期的流动营运资产减去上期的流动营运资产;总资产等于本期和上期总资产的简单平均值。
- 非流动营运应计款项的变化 = 非流动营运资产的变化/总资产。
- 非流动营运资产 = 总资产 — 流动资产 — 投资和预支/预收。
- 总应计款项的变化 = 赢利与营运现金流之差的变化/总资产。
- 赢利 = 去除特别项目和终止的经营业务之前的赢利(earnings before extraordinary items and discontinued products)

每个指标都是一个信号,通常我们会同时使用这些指标。注意:原始的指标值越大意味着赢利质量越差,由于我们的习惯是越大越好,同时为了能够和其他信号合起来使用,我们会求出原始指标的相反数,然后按照相反数给公司排序。值越大的,分数越高。我们可以将信号正态化,或者从1到10给信号打分。

围绕赢利的投资战略三：公司赢利公布后的可以采取的投资战略

一些投资战略是等公司公布季报后才采取投资行动。它们一般是通过某种设计来捕捉所谓的“PEAD 现象”。PEAD 现象指的是当公司的每股赢利超过(低于)市场预期时，股价会在季报公布后的较长一段时间内(一般为3～12 个月)持续上涨(下降)，给投资者带来额外的收益(亏损)。

PEAD 现象是鲍和布朗[①]在 1968 年首先发现的，在这之后的 40 年间，不断有实证研究证实了该现象的存在。按照常理，如果人人都知道有这么一个可以带来额外收益的投资战略，那么投资者的套利行为很快会使额外收益下降到零。PEAD 现象之所以长期存在有两大因素。第一，交易成本较高，不少研究者发现 PEAD 现象在交易成本较高的股票中较为显著。这些股票偏小，被为数不多的分析师所覆盖，机构投资者所持有的股票数较少，等等；第二个原因是操作因素，该类战略实施起来比较麻烦。公司不是在同一时间公布季报的，而是零零散散地分布在一个季度当中[②]。这就迫使一些战略每天增加一些筹码——根据刚刚公布赢利的公司表现买入或卖空相应的股票，随着越来越多的公司公布季报，买入和卖空的股票数也越来越多。这对于一些投资者特别是持有大量资金的投资者来说很不方便，因为他们往往希望一次投资很多的股票以分散风险。如果先期符合战略要求的股票数目很少，则相应的投资风险就较大。操作困难的另外一个原因是公司每隔三个月就公布一次季报，每个季度都会有新的信息被披露，我们应该持有股票多久呢？我在实际中是在公司下个季度公布前五天清仓，等新的季报披露后，再重新建仓。

---

① Ray Ball and Philip Brown, “An empirical evaluation of accounting income numbers,” *Journal of Accounting Research* (Autumn, 1968): 159-178.

② 所谓的赢利公布季节指的是大多数公司在一个月之内的时间集中公布季报，而不是在同一天。

虽然基于PEAD现象的投资战略比较难获利，但是无论如何，它不但是金融和会计领域里一个非常重要的研究课题[著名金融学家Fama在1998年指出PEAD现象是金融中所有反应迟缓现象的老祖宗(Granddaddy of all underreaction events)①]，它在投资领域里也还是时常被利用的。在这里，我想简单地介绍一下几个基于PEAD现象的投资战略。

战略一：以赢利惊喜大小程度为基础的战略

该战略的关键在于定义赢利惊喜(earnings surprise)，下面是常用的公式：

$$SUE_{i,q}=\frac{E_{i,q}-mean(\hat{E}_{i,q})}{std(\hat{E}_{i,q})}$$

这里SUE代表股票i在季度q的赢利惊喜，E代表股票i在季度q的实际公布的每股赢利，$mean(E)$则代表股票分析师对股票i在季报公布前的平均预期，$std(E)$则表示分析师对股票赢利预期的标准方差。SUE越大，意味着公司实际公布的赢利超过市场预期赢利越多——正的赢利惊喜越大——该股票价格会在季报公布后的较长一段时间内持续上涨；反过来，SUE越小，通常是负的越多，意味着公司实际公布的赢利低于市场预期赢利越多——负的赢利惊喜越大——该股票价格会在季报公布后的较长一段时间内持续下跌。

当我们收集到所有公司的赢利信息并求出相应的赢利惊喜后，我们可以按照赢利惊喜给所有公司排序。如果总共有1 000只股票，我们会买入赢利惊喜正的最大的100只股票，卖空赢利惊喜负的最多的100只股票。在实际操作中，我们不可能等到所有的公司都公布完季报后才给公司排序，因为等到所有公司都公布完，一些股票赢利信息已经没有任何利用价值了。实际上，SUE的分布较为稳定，也就是说，这个季度赢利惊喜的分布和下个

---

① Eugene Fama, "Market Efficiency, Long-term Returns and Behavioral Finance," *Journal of Financial Economics* 49(1998): 283-306.

季度的分布大体一致。利用这种稳定性，我们可以根据上季度赢利惊喜的分布将所有(未来)的惊喜从大到小划分为10个区间。我们可以及时地(通常在股票公布季报的当天或第二天)将每个股票在公布赢利后划归不同的区间，买入处于惊喜最大区间的股票，卖空处于惊喜最小(负的最多)区间的股票。

战略二：以赢利公布期间股票额外收益为基础的战略

战略一只利用了季报中的一个数据——每股收益，季度财务报表中的其他所有信息以及公司高级管理人员在电话会议中透露出的信息和对未来的展望一概没有被考虑。事实上，市场对公司公布的其他重要信息还是会产生反应的。例如，苹果计算机公司在2001年1月17日下午四点公布了2000年度第四季度的赢利。公司实际赢利低于市场预期，但是公司在电话会议中透露苹果电脑在各地零售商处的存货急剧下降，该信息的潜台词是苹果电脑供不应求。第二天苹果公司的股票不但没有下跌，反而上涨11%。如果按照战略一，我们很可能会卖空，至少不会买入苹果股票。

为了弥补战略一的不足，战略二把重心放在股票市场在赢利公布期间对赢利信息的反应。该战略的出发点是——公司所透露的所有重大信息都反映在股票价格上了。我们通常用赢利公布期间股票额外收益来作为投资信号——额外收益越大，股票价格在未来的几个月当中上涨的空间就越大，额外收益越小(通常是负值)，下跌的空间就越大。我们是这样定义赢利公布期间股票额外收益的：

$$EAR_{i,q}=\prod_{t=-1}^{t=+1}(1+r_{i,t})-\prod_{t=-1}^{t=+1}(1+z_t)$$

这里 EAR 是赢利公布期间股票额外收益；r 是股票 i 在第 t 天的收益；z 是与股票 i 对应的参考股票或者投资组合在第 t 天的收益，z 可以是股票 i 所在行业的指数，也可以是由与股票 i 的市值和其他特征相似的股票组成的投资组合；t 值从 -1 到 0 再到 $+1$。t 值等于 -1 指的是赢利公布前一天，t 值等于 0 指的是赢利公布当天，t 值等于 $+1$ 指的是赢利公布后一天。

EAR 衡量的是相对于类似股票，该公司股票在赢利公布前后三天当中的额外收益是多少。和战略一的处理方式一样，我们可以将所有公司的*EAR*进行排序，然后买入*EAR*最大的公司股票，卖空*EAR*最小（负的最多）的公司的股票[①]。

战略三：以赢利惊喜和赢利公布期间额外收益为基础的战略

既然战略一与战略二都能获利，为什么不能把它们合在一起呢？当然可以，我们可以根据赢利惊喜和赢利公布期间额外收益对所有股票进行双向排序，买入惊喜和额外收益都大的股票，卖空惊喜和额外收益都小（负的很多）的股票。Brandt 等人在 2008 年的一篇文章中发现，如果只单独使用赢利惊喜信号，每年的额外收益大概为 6.3%；如果单独使用赢利公布期间额外收益信号，每年的额外收益大概为 7.6%；而如果同时使用这两个信号，每年的额外收益高达 12.5%。

另外，笔者自己的研究[②]还发现其实不少正的赢利惊喜导致了负的额外收益，而不是正的额外收益；同样，有时负的赢利惊喜可以导致正的额外收益，例如，战略二中所举的苹果公司的例子。我们发现如果把潜在的投资对象局限在（正的赢利惊喜、正的额外收益）和（负的赢利惊喜、负的额外收益）这两个区间，投资信号能够大为增强。

以当天的价格变动为基础的战略

美国股票市场的交易时间是从早晨的九点半开始到下午的四点钟结束，期间共有七个半小时。在这七个半小时（450 分钟）当中，股票交易的活跃程度是截然不同的，股票价格也像波浪般起起落落。总体上，每天的开市和收市前后一段时间的交易量是最大的，因为不少投资者在股票开盘前和股

---

① 有兴趣的读者可以阅读 Runeet Kishore, Michael W. Brandt, Pedro Santa-Clara and Mohan Venkatachalam, "Earnings Announcements are Full of Surprises" (January 22, 2008). Available at SSRN: http://ssrn.com/abstract=909563。

② Zhipeng Yan and Yan Zhao, "A New Measure of Earnings Surprises and Post Earnings Announcement Drifts", working paper, 2008.

市收盘前递送开盘指令和收盘指令。根据瑞士信贷公司的一份研究报告，在开盘后的第一分钟内(9:30～9:31)的交易量大约是全天交易量的1%，而在收盘后的五分钟内(4:00～4:05[①])的交易量大约是全天交易量的3.5%。

另外，在一些特殊的日子，开盘交易量和收盘交易量可能会出奇地高。

纽约时代广场纳斯达克显示屏

例如，在所谓的“三个巫婆日”(Triple Witching Day)[②]—— 每年3月、6月、9月和12月的第三个星期五，开盘交易量会非常巨大，这一天的开盘交易量大约是平时的四倍，因为在这一天，指数期货、指数期权和股票期权同时到期。指数期货和指数期权是在开盘时用现金交割，而股票期权是在收盘时用股票交割。无论是用现金交割或者是股票交割都会增加交易量。指数期货和指数期权的投资者常常会买卖构成指数的股票以规避市场风险，但是一旦指数期货或指数期权现金交割后，投资者手上用来避险的股票就变成裸露的头寸(naked positions)，在此情况下，投资者往往会减少头寸以降低风险，从而会增加股票买卖活动。再如，在一些重要指数调整成分股的日子，收盘交易量会很大。2007年6月22日，罗素(Russell)公司进行了每年一次指数成分股的调整，在这一天，标准普尔500指数(S&P 500)股票的收盘交易量是全天交易量的12%，而罗素2000指数(Russell 2000)股票的收盘交易量占全天交易量的36%。大的交易量意味着高流动性，这对于买卖大宗股票的机构投资者来说非常重要；同时也为投资者提供了赚钱的机会，如果投资者认准一个投资机会，可以乘机买卖大量股票而不用担心过分地影响股价。事实上，伍德(Wood)、麦金里斯(McInish)和奥德(Ord)[③]在20多年前就发现股票的投资回报率和风险在

① 递交指令结束时间为下午4:00的收市时间，但最终收盘价的确定和收盘指令的处理发生在收市后的一段时间，通常是4:00～4:05。

② 该俗语起源于莎士比亚的名剧*Macbeth*中的三个巫婆。

③ Robert A. Wood, Thomas H. McInish and J. Keith Ord, “An investigation of transactions data for NYSE stocks,” *Journal of Finance* 40(1985), 723-739.

开盘和收盘前后的一段时间都相对较高。

除了开盘和收盘短短的几分钟外，剩下的七个多小时内，股票交易虽然不是那么波澜壮阔，但在某种程度上还是有规律可循的。Heston、Korajczyk 和 Sadka [①]在 2008 年 4 月的一篇工作文章中发现，如果把七个半小时的交易时间分割成 13 个时间段，每个时间段为 30 分钟，那么这些时间段之间的股票收益是相关联的。具体地说，前后紧接的时间段之间的股票收益是负相关的，也就是说，如果股票在某个时间段内(如 10:00～10:30)的价格是上涨的，那它在紧接着的下个时间段内(10:30～11:00)的价格往往是下降的。这种相邻时间段收益的负相关性在开盘后的半个小时和收盘前的半个小时最为显著。他们还发现另外一个有趣的规律，对于不同交易日的同一时间段内的股票收益，它们的相关性往往是正的。如果某个股票在今天 10:00～10:30这个时间段的价格是上涨的，那么它在明天的 10:00～10:30 内的价格往往也是上涨的。有两种可能的因素导致了这两个既有趣又有投资指导意义的规律。第一，许多交易员通常每天在固定的时间，按同一方向(买入或卖出)进行交易。比如，一个机构投资者要大量买进某一股票，他可能在每天的 2:00～2:30 之间进行操作，连续进行几天。这就导致了异日同时间段的收益正相关性。第二，指数基金常常在开盘和收盘前后买卖股票以减少和真实指数之间的构成差异。这两个股票运行规律实施起来很方便。理论上讲，投资者每天可以买卖同一只股票 13 次，但是实际操作中必须考虑潜在的投资收益是否大于相应的交易成本。

以经济周期为基础的战略

宏观经济的运行虽然不像股市那样大起大落，但也是有起伏。有经济增长期，也有经济衰退期；有高速前进期，也有大萧条时期；有像中国连续 30 年高速增长的经济奇迹，也有像日本持续数十年的经济停顿现象。作为"经

---

① Steve L. Heston, Ronnie Sadka and Robert A. Korajczyk, "Intraday Patterns in the Cross-Section of Stock Returns" (April 14, 2008). Available at SSRN: http://ssrn.com/abstract=1107590.

济晴雨表"的证券市场与宏观经济的运行是紧密相连的,因为证券市场是由成百上千个宏观经济中的"微观"企业构成的。作为证券投资者,我们不是很担心经济增长期间的股票表现,因为正常情况下(中国证券市场在2001～2005年期间是个特例),如果我们的投资组合比较多元化,我们的投资收益不会很差。但是,我们有千万个理由担心在经济衰退期和萧条期股票的表现,因为一方面,我们的"主营业务收入"变得不确定——红利可能会减少,公司可能会裁员,而且一旦被裁员,找工作也不像经济繁荣时期那么好找;另一方面,我们的投资收入会下降——股市整体的表现在经济衰退期会较差,一些股票甚至会因公司破产和倒闭而变得一钱不值。

战略一:以防御型行业和股票为基础的战略

一些定量投资战略可以在经济困难时期起到较好的防御作用。我们知道伴随着经济周期的运行,有些行业和个股在经济增长期表现得比较好,而在经济衰退期表现得比较差;而另外一些行业和个股则恰恰相反,它们在经济衰退期表现得相对较好,而在经济增长期则较差。

就行业板块来说,医疗保健,日常消费品和水、电、煤气等这些公共事业行业板块抗击经济衰退的能力较强。因为无论人们收入水平高低,生了病还是要看的,饭菜还是要吃的,水电还是要用的。但是这些板块在经济繁荣期不如其他一些板块(如工业、原材料和奢侈品)发展得快,因为你不能没病去看病,不能吃饱了继续吃,一天洗10次澡。一句话,这些板块运行得比较平缓,受经济周期的影响不如其他板块来得大。

就个股来看,一些股票抵御经济衰退的能力相对较强,而另外一些则相对较弱。一般来说,具有以下一些特征的企业受经济衰退的影响较小。首先,大的、多元化的企业,特别是一些跨国企业。"西方不亮,东方亮",美国经济衰退,不代表中国经济衰退;汽车行业衰退,不代表娱乐业就不行。大的企业相对于小企业来说比较容易渡过难关。国际业务对小公司尤为重要。在2008年第一季度,有国际业务的小公司赢利上涨了13%,而没有任何国际业务的小公司赢利下降了10%。其次,营运利润率高和经营杠杆低的企业。营运利润率高说明企业的"脂肪"比较厚,可以御寒;经营杠杆指固定成本占公司成本结构中的比重，固定成本比重越高，则经营杠杆作用越大。经营杠杆低说明企业的固定成本相对较低，即使企业一个产品也卖不出去，短期内的损失也不会太大。第三，财务杠杆较低的企业。财务杠杆一般指的是企业资产中债务所占的比例，该比例越大，企业负债越多，在经济困难时期，还债的压力就相对越大，因为在收入减少的同时，却不得不按时偿还债务。与财务杠杆相关的一个指标是现金流，通常财务杠杆高的企业现金流较低。在 2008 年 5 月 12 日的《华尔街日报》的一篇名为"现金流再次主导"①的报道中发现，在 2008 年前五个月美国经济相对困难时期，每股自由现金流最低的 20%股票的总回报率也是最低的。第四，价值类的企业。该类企业的市盈率相对较低，也就是说，相对于每股赢利，股价较低。该类股票的价格下降空间不如市盈率高的下降空间大。

总结以上的讨论，我们可以设计这样的投资战略：

步骤一：用销售收入（通常销售收入越大，企业越大）、营运利润率、经营杠杆、财务杠杆、每股自由现金流、市盈率等作为多因素模型的多个输入信号。

步骤二：将这些信号结合成统一信号，用企业所在的行业板块作为控制变量。例如，我们可以将抵御型行业的股票信号乘以 2。

步骤三：最后，将所有股票合在一起，根据经过行业调整后的总信号将这些股票排序，买入信号最强的 10%或 20%股票，卖空信号最弱的 10%和 20%股票。

需要指出的是，本战略只适用于经济衰退时期。在经济反弹时，如果按照本战略可能会亏钱。例如，在市场触底反弹时，小企业的股票往往表现得比大企业要好。自 1979 年以来②，罗素 2000（Russell 2000）指数的成分股（基本为小企业）在市场触底后的三个月内有 50%股票的收益超过 19.6%，而罗素 1000（Russell 1000）指数的成分股（基本为大企业）在相同时期内有 50%股票的收益超过 13.6%。在 2002 年底美国熊市结束后的三年内，小公

---

① Tom Lauricella, "Cash Flow Reigns Once Again," *Wall Street Journal*, May 12, 2008, p. C1.

② Larry Light, "In a Rebound Small-Cap Is Beautiful," *Wall Street Journal*, May 31, 2008, p. B1.

司股票的投资收益要高于大公司的。

战略二:以公司债券为基础的战略

在经济困难时期,投资者变得更谨慎、更挑剔。投资者会比在随便买一只股票都会赚钱的经济膨胀期更加注重公司的质量。

插曲:我在北京的一个亲戚在2007年初中国股市疯长的时候,请假去银行买基金。在排队时,她听到一个"基民"问银行的基金销售员应该买哪种基金,销售员回答道:"我也不知道,你就随便买吧,买哪个都赚钱。"

在困难时期,华尔街一般认为,公司债券市场(也称为信用市场)会领跑股票市场,也就是说,债券市场对信息的反应会比股票来得快。这是因为信用投资者被认为对公司的财务状况有着更深刻的理解。公司债券质量的高低往往是用公司债券的收益与同期美国国债的收益相比,由于相对的高风险,公司债券的收益要比同期的国债收益要高(公司必须提供高收益以吸引投资者承担风险),两者之间的差异成为信用差(credit spread)。公司财务状况越差的,债券的信用差越大;反之,公司财务状况越好的,债券的信用差越小。以公司债券为基础的投资战略就是建立在信用差异大小的基础之上的:如何选股呢?既然在经济困难时期债券市场领跑股票市场,那我们就从债券市场入手——信用差小的公司质量高,财务状况佳,这些公司比较容易渡过难关;而信用差大的公司质量相对较差,财务状况糟糕,这些公司较难熬过难关。所以我们的战略就是:买入信用差小的公司股票,卖空信用差大的公司股票。这个战略在2001年互联网泡沫破灭后的几年和在2007年信贷危机后的一段时间表现得不错。

需要提醒的是,和战略一类似,该战略主要适用在经济困难时期和公司债券信用差较大的时期。

访　谈　二

被采访人：张峰博士，摩根斯坦利董事总经理

张先生(Feng Chang)现在单独或共同管理着摩根斯坦利旗下四个不同的共同基金。他于2004年加入摩根斯坦利，在此之前，他是花旗集团资产管理公司的高级研究分析师及基金经理。他先后拥有清华大学的经济管理本科学位、加州大学尔湾分校(University of California, Irvine)的金融博士学位。

采访时间：2008年7月18日

问：单独管理或共同管理四个不同的基金，你是如何分配你的时间，管理不同团队的？管理好一个团队的关键是什么？

答：我一般每天有半天做基金管理方面的事情，还有半天做研究方面的工作。管理基金一方面是进行交易，另一方面是要和客户打交道。基金有很多零售渠道，我们要跟他们去沟通。我们还要和机构客户定期地进行沟通，按月，有些是按季度。我们有电话会议，还要按月写评论——向投资者汇报一下基金的发展情况，为什么会出现这样或那样的情况。

我们花很多时间在研究工作上，目前我们团队有四个博士，每个星期我们都有研究会议。在研究会议上，我们通常会讲讲自己的研究结果，同时还会讲读一篇最新的学术文章。四个人每个月每人一个礼拜轮流讲读学术界的研究成果，这样一人讲读，其他人也会受益。每个人的侧重点不一样，有些人侧重于风险管理和投资组合设计上；有些人的重点在行为金融学上；有些人侧重于衍生产品，还有些人则侧重于理论性研究，如资产定价。大家的侧重点不一样，看每个人的兴趣和长项。

管理好团队的关键首先是每个人要有明确的问责制(accountability)。管理成员的预期，让他们知道我们对他们的期望是什么，他们需要做什么。然后明确奖励和惩罚制度。人的行为有时可以产生很大的偏差——你让她做的，她不做，用各种各样的理由(来搪塞)，我想这可能是华尔街特色。所以，你应该在事先“约法三章”。另外一个方面，作为团队的领导人，你必须激励你的团队成员。你必须时时地尊敬和激励他人，将团队拧成一股绳，而不是让你的自我(ego)成为团队发展的障碍。华尔街有太多的自高自大的人，有点成绩就不得了。但我不相信这个，这个行业是以人力资源和人才为中心的。挖掘每个员工最大潜质的最佳方式是显示你对他们的尊重并激励他们，而不是不断地用鞭子抽打他们。

同时，你还要给他们足够的指示。像我们每周一次的会议，我们总是提供反馈意见。比如，你今天讲读的文章质量不是很高，如果你不是很确定，下一次，你可以选出几篇文章，让整个团队来决定使用哪一篇文章。

最后，以身作则也很重要。如果你希望员工努力工作，你首先得努力工作。

问：在这次信贷危机期间，各大投资银行(高盛除外)都遭受了沉重的打击。各大银行纷纷裁员，增加资本金，降低财务杠杆。我在 www.fundalarm.com 网站上注意到你所在的团队在 2008 年 6 月也经受了重大的人员调整。你能否谈谈在这次金融危机中，主要问题都出在哪儿？

答：主要的问题是定量投资这个领域变得很拥挤。在 2004 年之前，(以定量型投资为主的)对冲基金比较少，只能做多、积极管理的定量型共同基金也相对比现在要少很多。后来因为在 2000～2006 年较长的“价值投资周期”期间，定量型的投资经理做得很好。在过去几年，美国投资基金领域有几千亿的资本净流入，基本都是进入了定量型投资领域；而以基本分析为主的投资基金基本没有拿到钱，他们当中有些人拿到钱了，有些人丢了钱了，但是整个来看，他们没有什么净流入。这就导致定量型投资领域过于拥挤，过多的资金在追逐越来越少的好的投资想法，因而定量投资本身产生了“挤出”效应(crowd out)，大家相互竞争，根据市场有效性，这就逐渐蚕食了可能的额外收益。

在上个世纪 90 年代，定量投资者主要是市场价格的接收者(price-taker)，他们自己(的买卖行为)对市场价格的影响不大，从而可以更好地捕捉市场非有效的赢利机会。但是，根据不同的估计，现在定量型投资基金大约管理着 2～6 万亿的资金。这不单单包括纯粹的定量型投资，还包括所谓的“半定量型投资”(quasi-quant)，它们会宣称自己不是定量型投资，而是以基本面分析为主，但是它们有大量的投资决策是建立在不少定量型的筛选条件基础之上的。现在有不少以基本面分析为主的基金在这么做，例如，先按照市盈率将整个投资空间缩小 70%，然后在剩下的 30%股票中挑选几个股票进行投资。这对于我来说，至少有 50%是属于定量型投资。在定量投资领域的资金确实是太多了。即使在这样的情况下，许多以前专做基本面投资的公司看到在过去几年定量投资的市场份额增加不少，因而像摩根斯坦利这样(传统的以基本面投资为主)的公司想进入定量投资领域以分散投资风险，但是他们并不像高盛公司和巴克莱全球投资公司(Barclays Global Investors)那样很强烈地相信定量型投资。高盛和巴克莱的核心竞争力就是它们的定量型研究和投资，但是像摩根斯坦利和惠灵顿资产管理公司(Wellington Management)等传统的以基本面投资为主的公司也尽力在公司内部发展定量型投资。他们并不是要用定量投资来替代基本面投资，而是一种避险的战略——万一定量型投资在未来会赚很多钱，它们希望多元化，能够参与和分享定量投资的成功。这些公司一开始对定量投资就没有太多的信心，他们进入这个业务的主要原因是将整体业务多元化。所以，当定量投资领域出现巨幅震荡时，它们是最先退出该业务的一些公司，这就是为什么我们摩根斯坦利解雇了一些定量投资经理，事实上，我们解雇了两个定量投资团队的头。当然了，部分原因是他们的业绩不好。那些非常信任定量投资的公司可能不会因为定量投资经理一年内的业绩不好而做出类似的短期调整。

问：国内的共同基金业刚刚起步，还非常不成熟。2008 年 3 月中国民生银行旗下一只主要投资于海外股票市场的基金被迫清盘，原因是该基金的价值缩水幅度超过 50%，成为第一只被清盘的 QDII 基金。根据该基金的相关条款，如果该基金资产降至最初价值的 50%以下，或是高出 18%以上，该基金将会被清盘。这个条款很可笑，对于投资者来说，最大的可能收益是 18%，而最大的可能亏损为 50%，如果加上手续费和管理费，那最大可能收益只有16%左右，而最大亏损为52%左右。这样的产品居然能够成功发行。我知道摩根斯坦利和国内某一大型共同基金有着战略合作的关系。能否谈谈对国内共同基金发展的看法，包括前景，存在的问题，对投资者的保护，等等。

答：国内的QDII有委托国外基金管理公司管理的，但多数是国内基金公司和国外公司共同参与管理，因为国内的基金公司更希望自己能在做决策过程中起到重要的作用。但事实上来说，这样做有它的利弊。在没有充分的风险管理监管情况下，让许多没有经验的投资经理来管理基金会产生不少问题，像华夏、南方等都发生了一些相关问题。总体来说，国内基金的风险管理都不太好，大家都希望一口吃个大胖子(shoot the moon)，重仓持有少数几只股票。当时，南方和华夏都重仓持有港股，因为当时说是直通车，虽然说是必须投资全球股市，但是它们有70%～80%的股票投资在港股，后来直通车没有通成，港股跌幅相比全球其他地区的跌幅要大，从而对这些基金造成重大打击。我觉得中国的基金业要取得成功，必须始终要有制衡机制。在这方面风险管理可能是个关键，就像去年8月份一样。中国(基金)市场的竞争性不是很强，投资者不是很成熟和老练。投资者变得相对成熟以及基金业按市场规律优胜劣汰是个较长的过程，如果没有很好的风险管理，很有可能会付出惨重的代价。现在，中国有政府方面的监管，但缺乏风险管理方面的监管。基金管理人可以说一套做一套。(避免这么做)对于中国基金业的健康发展很重要。

至于国内基金业的前景，我觉得发展的空间很大，我确信它将会发展得比今天的规模大很多。纵观绝大多数成熟市场，基金管理业会随着资本市场的发展而发展。我个人认为中国的基金业会至少再蓬勃发展10年，当然，其间肯定会有起伏，我们现在就正处于较为困难的时期。和其他任何发展中市场一样，中国市场的起伏比较大。但是，只要资本市场在发展，国家经济在发展，基金管理业就会发展。如果人们能够(在发展的过程中)避开一些陷阱和一些道德风险，投资大众会受益多多。

我个人认为人民币对美元可能会升值到1比5左右，当人民币升值的压力没有了,你会发现不少投资海外市场的兴趣和需求。让国内的投资者只投资国内股票是没有道理的。例如,你可以买一些自然资源相关的股票,这些自然资源在巴西、澳大利亚和俄罗斯等国比较丰富,你可以(通过购买相关股票)参与它们的发展。但是,现在因为人民币不断升值和国际资本市场的动荡,造成了这些投资不是很诱人。我相信当国际资本市场平静以后,国内的 QDII 业务会有一个飞速的发展,国内的基金管理业也会有个很大的发展。现在中国股市虽然还可能会下跌,但是股价已经是越来越合理。

问:你觉得定量型投资适用于中国的现状吗?

答:我个人并不这么认为。定量投资在某个国家能否成功通常取决于几个因素。第一,市场本身得相信一些定量型的标准。如果投资者非常非理性,你当然不会期望他们会对"价值"很看重。第二,市场的公平性。举个例子,如果信息不对称问题在中国非常严重,人们会觉得获得特权性的信息或者内部信息是获胜的关键,你可能会看到人们会花费大量的资源来获取这样的信息以在竞争中抢先一步。如果中国让信息披露更公平,当信息获取优势消退以后,你会发现越来越多的定量型投资,因为这时重要的是如何处理信息,而不再是获取信息。

你只有两种方式取得竞争优势。一个是获取特权性的信息,这在美国非常困难,特别在 2000 年实施"公平披露法规"(Regulation Fair Disclosure,简称 Reg FD①)以后。但是在中国,这仍然是游戏获胜的关键。另外一个获取竞争优势的渠道就是处理信息,处理信息也分两种。一个是从基本面着手,人们雇佣许多分析师来处理信息;另外一个就是用定量的方法来处理信息。两个各有利弊,基本面分析可以研究得很深入,人们会对投资选择有较高的信心;但缺点是成本很高,因为你必须雇佣很多的分析师,通常每个分析师只能覆盖一个行业,如果你想了解 100 个行业,你得雇佣 100 个人。定量投资则恰恰相反,定量投资经理遵从大数定律,对个股没有很强的信心。

① 该项由美国证监会颁布的法规在 2000 年 10 月正式实施,它规定上市公司必须同时向所有投资者公布重大信息。该法规主要是用来防止有选择的披露,防止一些投资者(主要是大的机构投资者,如对冲基金)在其他投资者(主要是散户)之前获得有价值的信息。

但是，如果我有51%的概率赢利，我可以在很多股票上下注，这就和赌博一样，如果我不断地下注，我最终会获利。这就是为什么定量投资在过去(当他们没有“自相残杀”时)获利很多的原因。

另外一个定量型投资可能不太适合中国市场的原因是数据的可靠性。定量模型能否成功的基石在于可靠的数据，如果数据是垃圾，你不会期望模型会有用。中国在这方面还有很长一段路要走，到目前为止，我们还没有看到高质量的数据。高质量的数据不仅仅指的是从数据提供商上获得的数据，更指的是数据的根源本身——上市公司不严格按照会计准则来汇报财务数据。我现在对中国审计业务的信心也不是很足。如果上市公司向投资大众提供可信度不高的数据(这不是数据提供商的责任，他们只负责从上市公司收集数据)，那定量模型将很难实施。

虽然数据在中国是个问题，但这并不意味着在中国定量型投资一定会比大盘的表现差。定量型投资的业绩可能不会轻易击败以基本面为主的投资，但是与一般的投资经理相比，定量型投资经理的业绩也许不会差。我不认为定量型投资在这场投资游戏中已经退场，只是(目前的游戏环境和规则对于他们长项的发挥)比较困难而已。在中国，从事定量投资的成本较高；而在美国，相应的成本在过去的若干年中下降了很多。这主要是由于技术的发展；无数受过良好定量培训、可以直接接手工作的博士和工商管理硕士的加入，以及类似流水线操作的数据提供，等等。但是在中国这些基础性的支持还没有建立起来。

问：你管理的基金有专门投资美国国内的，也有专门投资国际的。我们知道美国证券市场非常成熟，各种定量投资所需的数据也非常齐全，而不少发展中国家证券市场则相差悬殊，不但市场不成熟，各种数据也较难获取。你能从定量投资的角度讲讲不同市场间的共性和差异吗？你在使用模型时如何处理不同市场之间的差异？

答：这有个权衡问题，你希望能针对每个国家开发一个模型，但这做起来非常困难。美国资本市场自成一体，它很大，而且历史悠久，你不需要将它和其他国家合在一起。对于欧洲，我们会把英国和其他国家分开，英国介于美国和欧洲大陆国家之间。因此在欧洲，我们会开发两个模型。对于欧洲国家，股票的“国籍”不是它们之间差异的主要原因，股票所在的行业板块才是股票差异的主驱动力。因此，你不是很关心是否做多德国股票和做空法国股票；而是更关心是否做多技术类股票和做空金融类股票。在亚洲日本市场被单独对待。非日本亚洲地区(Asia-ex-Japan)比较复杂，不少国家太小而不适合使用单独的模型；但另一方面，你又很难将它们混在一起，因为它们是非常不同的动物。澳大利亚、新加坡和中国香港是较大的市场，它们相当不同。中国香港和新加坡以前较为相似，但现在差别拉大，可能因为中国香港逐渐成为中国资本市场的延伸。它们虽然很不同，但你又不能为每个市场设计一个模型。如果一个市场总共只有100只股票，你很难使用横向比较的定量模型，更没法用基于行业板块的模型，因为一些行业可能只有几只股票。

在美国和欧洲你可能看到较多的发展趋势(momentum)现象，而在日本则较多的价格反转(price reversal)现象。在日本，人们从根本上不相信市场，任何时候，你发现某个股票上涨不少，投资者马上就会卖出套现(从而导致股价下跌，价格反转)。日本市场还受“价值”驱动，在日本，价值类信号即使在今天——全球信用危机之后，还在起作用。为什么？第一，始于美国的信贷危机对日本的影响还不是太大；第二，当市场在某个区间振荡(range-bound)，这意味着该市场下跌不多(日本市场在过去很长时间内被打击了很多次，它本身的下降空间已不是很大)，你会预期价值类的股票表现会相对较好，因为对于同样的赢利，你付出的成本相对较低，如果两者(价值类和非价值类股票)的增长率相同，投资价值类股票会最终带来额外收益。

美国市场比较特别，在技术泡沫时期，美国市场有非常显著的价格发展趋势，人们相信新经济可以改变一切。但是在这之后，人们不再信任投资分析师，他们在技术泡沫时期(频频出错)失去了人们的信任。然后，价值类信号主导了几年。现在，人们又开始信任分析师，价值类信号也不是很起作用了，因为好的价值，可能意味着坏的股票。像Wachovia，它的市盈率才7，你敢买它吗？市盈率中的“盈”是非常有问题的赢利。

在过去，对于定量投资来说，日本总是相对较难管理。特别是对那些只做多的基金经理，因为你没有太多的选择——你必须买各种行业的股票。但是对于那些既可做多，又可做空的基金，日本可能是个很好的投资对象。例如，我知道健康保健板块的价格反转现象比较显著，我就专攻这个板块，买卖这个板块的股票，而不需要考虑其他板块的事情。对于只做多的基金，这样做很困难，因为你有职责（投资组合不能偏离参照系[①]太多），投资所有行业，你很难发现在每个行业都有效的模型。有两个方式来处理这个问题。第一，变得更具创新性，或者花费更多的时间来了解市场；第二，我们现在开始和日本当地的定量分析师交流，而我们以前只和在美国研究日本市场的分析师交流。现在，如果有日本的分析师到美国来，我们会想和他们见面，因为他们对当地市场的细微差异更为了解。同样，我们会和中国香港的、欧洲的业界人士进行交流。我想，相比以前，我们现在需要做更多的事情。这么做一方面是为了监控信号；另一方面是为了真正理解哪些信号在当地起作用，哪些则不起作用，当地的投资心态如何，什么是主要的问题？这些都会增加你的洞察（insight）。

我认为当市场变得越来越有效，这个领域的工作可能是90%的汗水加10%的洞察，太多的事情需要去做，你必须工作很长的时间，其间没有捷径。

问：最近所谓的130/30的基金比较火热，这种基金在操作上与传统的只做多的基金有何不同？

答：如果你发现了一个只做多的基金经理，你很喜欢他的投资风格。在做多的环境下，你能充分利用他特殊技能的唯一途径是买入他选中的股票，希望它们能够带来额外的收益。但是在这过程中，他的一些非常有价值的洞察没有被利用。如果他能够识别差的（相对于好的）股票，在做多的条件下，你很难从他的洞察中汲取价值，除非你能卖空那些差的股票。

对于这样（以做多为主，同时也能做空）的过程，你通常不需要超过130/30。因为如果你的唯一目的是从做空（差的、价值高估的股票）中获取价值，如果人们将所有股票排序，我不相信你需要卖空超过30%的股票，因此你所

---

① 参照系通常是一些指数，比如，标准普尔500股票指数，罗素2000指数，等等。基金经理的业绩通常会和这些参照系的表现相比。

需要的最多就是卖空30%，除非你想放大风险和收益。如果卖空30%，那你得额外地买入30%以使你的投资组合与其参照系之间的贝塔值(beta)为1。

但是，我个人对“130/30”战略持有怀疑的态度。如果以基本面为主的基金投资整个行业总体而言，并不能击败参照系的业绩(这个是事实)，那有必要再放大你的赌注(从100%做多变为130/30)，交更多的管理费用吗?(还不如直接购买指数基金)。另外，许多以基本面投资为主的基金并不具有给所有股票排序的能力，他们只有挑选为数不多的股票的能力。如果他们要给上千的股票排序，成本会急剧上升。正因为如此，许多130/30基金的经理是定量投资经理，这对于他们来说非常自然，因为他们一天到晚在给股票排序。到目前为止，去年(2007年)启动的130/30基金业绩并不如人意。该类基金能否成功，我们还应拭目以待。

另外，我觉得该类基金发展还面临一个较大的问题——如何留住人才。如果基金经理能够证明他在100%长仓 + 30%长仓/30%短仓的环境下可以成功，这会给基金很大的压力，因为如果该经理自己开对冲基金，他可以收取2/20[①] 的费用，为什么他会留在只收取1%管理费的共同基金? 这造成了持续性问题——即使某个基金经理的业绩不错，并不意味着基金能够留住该经理。

问：定量投资这个领域基本上被有很强数学和物理背景的人所统治，你是金融博士出身，你认为和数理背景很强的人相比，你的强项和弱项是什么?

答：具有金融背景的人拥有一些优势，因为他们不需要再去研读Fama和French[②] 所写的一系列的文章，也不需要理解金融里的一些基本常识(如Martingale[③])。他们通常比较学术化，这既是他们的优势，也是他们的劣势。优势是他们有纪律性，有较深的学术渊源，从而能够较好地从整体(big pic-

① 很多对冲基金的收费标准是：2%的基金管理费用，附加利润的20%。
② Fama和French是美国著名的两位金融教授，他们共同撰写了一系列对业界影响巨大的文章。
③ 一类特殊的随机过程，在金融资产定价中经常用到。

ture)来理解问题。我们看到高盛和巴克莱或多或少地属于这一类。他们从顶尖大学(如芝加哥大学)的商学院中雇佣大量的金融博士,他们相信金融,不相信数据挖掘(data mining)。但有时这可能也是诅咒,因为具有金融背景的人不大会在高频率交易领域里做过多的编程和数据挖掘工作。

就产生额外收益而言,我确实发现这样的差异,具有金融背景的人倾向于使用类似多因素模型(multi-factor model)的较为学术性的方式。而具有数学和物理背景的人则较多地从事高频率交易,做所谓的"数据挖掘",你很难从学术文献中找到相关的东西,他们所做的大多数东西都与市场的微结构(microstructure)相关,寻找这里或那里的细微区别。高频率股票交易,或者利用衍生产品市场的价格错位(mispricing)的交易,或者像 D. E. Shaw 和文艺复兴技术有限公司(Renaissance Technologies LLC)[①]所做的,——这些更多的是(发掘细微的价格差异)频繁地交易,或者是寻找某种模式(pattern),按照该模式进行交易。这些更多的是一天之内(intraday)的交易,而这些在学术界里研究的不是很多,我认为业界人士在这个领域拥有独特的优势和学术界尚未涉足的独特的洞察。因为这个领域并不像资产定价这些重大领域那么重要(对学术界人士来说),学术界对这个领域不是很重视。再说,如果任何一个学者发现了有价值的信号,他也不会公开发表该发现,他会自己利用它来赚钱。在高频率交易领域,相关的秘密(交易战略)可以在很长的一段时间内被保护得很好。很多这样的交易战略借助于复杂的数学模型,因而数学或物理博士在该领域里有相对优势,像文艺复兴公司使用很多的数学模型和模式识别技术。另外,金融博士也不太适合一毕业就在这样的公司里工作,他们应该先在做市商(market-maker,像大型的投资银行内的做市商)工作几年,熟知交易订单流量这些相关的业务。

大多数数学或物理博士刚开始进入这个行业时,并不是做交易员,而是做编程员,为算法交易(algorithm trading)编程序。一般的交易员并不具有足够的分析能力去理解交易问题的复杂性,他们所做的是雇佣既能编写程序又有很强分析能力的博士——数学家和物理学家。经过日积月累,这些

---

① 这两个公司是华尔街顶尖的以定量模型为主要投资模式的对冲基金。

数理博士会逐渐掌握相关的(金融)业务知识,他们会尝试进入(交易)领域,看是否还存在利用程序来赚钱的机会。

我想这(金融背景的人与数理背景的人之间的不同)是一个自然选择的过程。

问:*你是如何产生新点子的?换句话说,你是从哪儿产生灵感的?*

答:很多的新想法来源于和同事的合作与交流,这对于学术界和业界都同样适用。我不认为人们可以把自己锁在一个遥远荒芜的岛屋里,并产生好的想法。多数的新想法背后都有很强的商业直觉,低频率交易是这样,高频率交易也是如此。了解市场上发生了什么事情,你的同事是如何思考这些事情的,其他同业人员是如何想的,等等;然后,你开始思考你自己如何处理这些事情,如何领先他人一步。

我们的体会是,新想法主要来源于学术界,我们一直在研读很新的学术文章。但这不会给你信息优势,你必须能够非常迅速地复制他人的想法。我们发现学者们更关注将文章发表,而不太注重产生额外的收益,这就给我们业界人士很大的空间去提炼研究成果,但关键是你必须非常高效快速地测试不同的想法,否则研读文章就是做无用功,因为在过去几十年成功的东西,未必现在会有用。

学术界的另外一个问题就是,他们不太关注现在市场上正在发生的事情,他们更关注一些长期发生的问题,他们不关心市场上每天发生的细微变化,这些是市场关注者和金融从业人员所关心的。正因为如此,我们也会通过拥有定量研究能力的卖方公司寻找新想法,我们会定期和卖方公司的宏观研究人员、定量分析师、战略师等交流。我们通常每个月和他们交流两次,一次是和宏观经济学家交流,一次是和定量分析师交流。我们想从他们身上知道市场里发生了什么,哪些是其他人还未涉足的有潜质的领域。这一方面是为了向后测试(back-test),一方面是为了前瞻性。我们得有选择性地听取意见,因为通常只有为数不多的分析师比较优秀,其他大多数人的想法则如垃圾,你必须找到真正能够思考的分析师。

我们和分析师交流有时并不是因为他们聪明过人,而是因为他们是我们和同业人士沟通的桥梁。买方分析师会和众多的卖方定量研究或投资人员接触，因而有时分析师的观点并不来源于他们本身，而来源于与上百位定量投资人员的沟通，他们因而可能比较清晰地了解市场的变化。而我们本身则不太容易和其他定量从业人员直接接触，因为大家是相互竞争的关系，别人可能不愿意和我们分享看法。

问：定量投资战略的一个主要特点是利用模型来选股而不是依靠投资者的直觉和经验来选股。但是市场瞬息万变，有时候人为的干预还是必要的，你是如何平衡人为的判断和干预与模型之间的关系的？

答：定量投资千差万别，有像黑匣子一样完全依赖模型的，也有天天干预70%模型的。依我的个人经验而言，干预模型并不好，理由如下：定量投资的一个核心竞争优势是通过向后测试来获取经验的。我们看到林林总总的投资行为、人们的贪婪和恐惧、赢家和输家你进我出。人们对此无能为力，因为人类是情绪化的，而且情况千差万别，你无法对此总结归纳，唯一的出路是保持高度的自律性。如何变得自律？答案是通过向后测试。例如，如果某个股票最近上涨了很多，向后测试的结果告诉你要卖出该股票，这是近期"股价反转"现象，信赖测试结果使得投资者避免大多数人可能会犯的非理性投资行为。如果你放弃了你的自律性(不相信模型)，对模型进行干预，你就放弃了你的核心竞争优势。现实中，人们总是有干预模型的倾向，特别是当模型不太赚钱的时候。如果模型很赚钱，我为什么会干预模型呢？

我们是这么处理的，我们不干预模型，但我们开发新的模型(reinvent models)。我们并不很主观地再造模型，每次再造模型时，我们会改变不同信号的权重，我们会重新进行向后测试，这不单单是为了寻找额外收益，还为了全盘考虑风险控制以及其他相关联的问题。我们还会对新模型进行压力测试(stress test)，看它什么时候能赚钱，什么时候不能赚钱。你必须对模型有着彻头彻尾的理解，而不是简单地说，"我不干预模型，我只是彻底地抛弃旧模型，使用新模型"。我们每个月都这么做——再造模型，我们称之为"因环境而变"(adapt to the environment)。我们必须不断创新，美国绝大多数的定量投资经理已经开始这么做了。你很难做到开发一个模型后，就可以高枕无忧了，现在一个模型能够持续有效地运转的周期变得非常短，大家都意识到这一点。我自己认为这(因环境而变)对于定量投资者是个优势。你必须具有创新性，能够很好地向后测试，能够将各种资源整合在一起。我们紧密地监控全球五大投资区域内每个投资板块的所有投资信号，我们会适时引入新的信号。我们尽量理解什么在起作用，什么不起作用，而不单单是个黑匣子。

你不可能设计一个自动的程序来为你更改模型。当然了你可以利用类属算法(generic algorithm)、神经网络算法(neural-network algorithm)之类的算法，但是大多数的定量投资经理不依赖于机械的机制来创新模型，人们还是借助于人的判断力来创新和更改模型。但是，模型一旦运转，你最好不要干预，这不是要你完全不干预，我们会定期地干预模型。例如，最近一段时间，像房利美和房地美[①]这两个公司的风险急剧上升，模型可能告诉你买入或者卖出(这取决于具体的模型)，但是当潜在的风险是你可能的额外收益若干倍的时候，你该怎么做呢？你不可能预知这两只股票下一分钟如何变动，它们可能上涨10%，也可能下跌10%。你该怎么做？如果有参照系，你最好持有它们在参照系的权重(既不要多持有，也不要少持有[②])；如果买空卖空，你最好清仓，因为没有任何一个模型能够让你胸有成竹到承担(一旦赌错后的)风险。这不仅仅限于房利美和房地美，像谷歌(google)，股价能够在一个季度内从700美元跌到400美元，你的模型可能告诉你或买或卖，但是你知道模型可信度不是最高，你该怎么做？当风险很高时，你应该尽量使仓位中性，不要过于激进。我们时不时地这么做。几星期前，我们就是这么处理波音公司的，如果波音突然得到美国政府的巨额合同，它的股价可能暴涨20%，我们承担不起赌错的代价。任何时候你面临巨大的风险时，你不能完全依赖历史数据，一些风险衡量工具，如VaR，不具有前瞻性，如果你单纯地依赖这些工具，就等于在自杀。在这次次贷危机中，人们付出了沉重的

---

① 美国最大的由官方支持的从事房屋抵押贷款业务的公司，它们也是美国最大的房屋抵押债券的发行商和担保商。

② 换句话说，如果你的参照系是标准普尔500指数，假设这两只股票在标准普尔500指数中的权重分别为2%和3%，那它们在你的投资组合中的权重最好也是2%和3%，既不要对它们过分乐观(增加它们的相应权重)，也不要过分悲观(减少它们的相应权重)。

代价，按经验办事让人们变得自满。

问：我想再谈谈模型创新。我来举个例子，美国股市在2008年2月～5月间，价值类信号表现较差，而发展趋势类信号则表现得很好。你是根据宏观经济状况的变化来切换给予不同信号的权重吗？

答：你可以这么说，"让模型具有动态性"，使用动态模型，而不是静态模型。你可以说是根据市场动态来轮换不同的信号(rotation)。有些人称之为根据经济状况或市场心态(market psychology)来切换信号。我比较喜欢用市场心态，或者狭义地说是贪婪和恐惧。当市场充满恐惧时，人们通常会追逐高质量的股票(fly to quality)，这时，低市账率[①]反而是低质量的表现，你觉得股票的"价值"相对股价来说比较便宜，但实际并非如此，它们便宜是有原因的，因为它们在经济衰退期比较难存活，它们是最先消亡的公司，因为它们没有途径多元化，没有参与国际市场，也没法获得资本金，这些(所谓的"高价值"的)股票在经济困难时期比较脆弱。

问：定量投资模型通常使用风险—回报最优化工具，因此投资管理过程自然就包括风险管理，投资经理在某种意义上就是风险管理经理。你是如何管理和控制基金风险的？

答：当遇到重大未知风险(pending risks)，所谓的"头条风险[②]"(headline risk)，你得干预风险模型。如果你使用业界通用的Barra或Northfeild[③]的风险模型，你可能会被这些模型所愚弄。当然，我们还是会使用商用的投资组合优化器(optimizer)和风险模型来选股，但我们对这些模型持有理性的怀疑态度，我们会干预一定的事项，比如，针对重大未知风险，因为我们明白基于历史数据的风险模型不能全面描述这些风险。

第二，我们使用很多贝叶斯信念(Bayesian beliefs)[④]，我们会对投资组合增加很多条件限制。我们不太愿意让风险模型参数完全来决定我们买卖

---

① 正常情况下，低市账率意味着价值低估。

② 以新闻头条发布的风险。

③ Barra和Northfeild是提供风险模型的两个著名公司，它们的模型在业界广泛使用。

④ Bayes法是一种在已知先验概率与类条件概率的情况下的统计方法。

什么，我们希望糅合一些贝叶斯先验或者让每个行业板块的净风险趋于零，或者在某些新的领域不冒险。这样你的先验风险预算（prior risk budgeting）将会比二次方优化过程有更大的影响，你可以加入各种各样的条件限制，最后，二次方优化和线性优化可能相差无几。这些就是我们所做的。

问：股票价格受季报和一些重大事件披露的影响非常大，你们是否利用某些预测模型来控制或减少这些事件对股价的影响。比如，利用某种模型预测公司下季度的赢利，或者预测公司被收购的可能性？

答：在几年前，当并购活动比较频繁时，我们确实开发了预测并购活动的模型。因为在当时的情况下，做空（股价被高估的）股票比较危险，好多空头被挤兑。许多管理混乱、股价高估的公司往往既是做空的目标，也同时是被收购目标，因此我们做了些相关研究。但现在不是很重要了，主要是没有太多的并购活动。

我：那赢利呢？

答：我们有赢利预测模型。

我：你会把该赢利预测模型和其他所有模型嫁接在一起吗？

答：是的。每天我们都会监控新的赢利报告，我们的战略会研究赢利公布前的价格走势和交易量。另外，我们还研读相关的学术研究。像最近的一篇文章发现过去一年的赢家（股价上升相对较多）在赢利公布前七天之内股价还会相对继续上涨，因为人们往往认为赢家会有相对较好的赢利，于是在赢利公布之前买入该股票，从而推动了股价进一步上涨。但是研究发现，在赢利公布之后，这些股票价格会回落，我想天下没有永远的盛宴。

我：那你会在赢利公布前七天买入赢家，在赢利就要公布前卖出？

答：是的。我们还有赢利惊喜模型。另外一个研究发现，如果你每个月在月初买入这个月公布季报的公司股票，在月底卖出这些股票，那你的月平均收益会比大盘高出1%。投资者很关注赢利，你有许多方式来利用赢利，你可以预测赢利，你可以利用赢利公布前的价格走势，你还可以利用过去几个季度的赢利发展趋势(earnings momentum),等等。

问:你设立止损点吗?

答:我们不设止损点。

我:哪怕一只股票的价格跌得很多?

答:我们不设①,但是我们会平仓某些股票,如果这些股票所涉及的风险太高。即使我们在房利美和房地美上损失了50%那么多,我们还是不设止损点。我们认为设立止损点是个成本较高的交易方式,这就像复制认售期权(put options)。事实上,市场在短期内是价格反转,每次你(根据止损点)这么做,你都会付出代价。

问:我所在的对冲基金的交易比较频繁,去年单我们组的交易费用就高达1 000万美元。我从相关的网站查询到,你所管理的基金的换手率较低,通常一年的换手率还不到100%。但是即使这样,交易成本也是不可忽视的。你们是采取何种措施来降低交易成本的?

答:你们养富了不少人,哈哈。摩根斯坦利有些竞争优势,因为它拥有集体议价能力(collective bargaining power)。我们公司有个政策就是将研究和佣金分开,也就是说,我们自己掏钱来买研究,购买研究的费用来自我们的收入,我们购买基本面研究和定量研究。这样我们就弃用了所谓的"软钱"(soft-dollar)②业务,我们从而能够在卖方经纪人中争取到最有利的佣金条款。另外,我们还使用许多不同的算法交易平台。摩根斯坦利资产管理部有个专攻于程序交易的五人小组,他们会帮助我们进行交易。事实上,我们是通过他们进行交易的,而不直接和市场交易。他们使用算法交易,直接市场通道(DMA, director market access)等不同方式进行交易。

---

① 注意:该观点可能比较适用偏重长期投资以做多为主的基金,有可能不适用于短期投资或高频率投资,请读者自行斟酌处理。

② 软钱是和硬钱(hard dollar,即现金)相对应,硬钱必须记录在基金的财务账本上,而软钱则往往被算成经纪人佣金的一部分。例如,基金公司A从公司B购买研究报告,但A不直接支付费用给B,而是多付给经纪人C一些佣金,由经纪人C支付费用给B。如果A直接支付给B,所涉及的费用叫硬钱。

我:我知道一些公司专门研究算法交易,像 ITG。

答:我们使用 ITG。我们使用很多的方法,不单是 ITG。像摩根和高盛这些公司都在使用算法交易和 DMA。DMA 就直接给你一个终端,你想怎么交易就怎么交易,你(的交易指令)基本上就直接进入交易所,不经过经纪公司,但是你得支付一些终端使用费,这是进行交易的最便宜的方式。如果要大量交易,你可以使用终端,直接进入市场,当然终端会有界面让你使用算法来控制 DMA。

问:在你所管理的摩根斯坦利多元化国际股票基金[Morgan Stanley Diversified Intl Equity A (DLIAX)]中,除了股票外,你可以最多投资 20%的资金在期权和期货上。你在什么情况下买卖这些衍生产品,它们主要是用来控制风险还是来增加收益,还是为了更好地管理现金流?

答:我们不太做这些,这些只是共同基金章程中的常用语言。事实上,我们不太用期权和期货,我们在管理现金时会使用一些期货交易,偶尔会用在风险控制方面。如果你的投资组合相对于参照系来说有较大的 Beta 值,那你该如何处理?最好的方式是卖出一些(以参照系为基础的)期货,直接卖出股票的成本会相对较高。

问:在你管理的 Van Kampen 小盘绩优股基金(Van Kampen Disciplined Small Cap Value)中,你可以最多投资 20%的资金在房地产投资信托(Real Estate Investment Trusts/REITs),这主要是用来控制风险,还是增加收益的?

答:一般的参照系都有 REITs,我们的投资组合是紧紧围绕参照系的,我们因而一直在买卖 REITs,对我们来说 REITs 和股票没有什么区别,我们还有专门针对 REITs 的模型。

我:也就是说,你不单单用 REITs 来控制风险,你还用它来增加收益。

答:对。

问:对于投资国际不同市场的基金,汇率波动会对最后以美元结算的业绩有很大的影响，你是如何控制和降低汇率风险的？

答：我们没有明确的货币交易战略，但我们尽量让在某个市场的投资保持货币风险中性(currency neutral)。举个例子，假设我很看好中国台湾股票，而中国台湾股票在整个参照系所占比重为1%，我可能会把比重提高到5%。但是我看好中国台湾股票并不意味着我也看好台币，由于我们在货币问题上并没有特别的观点，那该怎么办？我们用资本的5%买入中国台湾股票，卖出4%的台币期货，这样货币相对于参照系还是中性的，但是股票并不是。对于股票，我们没有针对每个国家的模型，我们只有针对区域的模型。如果非日本亚洲地区的模型看好中国台湾，那我们会相对多地(overweight)买入中国台湾股票，但这并不是说我们应该较多地持有台币。

问：在10多年的投资生涯当中，你犯的最大的错误是什么？或者说你最大的遗憾是什么？

答：我想最大的错误有两个。第一，没有很积极地学习传统交易战略以外的知识，尤其是没有太多地学习高频率交易的东西，而是较多地学习和使用以基本面为基础的定量交易模型。第二，可能就是“从上而下”(top-down)宏观方面的东西。我们现在花费了很多时间来建造行业轮换(industry rotation)模型和货币模型，我真希望我们可以更早些研究这些模型。如今，你必须得使用这些模型。因为好的想法日渐稀少，大家都在苦苦地寻找好的想法，挖空心思想进入那些壁垒高的领域，比如宏观定量领域。目前从事宏观定量交易的还不是很多，而且这些模型的容量比较大(可以投入的资本比较多，而不必过分担心交易本身会大幅度地影响证券价格)。我希望能够涉足该领域更早一点。现在的资本市场很容易接纳各种新颖的投资想法，如果你能证明你能够提供附加值，就会有市场(接纳你的想法)。如果能够抢先涉足这些领域，你会具有很多的竞争优势。

第4章　买方/卖方分析师与基本面研究和交易

投资者应该意识到不是所有的分析师都是不诚实的，但是同时也应该注意潜在的利益冲突。

——玛瑞亚·巴蒂洛姆[1]（美国著名财经记者）

几年前，我参加了布南迪斯大学在纽约举行的校友联谊会。当时我读研究生三年级，想提前了解一下金融行业的就业前景，就逮住一个在华尔街工作的校友询问一下情况。谁知他一上来就问我：“你是想进买方公司（buy-side）工作还是卖方公司（sell-side）工作。”我一听就懵了，“什么买方和卖方？”我心里想，但又不好意思问，毕竟自己是学金融的，只好随便说了个：“卖方！”“对不起，我是黑石公司（BlackRock，一家大型资产管理公司）的，对卖方公司业务不是很了解。”他回答道。我们的对话就戛然而止了……

华尔街红牛

其实买方和卖方是业务术语，学术界较少涉及。简单地说，买方指的是代表个人和机构投资者的资产管理人，买方购买投资产品以求保值增值。常见的买方主要包括共同基金、对冲基金、养老基金、大学的捐赠基金，等

① “Investors need to recognize that not every analyst is dishonest but there are potential conflict-of-interest issues to be aware of. ”-Maria Bartiromo.

等。传统的卖方则常指投资银行业务,包括投资银行家、交易员和研究分析师,等等。卖方发行、推荐和销售各类证券给买方的投资者。传统的卖方主要是通过交易费用和佣金来赚钱的。但是现在不少大型卖方公司做起了过去买方公司做的业务。例如,高盛公司内部有包括全球阿尔法(Global Alpha)在内的几个大型对冲基金。贝尔斯登公司在被摩根大通银行收购前也有不少对冲基金,其中两个从事次级抵押债券的对冲基金的倒闭是贝尔斯登垮台的主要原因之一。另外,更多的公司有数量不等的自营柜台。

买方公司的业务结构比较扁平和灵活。它们一般由负责投资决策的投资经理、向投资经理提供投资建议的研究分析师、负责营销和销售的人员以及一些后勤人员等组成。反观卖方公司则要复杂得多,大型的卖方公司一般拥有证券发行、经纪业务、自营业务、投资理财业务、风险投资业务、为买方公司提供研究分析报告,等等业务。

本章先从买卖双方来探讨股票研究分析师业务,然后通过访谈的形式来讨论基本面研究和交易。

基于基本面分析的股票分析师①(Equity Research Analyst)可以分为两种:卖方分析师和买方分析师。两类分析师都研究上市公司,评估公司业务模式、发展战略、预测未来几个季度及几年的赢利,并根据各自的金融模型计算公司的股票价格。但是,买方和卖方研究在很多方面是不同的。

研究覆盖范围和规模

买方公司的研究部门一般要比卖方公司的研究部门小得多。一般大中型规模资产管理公司的研究部门大概有10～30个分析师,而大型的投资银行会雇佣100～200个分析师。

买方分析师以“多面手”(generalist)比较多见,即需要同时研究很多个行业和股票。在同一板块50～100只股票中,买方分析师通常选择15只左右股票(只覆盖15%～30%的股票)进行跟踪分析。而卖方分析师都是行业

---

① 该部分由Sterne Agee Group的助理分析师周加文先生和本人共同完成。

专家(specialist),他们通常只覆盖一个行业,也有可以转换所覆盖的行业的,比如从电信业转换到互联网行业,这取决于分析师有什么样的背景和技能去转换所跟踪分析的行业。由于卖方分析师需要很深入的研究,通常一个卖方分析师只能覆盖10~15家公司。很少有一个分析师覆盖超过20家公司的。

由于工作目的不同,买方分析师的分析报告往往只有一两页,简明扼要地指出为什么要买或者卖这家公司。而卖方分析报告是要公开发给客户的,就像出版物一样,要细致得多,报告中会包括公司概况、赢利预测、股价走势预测、作出明确的推荐——是“买”、“卖”还是“持有”并给出目标价格,等等,编辑排版也有专人负责。需要指出的是,并非买方分析师对某个行业没有很深的理解。事实上很多买方分析师是由卖方分析师出身的,本身就是某个行业的专家,转到买方后可以横向延伸到其他行业。

信息来源

买方分析师有多种信息资源可供分析,不仅可以阅读很多卖方分析师对同一家公司的分析报告,也可以参加卖方分析师组织的投资者会议,去现场参观公司及与公司的高管直接对话以了解实地情况。(通常是大型的基金管理公司或者是在那只股票上有很大仓位的基金公司会派分析师去走访公司。)

和买方分析师相比,卖方分析师的信息渠道更加广泛和直接。由于卖方分析师长期跟踪研究某个特定行业,他们对行业内的公司非常了解,和这些公司的高级管理人员也往往非常熟悉,他们能够经常和这些高管见面或通信,从而了解到公司发展的最新进展。这种“关系”给了分析师很大的信息优势。但是从2000年10月23日开始,卖方分析师的这种信息优势被削减了不少;因为从这天起,《公平披露规定》(*Regulation Fair Disclosure*)开始实施,按照该规定,上市公司必须向所有投资者同时提供重大信息。但是即使在新规定下,卖方分析师的信息优势还是很明显的,有经验的分析师就像有经验的老中医一样,通过在电话或者直接面谈中对公司高管察言观色、旁敲侧击，往往就能把握住公司的实际情况和未来走向。

很多情况下一些很重要的消息就是首先通过卖方分析师流通到市场上来的，举个真实的例子，某家著名投资银行的分析师在2008年3月出的一份研究报告中指出，前一段时间发生的某件事情可能会对某公司收入有很大影响，并相应调低了销售收入和赢利的预期。在研究报告公布的第二天，该公司发布新闻，调低了本季度和本年度的赢利指导数字。很难说公司调低赢利指导这件事被提前泄露，但很显然该分析师事先和公司进行了深入的沟通。

其实卖方很重要的一个作用就是扮演着公司管理层和买方之间的一个沟通和信息传递的桥梁，研究分析固然重要，准确及时的信息更重要。卖方分析师通常与公司CFO及其他管理层有着很好的关系，CFO甚至会向资深的卖方分析师咨询怎么样发布某种类型的消息以避免股价大幅波动，以及在新闻发布中提供哪些运营数据（operating metrics）会让投资者喜欢或者更易于卖方分析师建模。

另外，卖方分析师还会花费大量的时间和本公司内的销售人员和客户（买方分析师，基金经理等）进行充分深入的交流。通过这些互动，卖方分析师可以广泛地吸取各方面的反馈和新的信息。

服务对象

买方分析师的主要职责就是给投资经理推荐股票，提供投资想法和建议来帮公司赚钱。正如一句话说的，你赚的钱有多少，你就有多优秀。因此买方分析师的工作压力是无形的，尤其是那些偏向于短期投资，频繁交易的公司，每天的压力比较大，情绪会随市场波动而有起伏，但工作的目的比较简单，就是做研究分析尽量作出正确的投资决策。

相对于买方分析师只对投资经理负责，卖方分析师的服务对象要宽广很多，可以说买方分析师和投资经理都是卖方分析师的服务对象，另外他们还得维持好与所覆盖公司的管理层之间的良好关系。

对于机构投资者（买方）来说，卖方分析师的价值在于：提供行业分析和公司竞争优势分析,及时更新重大公司新闻,安排买方和公司管理层见面,提供最新的投资建议。举个例子,全球最大的保险公司AIG在2008年5月8日股市收市后公布了2008年第一季度的财务报表:公司巨亏78.1亿美元(折成每股3.09美元),需要筹集股本125亿美元以补充资本金。第二天一早股市开盘前,我们就收到了美林证券分析师七页长的研究报告。该报告主要结论有两点:第一,将公司的股价预期从每股63美元降低到每股47美元(5月8日的收盘价为44.15美元);第二,将公司2008和2009财政年度的赢利预测大幅度调低。这样的研究报告对于买方的投资者非常有价值,因为投资经理通常买卖上百只股票,不可能像卖方分析师那样紧密跟踪每一个公司,卖方分析师的分析和推荐往往就成了投资经理的第一道过滤器(买方分析师会在卖方分析的基础上提供第二道过滤器)。作为回报,买方会在卖方所在的公司开设交易账户,将自己的交易交给卖方的经纪部门(我们是美林一个很大的客户)。(对于个人投资者来说,卖方研究的一个主要作用是推荐新的交易战略,激发投资者的交易欲望,从而从侧面帮助公司获取更多的佣金。)对于新上市不久的公司来说,卖方的研究分析可以让投资者更好地了解公司,提高投资者的交易热情,而公司赚取的投资银行费可以分担部分研究费用(这只适用于参与了承销业务的公司)。由于卖方分析师必须扮演多重角色,他们的研究分析报告有时会有一定的偏向性。

总的来说,买方分析师重要的是分析的能力,有时候甚至是基于经验的直觉,以结果为导向;而卖方分析师的本质是要营销一个投资的想法,作用更加多元化,不仅要有共性的分析能力,还要求有很好的营销技巧、沟通能力和写作能力。有时候卖方分析师从某种信息渠道得到消息说公司的收入预期会调低5%,但卖方分析师不能直接把这个消息传递给客户,必须从其他多个渠道来印证或者拒绝这个消息(包括私下和公司查证以及财务模型分析),最重要的是要有理有据,要合理地解释为什么公司的收入会调低5%,要不然分析师会在客户和销售人员中失去可信度。

职业发展

职业发展因公司和个人而异。对于买方分析师(特别是共同基金里的分析师),一些买方公司希望分析师长期留在研究部发展;而另外一些公司则鼓励分析师向投资经理的角色转换,这些公司会给出色的分析师机会研究不同的行业和板块以让他们对市场有更广的理解。就工作稳定性来讲,买方,尤其是共同基金,工作相对稳定,对冲基金因为经常会破产倒闭以及对业绩的评估更加直接,波动性稍微大一些。买方分析师的报酬由底薪和分红组成,分红主要取决于分析师推荐股票的市场表现和研究报告对投资经理投资决策的影响。推荐准确度高并不意味着分红一定就高。我一个在波士顿中型对冲基金公司工作的朋友告诉我一个有趣的例子,他们公司2006年根据一个分析师的建议买了七只股票,结果其中六只涨了,一只亏了。但是公司由于该分析师的强力推荐在这只亏了的股票上面投资了很多钱,结果是公司在这七只股票上整体亏钱。该分析师能拿到多少分红就可想而知了。

对于卖方分析师而言,他们一般会长期从事分析研究,但也有不少分析师在有了1～4年的工作经验后可以跳槽到买方做分析师(很少见到买方分析师转行做卖方分析师的)。资历较浅的卖方分析师的工作不是很稳定。研究①发现同样做出不准确的赢利预测,或者同样做出偏离行业平均预测值很多的大胆预测时,资历浅的分析师会比资历深的分析师更容易被解雇。这样的结果导致大多数资历浅的分析师不愿意太多地偏离预测平均值②,他们一般会较慢地更新赢利预测(等资历深的分析师公布他们的预测之后)。另外,卖方分析师会因公司的并购整合/分拆或者战略调整而转换工作。比如2007年11月奥本海默公司并购了CIBC的投行和资本市场业务,裁掉了很多CIBC的股票分析师。股票研究其实是一个很大的成本中心,并不能

① Hong Harrison, Jeffrey D. Kubik, and Amit Solomon, "Security analysts' career concerns and herding of earnings forecast," *Rand Journal of Economics*, Vol. 31, No. 1, Spring 2000.

② 许多分析师会对同一只股票提供赢利预测,市场非常关注这些预测的平均值。

直接为公司赚钱，如果经济不景气，公司赢利不佳或者投资银行业务和经纪业务减少，研究分析师就会被裁员。卖方分析师的收入取决于他们能为公司带来多少经纪业务以及他们在《机构投资者杂志》上的排名。排名最高的分析师在证券市场上就像超级明星一样，不但受到同行的尊敬，收入也会比其他分析师高出许多。有"互联网女王"之称的玛丽·米克(Mary Meeker)在互联网泡沫期间年收入高达 2 500 万美元。

工作时间

就工作时间而言，两方的时间都不短，尤其是在季报公布季节，工作很紧张，一般来说，卖方的工作时间会更长更辛苦一些。共同基金或者长期价值投资导向的对冲基金不需要每天密切跟踪市场新闻，工作时间相对轻松，每天大概早晨八点钟至下午六点。对于短期频繁交易的对冲基金来说，分析师在公司的工作时间大概是早晨七点钟至下午五点。但是每天晚上回家以及周末是免不了要在彭博(Bloomberg)上跟踪市场动态以及阅读大量分析报告的，因此工作的时间和压力极大地渗透到了非工作时间和私人生活。卖方在刚开始研究覆盖一个新公司时、季报和年报公布季节以及组织投资者走访上市公司的时候会很忙。很多公司是在下午收盘之后发布季度赢利，美国东部时间晚上八点电话会议，因此分析师需要参与电话会议(有时需要向管理层提问)然后完成报告，第二天一早发给客户，因此有时会在公司待到晚上 10 点以后。

买方与卖方分析师业绩比较

由于买方分析师的分析报告是不对外公布的，一般人很难能够直接获得买方分析师的赢利预测(每股赢利会有多少)和股票推荐(买进、卖出还是持有)记录。而卖方分析师的赢利预测和股票推荐历史记录可以从一些金融服务公司中"轻易"以不菲的价格买到。哈佛大学和北卡罗莱纳大学的五位会计和金融研究专家①从一家大型共同基金公司获得了该公司内部分析师的历史研究记录，并将这些分析师的股票赢利预测和推荐记录与卖方分析师的相比较，得出了非常有趣的结论。他们发现，与卖方分析师相比，买方分析师较少地做出乐观的推荐。44%～46%的买方推荐为强力买入/卖出，而54%～58%的卖方推荐为强力买入/卖出。如果听从这些推荐，买方分析师的推荐能够为投资者带来3.4%的年额外收益，而卖方分析师的推荐能够带来6.5%的收益。也就是说，卖方的乐观推荐是有一定道理的。其次，买方做出的赢利预测要比卖方的高出17%～27%，他们的赢利预测没有卖方的预测准确。对于短期赢利预测（下季度），卖方分析师的预测误差为

插曲：一位基金经理M的亲身经历：大概10多年前，M还是一个大的对冲基金的分析师，一位卖方分析师到公司做股票分析报告。报告结束之后，这位卖方分析师拉住M说，我们可以私下聊聊吗？进入M的办公室以后，分析师说："很坦率地告诉你，我数学不好，也不懂多少会计知识，所以对股票分析我一点都不在行。但是，我可以为你做三件事情。第一，如果你想与任何一位上市公司老总会面，我都可以通过我的关系去帮你安排。第二，我对所有的娱乐项目都拿手，所以，如果你有什么重要人物需要招待，让他玩得开心，我就是最佳人选。第三，我和我的团队可以为你研究投资的股票量身定做你需要的研究报告。"M讲完之后，特意补充了一下，那是10多年前的事了，现在卖方分析师的研究水平有了很大提高，尤其是在分析师薪酬与投行业务脱钩以后。（该故事由Matrix资本管理公司的吴鹏先生提供。）

6%左右，而买方则高达27%。第三，仅仅凭内部分析师研究作出投资决策

① Boris Groysberg, Paul Healy, Craig J. Chapman, Devin M. Shanthikumar, and Yang Gui, "Do Buy-Side Analysts Out-Perform the Sell-Side?"(March 2007). Available at *SSRN*: *http://ssrn.com/abstract=806264*.

的买方公司的业绩要比听从卖方分析师推荐而做买卖决策的业绩差很多（年差异为6.7%）。

这样的发现比较出乎人意料，因为买方分析师只为投资经理服务，他们没有任何利益冲突，他们唯一的目标就是做出更好的推荐和更准确的赢利预测。研究学者们提出几种可能原因。第一，相比买方公司，卖方公司会更乐意淘汰预测不准的分析师；第二，买方公司在评估分析师业绩时，会把分析师的业绩与一些绝对指标，如标准普尔500指数，相比。由于买方分析师还是能够为公司带来平均3.4%的年额外收益，买方公司可能认为分析师的研究还是有价值的。相比之下，卖方公司会将分析师与其他覆盖同一行业的分析师相对比，残酷的业界竞争不断地将表现不佳的分析师淘汰。

卖方分析师是如何工作的？

卖方股票分析师并不是靠卖研究报告来赚钱的（没有承销业务的第三方独立研究公司除外），基金经理或买方分析师在看了卖方的报告或者在电话交流中得到了一个好的投资想法，希望以后继续有这样的信息的话就会与这家卖方公司建立业务，开一个交易账户来通过这家公司买卖股票，卖方公司以此赚取佣金。开账号以及投资想法一般是通过销售人员来完成和传递的，但因为销售人员同时为本公司的几个分析师做销售，对某个特定公司的了解没有分析师多，所以销售人员经常会把电话转接分析师让客户与分析师直接对话。交易的过程是通过交易员来完成的。

相比来说，卖方对所覆盖的股票关注很多，基本上都是从长期基本面分析，很少涉及技术分析及投资者心理。在公司有重大新闻的时候，分析师就会很快地完成一个报告发给客户或者写一个简报，通过销售人员传递给客户，或者直接打电话给主要的客户。分析师在写一份重要的报告时，会打电话给公司管理层深入地了解信息以判断模型中的假设是否合理。另外还会给同行业中的其他方打电话从侧面多方印证，比如同行业其他公司（非上市公司），风险投资商，代理商，客户，供应商，等等。对于买方来说，和卖方通话有时不一定是为了得到关于公司的信息，而是了解一下市场上对这只股票的喜好度。

高级分析师的功能更偏向于与客户及销售人员交流，而为高级分析师工作的助理分析师则负责金融建模，收集数据和各种相关信息，基本的撰写工作等。值得注意的是每个高级分析师都相当于是公司的一个子机构，他们在公司的平台上工作，各个高级分析师之间覆盖的行业不一样，虽在同一家公司工作，但基本上是独立的。因此助理分析师与其说是为这家公司工作，不如说是在这个子机构里为这个高级分析师工作，各个方面受高级分析师的影响比较大。

为了使公司上市后让投资者更多更好地了解这家公司，一些要上市的公司在选择承销商时除了承销商的规模、名气、分销渠道之外，还希望公司上市后能有更多的卖方分析师分析公司的股票以引起投资者的兴趣。有些较小的投资银行专门做小型公司业务，以投行业务为驱动。因此公司的卖方研究分析师除了分析自己的行业之外，还会受投资银行业务的影响去覆盖新上市的由本公司承销的股票，从而选择所覆盖股票的自由度受到一定限制，这对于卖方分析师的职业发展不是很有利。

买方分析师和投资经理是如何工作的？

由于投资分析和交易往往是不可分的（不少投资经理本身就是分析师出身），这部分以周加文先生所工作过的对冲基金为例介绍买方分析师和投资经理的工作。

各个基金可能会有所不同，就加文所工作过的基金来看，每天的工作大概是这样的：每天早晨七点钟到公司即在彭博信息机上首先看亚洲、欧洲及个别新兴市场（比如巴西，俄罗斯，中国）市场动态，快速浏览新闻头条及在凌晨发布的公司财报，听公司的电话会议，阅读卖方分析师报告以及行业简报，进行早盘交易。在八点半与十点半之间，通常会有重要的宏观经济数据出炉，有些数据比如消费品物价指数、失业率、消费者信心指数、美国石油储备数据、银行家信心指数等都会对大盘有较大影响，会被密切关注并直接影响仓位的变化。九点二十分左右开始快速下单（美国股市是东部时间早晨九点半开盘)。一天中开盘前30分钟以及开盘后一个小时是最忙的。自早上进入公司开始就要不停地看屏幕上各种媒体的信息流,把各种信息串联在一起,形成一个整体的判断,然后快速交易。一个交易的开仓和闭仓短则只有几十分钟,长则几个星期或者几个月。当然这中间并非一次清仓,通常会有几次增仓或者减仓,不断调整仓位来锁定利润或者止损。在电话会议的过程中偶尔听到重要的信息,就会马上交易这只股票或者交易非常类似的同行业股票。比如在听杜邦公司电话会议时有关于化学肥料远超预期的信息时就会买进像Potash这样的农业肥料股票,交易过程非常快。这些都是建立在对这些公司基本面非常了解以及多年经验的基础上。公司使用的是从上至下("Top-Down")的研究方法,虽然只投资美国股票市场,但是对其他市场,比如商品期货市场、债券及衍生品,外汇市场的关注也非常紧密,对宏观经济的分析很多,有相当多的时间是花在对大盘走向的判断以及行业板块的变化和轮动上。具体到个股,商业模型、估值这些都很重要。另外交易的过程会用到很多技术分析工具,对投资者心理分析得很多。下午四点收盘后如果是在财报季度,会有很多公司出新闻发布和电话会议,分析师就需要留下继续分析。晚上回家经常需要带一叠白天来不及看的分析师报告回家看并且要关注夜间的新闻,工作的时间很长,压力也很大。最顶尖的对冲基金经理或交易员在捕捉大盘起伏的时间上真的可以做到很准,能够在股市大跌或者大涨之前提前行动。

访　谈　三

被采访人：李山泉，奥本海默基金公司董事总经理，高级投资经理

李山泉先生1995年加入奥本海默(Oppenheimer Funds)，现在负责管理公司总资产为26亿美元的黄金和特殊矿物基金(Oppenheimer Gold & Special Minerals Fund)。在1991～1995年期间，他在布朗兄弟公司(Brown Brothers Harriman)的投资战略部任高级分析师。在此之前，他还在阿凯典投资管理公司(Acadian Asset Management LLC)任职。在1980年代，李先生曾在国务院经济研究中心(现国务院发展研究中心)从事国民经济综合问题的研究。李先生拥有布南迪斯大学(Brandeis University)国际金融硕士学位和中国人民大学国民经济计划专业本科学历。

采访时间：2008年8月6日　　　　采访地点：纽约

问：你们基金的半年度报告披露你将基本面的研究与定量筛选结合起来。我是做定量研究和交易的，你能首先谈谈你是如何进行定量筛选的？

答：首先，从研究的角度，定量筛选帮你多了几只眼睛，给你一个基本的框架，在此基础上，先过滤掉一批公司，然后你再集中精力研究剩下的公司。第二，定量工具可以协助你决定什么时候"卖"。长期进行基本面分析的人，容易对你买入的股票产生眷念(fall in love with the stock)，不想卖。如果你制定一些标准，放到数量分析中去，到了某个点后，定量模型就会提醒你要卖了，这个可以避免你对某个股票"爱不释手"。数量分析还有一个好处就是，在错综复杂的情况下，可能需要考虑的因素太多，你可以用数量方法将一些因素去掉，削减成简单的几个主要因素。你等于撇去那些"故事"，因为基本面分析有很多"故事"，人很容易被故事所左右。像你会见公司管理层，管理层总是说好话，将你说得美滋滋的，和管理层打完交道后，你总是想买，而不会卖。还有像和资深分析师打交道，资深分析师有不少追随者，你认为他都说要买了，至少在短时间内股价会上涨；但长期来看到底怎么样，很难说。所以说，你自己如果有一套基本的数据在手上，数量分析可以帮助你避免那些故事性的干扰。但是你要完全用数量方法交易股票，恐怕不一定做得好。原因是很多东西都不能量化，凡是能够量化的东西除了价格都有些时滞。

我：能不能具体谈一谈你使用哪些定量工具？我在基金章程中发现你的定量模型会考虑公司的财务报表、管理结构、公司营运和新的发展。

答：评价公司的好坏有两个方面。一个是与公司的价值评估相关——这个企业是否便宜？用于价值评估的指标可以很多，这个恐怕是仁者见仁。对于采矿业来说，价格对净资产值之比是较为常用的指标。另外一个是增长因素。衡量增长的指标也有很多，比如说，你是注重赢利增长，还是注重收入增长，还是其他方面的增长。每个人的观点都不一样，有些人关注股票分红的增长，这比较适合成熟型的公司，早期公司根本不支付分红。

模型看起来是死的，实际上搞模型是一种艺术。每个人对事物的理解不一样，他想描述的东西不一样，他用的因素因而也不一样。我自己有一套方法，这套方法自我创立以后，我从来不公开，因为我正在用。关键是这些因素如何组合，常用的因素都在那儿，但如何将这些因素有效地组合起来，这学问大了。

问：2007年底公布的基金半年报告中有这么一个问题——“在(由信贷危机引起的)市场变化的情况下你是如何管理基金的?”你是这么回答的，“我们减少了一些行业大公司的仓位，我们把减下来的资产用于购买相对较小的金属制造商上，特别是那些正从开采向制造转型的企业。”我发觉这个有点违背常理，因为在经济衰退期间，通常大的、多元化的企业能较好地生存下来。这场危机还在继续，你现在又是如何管理基金的？

答：我觉得采访我的人理解有些问题。这实际上跟经济没有太大关系，这取决于相对价值。在大公司相对价值高时，也是你容易脱手的时候。在经济衰退时，小公司的股票往往先下调。我为什么在这个时候愿意卖出大公司(在它们的价格还没有下跌时)并买入相对较小的公司呢？第一，因为小公司的股价相对下跌了；第二，很多投资者比较害怕，因为它没有赢利，甚至没有收入，它正处在发展阶段，但是它的好时光马上就要来了（我是针对黄金和稀有金属这个行业）。可是那些外行人，比如一般的定量分析人员可能就完全避开这些公司，因为很多定量模型根本就不会选择这些公司股票，因为它没有赢利和收入。很多人因此错过了投资机会，我恰恰根据基本面分析利用卖出大公司腾出来的现金买入这些公司。这有什么好处呢？第一，你买的便宜。第二，如果这个公司是个独立的上市公司，它很有可能被别的大公司买走。实践证明，大部分时间都是这样。像最近，很多大公司在购买不少中小公司。

问：你的基金不能做空，如果美元接下来走强，黄金股矿产资源股走弱，怎样调整投资组合？

答：这没有关系。美元继续走强的可能性是有的。从基本面投资的角度看，你应该把精力放在拥有高质量（矿产）储备的企业上，永远买最好的公司。作为一个共同基金，我不关心它涨多少或跌多少，我只关心我的基金在同类基金中的排名，只要排名高，我就是其中最好的基金。所以我不会做调整，对冲基金可能会，我不会。

问：你在10年前，1998年6月6日接受国内记者周一采访时曾说过："毫无疑问，分散风险的办法就是搞一个投资组合。这个投资组合，如果品种太少，就起不到分散风险的目的，不行；品种太多，无异于消极管理，也不行。我管理基金的限制是：拥有一家公司不得超过公司总资产的5%；投资于四家公司的数量不得超过公司总资产的25%。做投资组合，还要考虑到投资时间上短、中、长线的搭配，要考虑到大、中、小型公司的搭配，还要考虑交易的可行性。"10年后的今天，你管理的基金——奥本海默黄金和特殊矿物基金的前六只股票（2008年6月30日的报告），每只股票都至少占基金总资产的5%，最多的Agnico-Eagle矿业有限公司（AEM，是一家加拿大注册的公司）占6.4%。是你的投资风格变了，还是因为该基金属于行业基金，所能投资的公司数目有限？能具体地说说，你采取了哪些措施来分散风险的？

答：这是非常好的问题。我告诉你一个故事就是你有没有胆量去改变。

你讲得很对，10年以前，这个基金是个分散化(diversified)的基金，它得遵守5%～25%的规则。就是，任何一个股票仓位不能超过总资产的5%，前五大股票的总仓位不能超过25%。后来在管理中，我就发现问题了，我无法跟我的竞争对手进行竞争，每当我想持有某个股票超过5%资产时，公司法律部门就进行干预，要求我卖出。我发现与我竞争的同类基金都是非分散化的(non－diversified)基金，他们不但不受5%～25%规则的限制，而且需要有些集中度(concentration)。我就找到公司的法律部门，公司的法律顾问告诉我这是对基金的根本性改变，这不是任何人可以说了算的，基金的全体股东必须投票决定是否将基金从分散型转变成非分散型的，再呈交证监会备案。我说这必须要投票。在2003年左右，我就将改变基金的提案送交了股东会投票表决，结果提案通过了。这个很有意义，一般人不敢去抗争，但我敢。因为第一，这(如果不改变)对股东不公平；第二，对我管理也难，我必须要跟大家一样才行。要不然，你等于将我的手脚给捆绑住了一半再让我和别人竞争。这不行！

我：经过这个转变后，你在控制风险方面有没有改变？

答：应该说还是一样的，我理解控制风险有两个方面。一个是通过(持有不同的)公司进行分散风险，还有一个是通过公司内部进行分散风险。

我：怎么讲？

答：比如大公司，尽管你大量持有它，可能接近你基金总资产的10%了，但为什么(大量持有)这个公司没有事情呢？因为这个公司本身已经多元化了，比如它囊括了全球几乎所有的采矿业，它在很多国家都有运作。也就是说，东方不亮西方亮，这种公司风险反而小。分散风险要具体化，如果你仔细分析，你就会发现从数据到数据有时看上去会非常烦人(disturbing)。假设有个公司，你尽管持有很少，但该公司只有一个产品或采矿项目。万一一块大石头将采矿的通道堵死了，那完了，生产停了，什么都停了，风险反而更大，你不要看你“分散”风险了，那没用。

问：当某个股票跌得很厉害，你如何处理？你使用止损点吗？举个例子,你拥有大量股份的AEM(根据2008年6月30日的基金报告)在7月14日至8月5日之间,从每股79.02元跌到48.65元,短短的三个星期内,跌幅达到38%。

答:绝不能。卖不卖一家公司不能取决于这个股票跌了多少,而要取决于这个公司有没有前途。像你说的AEM,这个公司有巨大的潜力。如果一两个季度业绩或一个采矿项目不好,很多人害怕,于是卖出股票。但你要仔细分析这个公司到底值多少钱,假设这个项目不工作,暂时停两年,有没有希望两年之后翻身?只有经过仔细分析,你才能在节骨眼上掏到宝贝,别人在往外扔的时候,正是你买的时候。作为以基本面分析为主的投资者,我不会用止损点。举个例子,假设你设定止损点为30%,像1987年股票市场崩溃,几乎每个股票都下跌超过了30%,那你怎么办?而且这时候没法卖,越是这时候越难卖。这还取决于基金的大小,基金越大,越不能使用止损点这个方法。对于大基金,一个仓位可能需要很多天才能卖完,你在止损点开始卖时,可能又会往下跌30%。有些仓位一个月都卖不出去,管理一个大的基金和管理一个小的基金是不一样的。

问:俗话说,知己知彼,百战百胜。一个学术研究①发现,不少基金模仿业绩出色的同类基金的投资组合,你有没有经常性地查看业绩出色的同类基金的投资组合?这会不会影响你的投资决策?

答:我会偶尔地看一看,了解对手正在做什么,但这绝不能作为我决策的依据。为什么呢?首先,对手公布出来的数据,会有相当长的时滞。再者,(即使没有时滞)这么看也是没有用的,因为我知道往上报的过程。我自己也是,我正在买卖的股票,我可以用种种理由不将它们上报。共同基金公布的持股情况呈现的是一幅扭曲的画面,你看到的情况和实际情况还是有很大的出入,所以说不要轻信那些东西。如果根据那些东西去决策,永远会慢半拍,你一定要独立研究,而不是跟着别人走。你看竞争对手的持股情

① Lukasz Pomorski,"Follow the Leader: Peer Effects in Mutual Fund Portfolio Decisions," (December 2006). Available at SSRN: *http://ssrn.com/abstract=954116*.

况，主要是了解在这个行业里有哪些想法，有哪些投资风格。你的对手做得好还是不好，你要知道大体上是哪些原因造成的。

问：基金的董事会是基金治理的一个重要组成部分，你能否介绍一下董事会是如何运作的？它的主要作用是什么？

答：董事会是为股东负责的，如果基金出了问题，股东会拿董事们是问，所以大的决策是要通过董事会的。我们一般每半年向董事会做一个呈述，告诉他们这半年的情况怎么样，哪些信号起作用，哪些不起；你对未来半年或一年怎么看，准备作什么调整。如果业绩好，没有人在乎你讲什么，而且你讲的东西，那些董事并不见得都懂，他们并不是这方面的专家。比如，我们的董事就比较好奇为什么我的基金能够长期每年都超过指数基金那么多。我管这个基金已经11年了，算是资深经理了，基金业绩总是在Lipper[①]同类基金中排前三位，所以董事们基本上也没有太多问题。

我：你们不看Morningstar[②]吗？

答：我偶尔看看，但是Morningstar不是很准。我的基金在同类基金中是第二大的，但基金波动性（volatility）比较大。Morningstar总是给我四颗星，不给五颗星，就是因为波动性比较大。得几颗星是死的，Morningstar用数量模型来衡量，你达不到数量指标就拿不到五颗星。要降低波动性，你得使用一些对冲手段来降低波动性。这些有时比较管用，有时做不好的话会降低你的回报。后来我就和股东讲，你想什么都要，那是不可能的。在同类基金中，获得Morningstar五颗星的只有一个，有两三个是四颗星，剩下的都是三颗或者两颗星。

问：你现在已经是资深经理了，在某种程度上董事会很难撼动你的地位，如果你和董事会在某个重大问题上有分歧，你们是如何解决的？

答：从来没有，董事会听我的，因为董事不是专家，他们在大政方针上把把关而已。他们会问我对黄金的走势怎么看，对未来怎么看，等等。他们想

---

① 一个为基金排名的公司。
② 一个给股票和基金排名的公司。

从我这儿验证一些问题，他们从来没有指挥我，说你必须这么干或那么干，董事会尊重我的意见。

问：基金章程明确指出该基金主要是为长期投资者设计的，但是很多投资者并没有足够的耐心，基金业绩好的时候他们投资，业绩差的时候他们撤资。这会给基金经理带来很大压力，你会不会在季末调整股票仓位以使得季度报表显得"漂亮"些？

答：第一，绝不做这些事。第二，基金大了，这么做交易成本很高，我这么一进一出，会花费股东很多钱，同时会产生很多资本增值税(capital gains)。另外，我们公司给基金经理很大权力，从来没有人问我你这个月或这个季度的业绩怎么样，这样基金经理就没有压力这么做。这么做对业绩没有帮助而且会损害投资者利益，百害而无一利。

我：那你听说有些基金这么做吗？

答：有些人这么做，可能是其他类型的基金，比如养老基金，因为它(业绩好坏)直接关系到钱，如果业绩很差，钱就"走"了。我的基金不在乎钱走，投资者要想投资我的基金，我会告诉他，我的基金是长期投资的，如果你要炒作我的基金，请及早罢手。前纽约州首席检察官[就是在 2008 年 3 月涉及性丑闻的前纽约州州长斯皮策(Eliot Spitzer)]在"整顿"共同基金时，我们公司没有事，这是因为我们公司很早就注意到这个问题了，我在其中起了很大作用。我的基金当时炒作很厉害，有人头天进，第二天出来，基金一天可以轻易上涨 5%，也能下跌 5%。我看到这种情况很难管，就找到公司的法律顾问，我说那些炒作者等于在损害长期投资者的利益①，必须得对这些人给予严厉的打击。那怎么办呢？我们必须改变游戏规则。我向公司建议必须提高门槛，因为我的基金是行业基金，我建议投资者进来以后，如果在一个月之内要求赎回投资，我们会索取巨大的基金赎回费(redemption

① 短期炒作者会给长期投资者带来两大危害。第一，短期交易增加了交易次数从而增加了基金的交易成本。因为每次人们买卖(开放式)基金单元，基金公司必须买卖相同比例的基金所投资的实际证券，每次交易，都会产生交易费用。第二，短期交易增多可能会迫使基金改变投资战略，例如，增加现金和流动性强的资产在基金投资组合中的比例。

fee)。如果你专门想炒作的话，我就不给你机会，你必须得放一个月以上。后来法律顾问反映了我的建议以后，我们就正式通报了投资者。因而就避免了很多后来所谓的“抄共同基金”的问题。

我：mutual fund timing[①]？

答：对，我们不让炒。尤其我的基金是全球性的基金，假设今天美国的黄金涨了，谁都清楚我在澳大利亚、南非和英国都有投资，那第二天这个基金肯定会上涨（因为当其他国家陆续开盘后，基金在这些国家的投资会上涨，从而导致整个基金的上涨），投资者很聪明，如果现在买入基金，第二天就可能赚钱。我早就发现这个问题了，通过改变游戏规则，就可以将这些人堵住。

问：你是1997年7月成为该基金经理的，但是在1997年的第四季度该基金的收益为－26.91%，1998年整年的收益为－1.29%。虽然你的业绩评估是相对于参照系的，而不是绝对收益，但是作为一个上任不久的经理来说，你想必承担了很大压力。我的问题是你是如何化解压力的？

答：我那时没有什么压力，那时属于调整阶段。当时我加入公司已经有两年了，本来公司是想让我单独管理一个大基金的，但是考虑到我以前没有管理经验，就先让我管理这个基金。其实，当时我只花费了10%的时间在这个基金上，其余的90%的时间是和我的老板共同管理一个大的全球基金。我真正全职管理这个基金是在这个基金变得越来越大以后，变大以后，公司才慢慢地将我其他方面的职责去除掉。1997年我接手这个基金时，基金规模比较小，才一个亿左右，根本不需要花费那么多时间。所以说无所谓，（当时的业绩好坏）不会影响我的职业生涯。而且我很放松，我该怎么做就怎么做，关键是把你的战略跟老板讲清楚以后，老板很懂你，知道你的战略在长期肯定能行，建立互信，有个几个月或一年不好没有什么太大问题。还有1997年比较特殊，我是七月份半路接手的，业绩很难计算。

---

① 基金投资者根据全球股票市场不同的收市时间及价格，投机地买卖基金以从中谋取利益。

问:你每天都会拿到很多卖方分析师的研究报告,我相信你们基金内部也有不少买方分析师,你个人觉得是卖方的研究质量高呢,还是买方的?

答:我认为因人而异,卖方买方都有高的。在这行做久了,一个重要的东西就是要认人名,要认公司。卖方有些公司的报告连看都不看。你有经验以后,这个实际上是个与人打交道的行业。和公司管理层沟通也是一样,有些公司的领导层,你见都不想见,见了也没有用,总是废话连篇,甚至撒谎。好公司的管理层呢,见了面有很大收获,大家建立了互信。分析师也一样,一些分析师知道的实在有限,而且他还会误导你,很多东西他知道的没有你清楚。有时和分析师见面时很尴尬,因为你问的问题,他都不知道。

问:你是如何分配你的时间的?多少时间用于研究,多少用于交易,多少用于与投资者沟通?

答:我们很少直接和投资者沟通,因为有营销部分专门负责和投资人沟通。我们有几百万的投资者,无法直接沟通。所有问题都是先通过营销部分,他们是我们的保护伞。有了重大问题,营销部门再和我们沟通,例如建议是否要和主要的股东开个电话会议。我有时参加这些会议,有时候就写几个重点让营销部门和投资者沟通,或者拍摄一段录像放在我们的网站上。其他时间绝大部分都是研究,真正交易也不需要我,我们有专门的交易柜台进行交易。我只要告诉交易员我打算买卖什么,买卖多少,什么样的指令就完了。研究包括看材料、打电话、旅行、参加各种会议、找管理层对话,等等,所以绝大部分时间都是在研究。

问:能否大体谈谈你们的薪酬结构是怎样的,底薪占多少比例,分红占多少,股票期权占多少?

答:每个人都不一样。大体上取决于资历。如果在这个行业、这个公司时间较短,你的收入主要是现金,这包括底薪和分红。随着你越来越有资历,分红相对于底薪的比率就不断提高,底薪适当也在涨,但是永远涨得比较少。到最后,你的分红会几倍于你的底薪。另外,我们公司还有期权,如果你在公司待得久的话,期权是个大头。因为我们公司不是上市公司,我们使用基于账面价值的内部股价。刚开始给我（期权）的时候，我不觉得它值钱。但过了一段时间，我发现它很值钱了，公司内部股价基本上是年年上涨，因为只要公司的业务不断发展，不断赢利，公司的内部股价就会上涨。外面（上市公司）的股价跌得一塌糊涂，我们公司的股价照样往上涨。我记得当时给我（期权时）的股价是 10 多元一股，现在达到 90 多元一股。如果当时给你几万股，那就值很多钱了，这可能要比现金薪酬要好多了。

问：一个成功的基金经理最重要的素质是什么？

答：没有什么最重要与不重要，我认为一个基金经理的素质是多方面的，需要很平衡，很综合的素质。如果一定要分哪个重要哪个不重要，我认为比较重要的是经验，你在书上学的东西用处很少，即使很好学校的 MBA 毕业生来了以后，他没有经验就会犯错。第二就是心理素质，心理素质也是跟经验来的。另外，你要能够独立研究，不要人云亦云。如果这个分析师推荐要买，你就买；那个分析师推荐要卖，你就卖，这个绝对不行。为什么呢？遇到分析师打架的观点，这个说买，那个说卖，那你怎么办？这需要独立研究和判断，要知道谁讲的有道理，为什么等。这个过程就是不断取得经验的过程。

问：那么一个刚毕业的学生怎样才能成为一名基金经理呢？

答：不要着急，提高自己本领。华尔街是个战场，钱交给你投资人是要见回报的。这不同于学校，我做不好，老师给我 D 或者 C，我面子还过得去。但是这个（如果你做得不好），你的职业生涯就等于中断了。因为你的投资业绩是公开的可证实的投资业绩，人家将基金交给你，在你手上灭了，那么你将来找工作都难。不要着急是指不要忙着管理基金展示你的业绩，但是要忙着提高自己的本领，在各种市场上学得越多越好。我认为投资就是知识的竞赛，你掌握的信息量大，比你的对手多，那你就是赢家。我们每天都在阅读、阅读、阅读，和巴菲特说得一样，你从来没有停止过读书。你没有办法停止，信息在流动，今天的情况只能说明今天，明天的新情况又来了。如果错过了一些重要信息，你就可能落后于别人。投资其实是个非常累人的差事，你要想业绩好，必须行千里路，读万卷书，每天都得努力。现在无论我在世界哪个角落，我都会设法了解重大信息——市场如何，我的投资组合如何，需不需要安排交易员做新的交易，在某种程度上，人变成了基金的奴隶。

问：中国人在美国做基金经理的挑战、优劣势是什么？

答：一般来讲，中国人的优势是比较勤奋好学、喜欢思考，也比较敢创新。但中国人的劣势出在自我营销和语言上。由于英语不是母语，我们讲话就不怎么幽默。这个很重要，说话不幽默就缺少魅力(unattractive)。我曾经参加过一个在美国西部几个州播出的广播脱口秀节目。主持人让我谈谈我的基金问题，第一次参加我就觉得我的语言不够。为什么呢？因为主持人是用调侃的方式来交谈，就像我们的相声表演一样。一上来，他就会用抑扬顿挫的语调，“嗨，李先生，你已经连线了(hey, Mr. Li, You are on the air!)。”你在这儿死巴巴地和别人讲一、二、三，别人却调侃式地问你纽约的天气怎么样。我这个做得不好，承认语言不是你的强项，尽管你的业绩可能不错，人家想听听你的看法。

问：你的经历比较传奇，曾经当过兵，并在国务院工作做过，现在想想哪段经历对你的帮助最大？

答：哪段经历都不可或缺。我当兵那段时光其实挺好的，五湖四海的人都接触；人民大学的学习帮助我理解总体的宏观经济和各个行业；毕业以后分到国务院这个更重要，因为你看问题的角度不一样，全国各地到处跑，这开拓了我的眼界，使我的信心特强。在国务院系统，各个级别的官员都见过，这使我不会拘谨、不胆小。我见公司管理层，见分析师，见谁都不害怕。大体上讲，每段经历都很重要，实际上还是心理素质和业务素质(的不断培养和提高)，你有了这两个素质，干事情就容易成功。如果你过分胆小，自己信心不足，让你投资，你晚上都会睡不着觉。

访　谈　四

被采访人：詹姆斯·李，Sterne，Agee & Leach 分析师、高级副总裁

李先生(James Lee)负责中国互联网和技术板块的研究。他研究的主要题材包括：互联网和移动网络的接轨、广告业向数字世界的迁移、电子商务和网络游戏的发展。2005 年，他被福布斯杂志评为十佳选股人之一。2007 年，他被 Starmine 公司评为研究中国和中国香港地区的十佳分析师之一。在加入 Sterne，Agee & Leach 公司之前，李先生曾先后在诚信基金(Fidelity Investments)、瑞士联合银行集团(UBS)、奥本海默等公司任职，他还曾担任 WR Hambrecht 公司中国研究部的主管，负责研究中国互联网和新媒体行业。

采访时间：2008 年 10 月 25 日　　　　采访地点：麻省 Canton 市

问：卖方分析师和买方分析师的主要区别是什么？

答：一个典型的买方分析师是"通才"，他可能会覆盖五到七个行业板块。他与卖方分析师打交道可能并不是要求卖方推荐个股，而是想通过卖方深入了解某个行业或板块及其基本面的发展趋势。因此，卖方分析师的功能是提供他对所覆盖行业基本面的透彻见解。像我覆盖的是中国网络媒体板块，我大概研究 15～20 家企业，我的工作就是把握该板块的主要发展趋势：板块总体发展前景如何，发展方向是什么，同板块企业的相互竞争如何，等等。基于这些发展趋势[我称它们为"主题"(themes)]，我会向买方提供我的观点，例如，网络渗透率在中国会很高，越来越多的人(特别是二线和三线城市的)会使用互联网，该行业内的诸多企业会从中受益。

证券投资需要研究两方面：基本面(fundamentals)和市场情绪(sentiments)，两者缺一不可。许多买方投资者，像对冲基金，对市场情绪(如对其他投资者或某个行业是悲观还是乐观)把握得比较好；而卖方则对基本面理解得更透彻。具体地说，买方更关注整个市场的走向，更关注行业情绪，更关注股票的"股价"；他们大多是从上至下(top - down)地看问题，而卖方则

主要是从下至上(bottom－up)地看问题。我们必须非常透彻地理解行业的基本面,我们要比其他人理解得都要透彻。如果一个买方分析师或者投资者知道得比我还多,这是非常尴尬的事,是不应该发生的。作为一个卖方分析师,我有压力去做到比其他任何人都更理解我所覆盖的行业。如果市场有任何相关企业的"谣言",我们应该第一个明白这是什么,为什么,有没有根据或者可能性的人。我们通常对某个股票波动理解得比较好,因为我们会和众多投资者不断地交流(就像一个信息中转站)。举个例子,上个季度,搜狐的业绩非常漂亮,超过预期30%,但是股价却跌了5%,所有人都想知道为什么。只有和许多投资者沟通过的卖方分析师才会知道为什么——搜狐宣布了要将网络游戏这部分上市,这改变了投资者对搜狐的整体看法,投资者开始将搜狐看成是几块分割业务的总和,而不是一个有机的整体。如果你对公司的价值评估是基于若干分割业务的总和,那价值会低于基于有机整体的评估,因为你舍弃了业务之间的协同作用。那天我接听了很多投资者的咨询电话,我就能够解释为什么股价下跌,因为价值评估改变了。

卖方分析师还常常为买方提供有关行业基本面知识的"教学"。例如,上个礼拜,我到Fidelity(诚信基金)给一位新上任的基金经理介绍中国网络媒体行业,告诉他该行业发展的几大"重要驱动器"(key drivers)。买方通常很忙,要同时对付很多事情(研究、交易,和投资人沟通,等等),他们通常根据某个点子或模型来选股。假设他们选出了三只感兴趣的股票,想尽快地深入了解它们,最快捷的做法是拿起电话直接咨询自己信任的卖方分析师,"我对某某股票很感兴趣,你能快速地帮助我了解这个公司吗?"买方的压力很大,他们需要立刻了解公司的主要驱动器,他们根本没有时间详细地阅读这些公司的财务报表、卖方长篇累牍的研究报告(卖方的研究报告很大程度上是为了营销)。卖方的主要价值在于当买方需要帮助时,精通行业基本面的分析师能够三言两语地将问题解释清楚,使得买方能够快速、轻易地了解公司的主要驱动器。速度非常重要,因为信息流动得很快,你如果比别人慢哪怕是一天,就可能会亏钱。

最后,买方分析师所要做的就是做好分析、选好股票;而卖方分析师所要做的要多得多,他们不但要对行业发展有很好的判断,还需要维护各种各样的关系，他们更加以营销为驱动，而不单单是一个研究员。一些人可能擅长做研究，但不太会营销和与销售员打交道。这就是为什么较多的卖方分析师可以转变成买方分析师，而较少的买方分析师可以成为卖方分析师。

问：分析师对所覆盖公司的贡献有哪些？

答：竞争对手通常不直接交流，例如，搜狐与新浪，它们从哪里获取竞争对手的信息呢？从我们分析师这儿。我们会经常地和与公司相关的诸多部门沟通。我们会和公司的首席执行官和首席财务官沟通以了解公司的竞争战略以及战略执行情况；我们还会和销售经理甚至主要客户沟通以了解他们对公司是否满意。例如，对于新浪和搜狐，我们会和它们的广告代理联系，询问它们是否更满意其中一家公司；询问它们对整个行业发展大方向的看法——在未来几年内，有多少传统广告业务会转向网络，等等。一些广告业务比较快地转向网络，例如汽车广告；而另外一些业务，像一般消费品，则相对较慢地使用网络广告。我们会将公司自身对行业发展的预期和广告代理的发展预期以及广告投放企业的所思所想相比，看看它们是否一致。这主要是从业务需求方面来研究一个企业。我们还会深入研究供给方面——了解互联网流量、用户是否仍然喜欢这些网站，等等。这是一个非常动态的过程，我们从不轻信某一方的信息。和公司管理层保持良好的关系非常重要，深入理解他们在做什么，熟悉他们的语调和肢体语言；但是我们还必须从其他渠道（像竞争对手、供应商以及市场需求）获取信息，持有平衡的观点很重要，而不是偏听偏信。

问：分析师对投资者的贡献有哪些？

答：投资者是我们的顾客，为他们提供客观、真实、平衡的研究报告以及及时地回答他们的疑问是我们应尽的责任。比如，如果投资者想了解百度这个季度的表现，我们会告诉投资者：通过多方查询和考证，我们认为百度该季度的表现将会非常好。下面是一些实证：我们与百度的主要竞争对手（谷歌中国和雅虎中国）进行了交流，谷歌在挣扎，雅虎更在挣扎；另外，我们还从广告客户的角度看问题，电子商务在中国发展得非常好，我们看到很多 B2C（企业对个人）电子商务客户在百度上放了很多关键词……

问：分析师对本公司其他部门的贡献有哪些？

答：总体上看，卖方公司由三个主要部分组成：研究、销售和交易。研究就像一般工业企业中的研发（R&D），你必须不断地提供有实质内容的信息，比如，“我喜欢这个股票，今天可以买进。”这个信息会被传递到销售部门。每天早晨我们会有早晨会议，在会议中我们会告诉销售人员，“这个季度百度会做得很好，原因是一、二、三。”销售人员会迅速地将这个信息传递给成百上千的顾客（投资者，如对冲基金和共同基金）。销售人员会告诉投资者：“我们的分析师詹姆斯认为百度非常不错，原因如下……”如果投资者感兴趣，他们可能会要求和分析师直接对话，如果分析师能够说服投资者，由研究引导的交易就会产生，投资者可能会说，“我对我所听到的很满意，帮我买10万股百度股票。”这类投资者往往是对冲基金，他们对研究的需求是以交易为基础的。对于投资持有期较长的共同基金，像Fidelity，它们会在每个季度投票选出信赖的分析师，被选中的分析师往往会给公司带来交易业务。例如，威灵顿资产管理公司（Wellington Asset Management）仅仅和三位卖方分析师交流——高盛、我们公司和另外一家公司，尽管有30多位覆盖中国网络媒体的分析师。买方投资者要考察许多板块，他们不可能和所有分析师打交道，他们通常只和最信赖的三到四个分析师联系。

问：你能根据研究的重要性将以下信息来源排序吗？

- 财务报表
- 与公司管理团队的个人交流
- 与其他分析师、交易员和其他市场参与者交流
- 来自公司主要供应商和客户的信息

答：我认为核实来自供应商、客户和其他渠道的信息是最重要的，第二重要的是与公司管理层的对话。你要和公司管理层和渠道信息源保持良好的关系，并能提出有深度、有价值的问题。很多时候，你提的问题可能与你期望得到的答案同等重要。“进的是垃圾，出的也会是垃圾”，如果你的问题很蹩脚，你得到的回答也不会好到哪儿去。你必须在深入了解行业和公司的基础上问出有水平的问题，你必须保持怀疑但是友好的（skeptical but friendly)态度。在这个行业里生存,你需要有强的进攻性以及令人喜爱的个性(aggressive but likeable)。如果你显示出过分的进攻性,没有人愿意和你交谈;但是如果以令人喜爱的方式显示出你的进攻性,别人可能会觉得你很有意思,并想知道你要说什么。另外,要记住:"天下没有免费的午餐。"为什么当你做渠道信息核查时一些私人企业(如供应商)愿意和你交谈?它们又不是上市公司。你必须为他们提供一些有价值的东西。如,"嗨,'私有企业'先生,我非常了解这个行业,我知道你希望有朝一日你的公司也能上市。我知道投资者的所思所想,我知道这个行业主要企业的竞争战略、它们的主要优势和劣势…… 如果你有任何相关问题,我可以是你的信息来源。"一旦你和这些企业建立了互信(这是一个过程),它们就会为你提供有价值的信息。还有,作为分析师,你要注意哪些信息是可以公布于众的,哪些是不行的。一些私有企业不愿意公布一些战略性的信息。

问:你会和其他公司的卖方分析师交流吗?

答:我会。但不是所有分析师都很友好,因为我们之间是竞争关系。我个人对这个比较看得开,如果某个分析师想听听我的意见,我一般会告诉他们。但是我不会将自己的观点建立在和别的分析师交流的基础之上,我通过渠道信息核查以及与管理层交流来建立自己的"主题"或观点。

问:你会和买方交易员交流吗?

答:和买方交流很重要,这让我了解市场对某只股票的"情绪",股票现在是多少价位是市场所有参与者意见的总和,无论你是看涨还是看跌。我将"情绪"和基本面分得很开。如果基本面和市场情绪一直很一致,说明市场很有效,我很快就会失业——卖方分析师的重要作用就是发现基本面是什么(并基于此得出股票的内在价值),找出股票内在价值与当前股票市价的差异。

问:年报和季报重要吗?

答:这些是历史数据,如果公司有异常的财务信息变动,我会仔细地核查。当然,这会是我与公司管理层交谈的部分话题。当我和公司首席财务官通话时，很多问题是关于财务数据，例如，公司是如何核准赢利的，不同的公司采用不同的标准核准赢利。

问：你何时决定发布新的研究报告，包括新的赢利预期和推荐？

答：我们会走过一套研究程序（如渠道信息核查），调查是否有任何额外有价值的正面或者负面的信息，如果有，我们可能就会发布新的研究报告。

通常我们先是通过行业里的渠道获得新的信息，如广告代理商和广告投放企业。这是从业务需求方来获取信息。从供给方面来看，我们有时会进行独特的市场跟踪。例如，搜狐有一款非常流行的网络游戏叫“天龙八部”，大约有250个服务器支持着这款游戏。我会让我的助手每个礼拜都去核查这些服务器，检查它们的使用效率。通过核查，我们可以大致了解有多少人在玩这个游戏，游戏人数变化的趋势等。在了解游戏玩家人数后，我们会在一些假设的基础上预测他们的消费，从而得出搜狐游戏业务的可能赢利，并将此与当前的市场普遍预期相比，我们会得知当前市场预期是高估了还是低估了。公司管理层一般不太愿意告诉你真相，或者由于监管（《公平披露法规》）而无法提供有价值的信息。

问：你会每月都发布新报告吗？

答：如果没有实质性的新信息（例如，公司可能获取新的大合同），我们通常不发布新的报告。“实质性”很关键，如果某个信息只改变股票预期1%～2%，没有人会关注。通常在接近季度末的时候，你会对该季度的运行有个较好的把握。如果市场预期是100，而你通过调查研究认为实际可能接近110，这是10%的差异——比较“实质性”的差异。这时，你会告诉投资者你的预期。注意，定量的分析要比定性的分析更有说服力，投资者很精明，他们不但要知道是什么，还想知道为什么。我们并没有魔术水晶球，我们能做的就是尽可能地将我们的研究假设、搜集的数据、采用的模型有理有据地告诉投资者，使得我们的研究高度可信与透明。我不能简单地告诉投资者，“在和一些市场人士接触以后，我认为搜狐本季度的业绩会高于预期10%。”这样没有说服力。但是，如果我告诉投资者，“我们每个星期都跟踪服务器的使用率，基于服务器的历史使用率和我们的一些假设……；另外，我们和搜狐的五大广告代理商都交流过，他们都对本季度的业务发展非常满意。让我给你一个具体例子，一个大型的广告客户——英特尔，英特尔本季度的广告花费高出上个季度20%。基于此，我们认为搜狐的业绩会超出预期10%。”这样的研究会有说服力得多。我并不知道市场的走向，也没有水晶球，但我对市场的研究分析能够给投资者带来数据和透明度。

问：你会花费多少时间在与营销相关的活动上？

答：一名高级分析师同时还要承担关系经理的角色。我手下有两名研究助理，我就像一个公司的首席执行官一样，我会设定战略目标——我们打算做什么，我的助理会帮助我具体实施这些目标。而我自己则必须花很多的时间和客户交流，每次出新的研究报告，我都会和所有主要客户沟通。卖方研究其实是一个“露脸游戏”(mindshare game)。从公司内部来看，你必须时时让销售人员知道发生了什么，我们在全美有30个销售人员，在晨会上，你要让他们知道你对市场的看法，要让他们知道你对你推荐的股票非常热衷……人们可以从你说话的腔调中揣测到你是否真正地充满信心。你必须保持诚实，因为有时你的判断是正确的，有时你的判断是错误的。对公司外的客户也是一样，我通常会给公司的主要客户打电话(我和非主要客户交流得不多)，让他们知道我是这行的绝对专家(on top of the game)。我每天都会和客户通话。举个例子，有一天我公布了新的研究报告，我从早晨8点到中午12点，一直在不停地和客户通话，下午再继续做研究。每个季度我会走访主要的客户市场至少两次，如东海岸和西海岸的主要城市。

我还要和公司管理层保持良好的关系，如果实在没有新的东西说，我都会拿起电话问声好。我们不是投资银行，我们的所有收入都建立在客户的交易上。我们可以从两方面产生业务。第一，提供高质量的研究。我们的相对优势是：我们的研究是独立的，不像摩根斯坦利，它们的研究可能会受到投资银行业务的影响而有失独立性。第二，为客户提供直接接触公司管理层的渠道。我们经常性地做路演，每个季度我们都会组织投资者会议，我都会组织一些投资者到中国去，和公司管理层见面，和行业专家见面，和我们的业界朋友见面。我有时会邀请业内专家参加投资者电话会议，因为投资者有时想听听分析师以外其他人的见解。你不能总是"我、我、我",你应该时不时地在提供独立分析的同时,邀请一些专家,时不时地将定量的信息和定性的信息糅合在一起。我有一次邀请一位从事搜索引擎优化研究的专家,如果他认为百度要比谷歌的技术强,那他的说服力要比其他任何人的都强。再如,如果一位广告业行家在我的电话会议中认同我对网络广告业务发展的判断,那这会大大增强我的研究的说服力。

问:你现在覆盖不少中国在美国上市公司,例如百度、搜狐和分众传媒。就你与中国公司打交道的经验而言,中国公司在公司治理、信息披露和管理技能等方面与类似的美国公司有何不同?

答:我相信中国有不少治理较差的公司,但我所接触的公司的治理都非常好。百度在提高公司透明度方面一点也不比谷歌差。事实上,谷歌在透明度方面做得很差,谷歌甚至都不提供公司发展和赢利导向(guidance),这一点上,百度就做得比它好。就信息披露而言,我以前曾覆盖过美国公司,不少美国公司不太愿意与你分享信息,反观中国公司则更愿意向你透露一些信息。但是你自身也必须有新的东西反馈,因为许多中国公司在寻求新的信息。这不像在美国,市场非常成熟,绝大多数信息不需要分析师就可以获得。我每次去中国,一方面是与老的业界朋友会面,另一方面是寻找机会结识新的业界朋友。我不能每次在中国都和同样的50个人会谈,我必须延伸我的"触角"。你和高素质的人交流得越多,你获取的信息就越全面、越好。有时我们的业务是在深刻理解行业的基础之上做出好的推荐,有时是"出售"商业信息,这就是为什么我会花费不少时间与在中国的投行并购专家进行交流,通过他们,我可以知道哪家公司在买哪家,为什么会发生这样的并购,等等。

问:能再具体谈谈中国公司的治理吗?

答:许多人认为整体上,中国公司的治理比较弱。但依我的体验而言,我没有碰到太多的类似代理权之争、财务权之争的事件。但是请记住这些中国公司相对比较年轻,公司的管理人可能资历不深。例如,我所覆盖有一个公司叫分众传媒,公司的创始人被认为不太在意和投资者之间的关系,不太知道如何管理企业,他对待公司还像创业初始阶段一样。但是公司的营业额已经高达八亿美元,市值更达到40亿,这样大的公司需要更职业的经理人来管理。这就和美国的小公司相似,随着时间的推移,公司的创始人需要适时地退位让贤,让更胜任的职业经理人来管理公司,许多中国公司面临这样的问题。但是,在美国,创始人更愿意让位,而不少中国公司的创始人不愿意这么做,他们不愿意“舍弃”他们的“小孩”。

但仅就透明度而言,这些在美国上市的中国公司做得一点也不比同等大小规模的美国公司差,甚至更好。事实上,他们必须做得更好,因为当人们谈到中国公司的时候,投资者会自然不自然地产生怀疑,如果他们的透明度低,没有人会相信你。

问:一份2003年发表的学术研究①发现资历浅的分析师如果作出不正确的赢利预期,他们会比资历深的分析师更容易被解雇;他们也更容易因大胆、不同于市场平均预期的预测被解雇。这样就导致大多数资历浅的分析师随大流,他们的预测偏离市场预期很少,他们变更预测更频繁,并常常比别的分析师慢半拍。你同意这个研究报告的研究成果吗?

答:我倾向于同意这样的观点,我是从资历浅的分析师一步步做上来的。我的问题是,如果你刚入行不久,你为什么要做出大胆的预测。首先,如果你做出大胆的预测,谁会相信你?第二,这样做(大幅偏离行业预期均值)的风险可能会超过回报。不少资深分析师和买方投资经理打交道十几、二十年了,而你在这个行业只待了两年,你认识谁,你知道的究竟有多少?因此,你研究的可信度不是很高,除非你能够清清楚楚地将你的假设条件呈列出来。但这样做也有风险,因为你的假设往往不是很完美,当你公开假设条件后,会招引争论,你要能够捍卫你的假设和主题。许多资历浅的分析师可能比较害羞或对行业的理解不很深刻,从而不能捍卫自己的假设前提。

问:分析师可以选择他所覆盖的公司吗?

---

① Harrison Hong, Jeffrey D. Kubik, and Amit Solomon, "Security Analysts' Career Concerns and Herding of Earnings Forecasts," *RAND Journal of Economics*, 2000.

答：分析师一般没有选择权，特别是卖方分析师，公司分配你什么公司，你就覆盖什么公司。但是如果你被分配到20个左右公司，资历浅的分析师为了稳妥起见，他们可能会倾向于选择高质量的公司。对这样的公司进行推荐比较安全。

问：你是如何与其他卖方分析师竞争的？

答：人各有所长。有些分析师比较擅长把握大方向（big picture）；而有些分析师则擅长于金融建模（公司价值评估模型），能够剖析一个个业务驱动器（对公司业务有重要影响的变量）。当我刚入行时，我的长项在于金融建模，因为电信业有很多的业务驱动器，一个典型的电信企业有五六个业务驱动器，我通常建立很深入细致的模型，从而将自己和其他分析师区分开来。不少分析师，特别是买方分析师不会这么深入地研究公司。这也是我和我当时老板的不同之处。如果某个投资者想知道某个公司这个季度的超好业绩来自何处，我会清楚地告诉他业绩的增长是来源于某项业务，这比简单告诉投资者整个公司业务比上年同期增长10%要来得深入。

金融建模对我来说艺术的成分要比科学的成分更多些。你可能无法预测到实际数字，但是你要争取在方向上保持正确。你如果预测业绩要超出（低于）某个数字，那实际公布的数字最好要超出（低于）这个数字；你可能不知道超出（低于）是5%还是10%，但是在方向性上你是正确的。

问：你是如何在你所覆盖的公司上分配时间的？你是在大公司上分配的时间多呢，还是小公司上？

答：我现在关注行业内15～20个左右的公司，当然我会花更多的时间在我真正覆盖的公司上。在做研究上，我比较倾向于给予我所覆盖的公司均等的时间，无论公司是好是坏。在与投资者打交道上，因为受到投资者需求的影响，我可能会投资较多的时间在四个最大的公司上，百度、新浪、搜狐和分众传媒。因为它们股票的流动性比较强，便于交易，投资者的兴趣比较大。我必须在时间分配上兼顾投资者需求。

问：假设搜狐在新浪前10天公布季报，你会根据搜狐的业绩报告来调整你对新浪的赢利预期或推荐吗？

答：当然。我们可能不会调整赢利预期，因为那只是数字游戏，但是我们必须告诉投资者我们是如何想的。例如，上个季度，搜狐在新的业绩导向(guidance)中公布网上广告业务的年增长能达到66%，这要高于市场的平均预期。因为新浪自认为要比搜狐好很多，这就导致了市场对新浪业务增长的预期要超过66%。而市场在此之前对新浪的预期只有55%，但搜狐新的业绩导向公布以后，市场预期就不再停留在55%上了，而是要超过66%，而且因为新浪是市场领导者，市场对新浪的增长预期可能要至少达到70%。事实上，新浪实际公布的数据是68%，这要比市场之前的预期(55%)要高出很多，猜猜市场是如何反应的？新浪的股价跌了10%。如果你不了解行业、不了解投资者心理，你就不会理解市场的反应。每当竞争对手公布了新的信息，你就有了新的衡量标准。因此，当我们做新浪季报公布前的展望时，我们就清楚地指出除非新浪的数据超过70%，否则新浪股票的表现在季报公布后不会很理想。70%这个数字理论上是可能达到的，但是你得理解管理层，他们比较保守，因而70%不太可能达到。我明确地告诉投资者避开新浪，至少是这个季度。我们比较走运，后来所发生的正如我们所料。

问：要成为一名优秀的分析师，他需要具备哪些技能？

答：对于卖方分析师来说，一个好的性格极端重要，因为很多时候，你需要"卖"东西。除了和买方分析师一样地深入理解行业、出研究报告外，你还得和客户打交道，和公司管理层接触，和你的信息渠道通话，等等。在你收集的信息基础上分析并出研究报告可能是容易的部分，困难的部分在于你如何及时、清晰地将你的研究传递出去。你必须能与公司内部的销售人员很好地交流，你必须借助他们将信息传递给公司成百上千的客户。你因此得和销售人员保持很好的关系。对公司外部客户也是如此，你需要经常地和投资经理、买方分析师交流，他们在这个行业可能比你待的时间还长，你得用一致、透明的研究分析向他们展示你的价值。你要学会识别不同的语调和肢体语言所蕴涵的潜台词。每个人都和同样的管理层通话，你要能捕捉任何有价值的东西。另外，你还需建立你的行业人脉，从他们身上获取数据和信息。在此基础上，你要具备较强的分析能力将一块块的信息拼凑在一起形成一幅完整的画面。

另外一点就是，不要害怕犯错。我以前的老板告诉过我，买方分析师的报酬是基于他投资组合的业绩；而卖方分析师获得报酬是因为他有独立的观点。你如果没有观点或看法，永远是中性、中性、中性，你就不应该在这个行业。因而不要害怕犯错，没有人能够一直正确。你的买方客户也明白这一点，因为如果他们在卖方工作，他们也会犯错。

问：卖方分析师的业绩是如何衡量的？

答：20%取决你吸引"人群"(crowd)的能力——组织投资者会议、管理层路演、邀请专家参加论坛等的能力。20%取决你的销售能力——传递信息的能力，投资者是否采纳你的推荐。15%是你出研究报告的频率和参加晨会。15%是你选股的能力。10%左右是公司管理层对你的评估，你对销售和资产管理部门的贡献。主要就是这些。另外，从买方对卖方的评价来看，《机构投资者杂志》的统计调查发现，卖方的行业知识是买方最看重的，而选股能力则排到第八或第九位，年年如此。注意，该杂志的调查对象主要是共同基金，如果调查对象是对冲基金的话，结果可能会很不一样。

问：卖方分析师的职业发展通道是什么？

答：这个行业没有正式、系统的培训，总是通过"被解雇来尝试和学习"(trial-by-fire)。通常，你先从低级的分析师做起，先支持某个高级分析师；然后，你可能开始独立覆盖不是很重要的公司；最后你慢慢成为一个完全独立的分析师。随着时间的推移，一些高级分析师在他所覆盖的行业里变得非常知名，不少公司愿意聘请他们成为公司的首席财务官。一个从事网络游戏的上市公司在今年初的时候曾邀请我担任首席财务官。因为一直在这个资本市场，你对投资者的所思所想、对市场的情绪理解得很透彻。

问：如果客户听从了你的推荐损失惨重，你会怎么做？

答：这发生过。我们需要静下心来找出问题出在哪儿。今年年初的时候，我们推荐了分众传媒，这绝对是错了。但你必须明白基本面的改变和市场改变之间的区别。例如，分众传媒决定中止无线业务，该业务占公司所有业务的10%，但股价下跌了30%。这时你必须帮助投资者理解为什么？股价是否跌过头了？投资者常常对中国股反应过激。你必须忘记你的错误，客观地分析数据和市场心理，你可以和投资者这么解释，“我知道股价下跌了30%，但这块业务只占公司整体业务的10%，公司其他90%的业务发展还在不断增长。我知道亏钱的滋味不好受，如果公司能够保持好的发展势头，股价会在未来的几个季度逐渐恢复。我知道市场当前对该股票比较悲观，对管理层比较怀疑，但这种情绪会慢慢好转……”你必须明白你无法控制市场情绪，你所能控制的是，深刻理解公司。

问：在职业发展过程中，你犯的较大的错误是哪些？

答：我觉得在基本面方面犯的错误较少，但我在不断学习市场心理。有时，我对基本面的判断是正确的，但对市场心理和情绪的判断是错误的。这就是为什么我想方设法和尽可能多的买方投资者沟通的原因。我从他们身上了解市场的动态。销售人员在这方面比较重要，我最多可以接触到20个投资者，但销售人员可以同时接触到几百个投资者。所以一般在季报公布前，我会让销售人员调查投资者对该股票的看法，是乐观还是悲观。

问：有意思，买方从你这儿获取你对基本面认识的信息，而你则从买方获取市场情绪（需求和供给）的信息。

答：对，买方是最终“扣动”扳机（是买还是卖）的人。

问：假如通过调查你发现市场对该股票比较悲观，而你的研究发现基本面非常好，那你该怎么办？

答：这太好了。如果基本面是好的，同时投资者也很看好这个股票，这可能对股价的走势有负面影响，因为投资者可能过于乐观。相反，如果你有80%～90%的把握认为该股票的基本面很好，会超出市场预期，但是市场比较悲观，这可能是有不少做空的投资者在起作用。但一旦实际业绩和你预测的一致，你想这些做空的怎么做？他们会平仓，从而导致股价的上升。你可以和投资者在电话里这么说，“市场对这个股票比较悲观，但是如果我预测的数字是准确的话，你会看到很多的空头平仓，股价可能会上升。”也许作为一个基本面分析师你不应该将这些写在报告里，但你可以口头告诉投资者，特别是想买入的投资者，你所收集的信息和看法。

问：你是否用过技术分析，你认为它们有用吗？

答：技术分析当然有用，但我不用它。如果我要用它，我必须非常精通，这不是我的专长，你永远不要做非专长的东西。买方会用技术分析来衡量市场情绪，是下跌过头了，还是上涨过头了，等等。

问：作为一个卖方分析师最大的挑战是什么？

答：要时时提供具有额外价值信息的压力，人们期望你是万事通，但你不是。每次我到中国，我要获取新的信息，所以我必须不但发展新的关系，还要结识新的朋友。

问：你能否像立志成为分析师的读者推荐一些必读书？

答：《一个华尔街分析师的自白》(*Confession from a Wall Street Analyst*)是我读过的最好的书，其次是一本关于安然公司(Enron)的书——《笨蛋们的阴谋》(*Conspiracy of Fools*)。

第 5 章　固定收益证券

绅士们偏爱债券。

—— 安爵 · 梅隆[①]（美国前财政部长，1921～1932 年期间在位）

2008年7月，对于房地美和房利美的股票投资者/投机者来说就像在坐过山车的同时在看恐怖电影。这两个由美国官方支持的从事房屋抵押贷款业务的公司平均每天的股价振幅[②]分别达到22%和 24%。房利美在 7 月 17 日的振幅达到47%，而房地美在 11 日的振幅则达到 59%。

美国国债钟（2008-10-16）

相对于整天提心吊胆的股东，房地美和房利美的债券投资者虽然不至于彻夜难眠，但想必掌心也出了不少汗，万一美国政府在这两个公司面临破产时不出手援助，该怎么办？在众多的债券投资者当中，最该担心的应该是我们中国，根据最近的美国政府报告[③]，截至 2007 年 6 月底，中国持有令人咋舌的、高达 3 760 亿美元的由美国政府支持机构发行的长期债券，超过其他任何一个国家。中国政府为什么购买这么多的政府支持机构债券？这些债券的收益率如何？风险多大？这些都是本章要讨论的内容。

---

① “Gentlemen prefer bonds. ”—Andrew Mellon.

② 当天的最高成交价格与最低价之差除以前天的收盘价。

③ “Report on Foreign Portfolio Holdings of U. S. Securities,” http://www. treas. gov, June 30, 2007.

与股票的"喧哗"相比，债券显得非常的"低调"，事实上债券市场容量在美国一点也不比股票市场来得小。根据美国证券行业和金融市场协会的报告，美国债券市场在 2006 年底总的市场价值为27.4万亿美元，而股票市场的总价值则为 21.6 万亿美元。在中国，债券市场相对较小，截至 2007 年年底，在中央结算公司托管的债券共有 997 只，人民币债券存量为 12.33 万亿元；而沪、深两市股票的总市值达 32.7 万亿元。如果中国的债券市场要达到美国债券市场的相对容量，假设股票市场停滞不前，国内的债券市场至少还有 200%的上涨潜力。

本章将重点讨论固定收益类证券。"固定收益类证券"这个称谓时与"债券"通用，但如果要细分，固定收益类证券主要包括一般债券、按揭证券、(可转换)优先股和资产支持证券，等等。

普通债券的基本特征

债券发行人

在美国，公司、州市政府和联邦政府及其支持机构是债券的三大发行人。不同发行人发行的债券有着显著的差异。就公司债券而言，公司债券持有人在公司破产时，优先于股票持有人得到清偿，这就是普遍而言债券投资比股票投资安全的主要原因。公司债券有公开发行的债券，也有向若干个投资者定向发行的债券。

在中国，中央政府、央行和政策性银行是债券的主要发行人，到 2007 年底，国债、央票和政策性银行债托管余额分别为 4.65 万亿、3.66 万亿和 2.87 万亿元，分别各占市场 37%、30%和 23%；信用类债券余额占到剩余的 10%，包括企业债(3.6%)、短期融资券(2.6%)和商业银行债(2.5%)[①]。值得注意的是，国外机构在 2005 年首次在中国发行人民币债券，俗称"熊猫债

① 所列数据来自中央国债登记结算有限责任公司债券信息部在 2008 年 1 月 10 日公布的"中国债券市场年度分析报告(2007 年度)"。

券”。世界银行和亚洲开发银行 2005 年 10 月在中国分别发行了 10 年期的人民币债券。

在 2009 年之前，中国还没有官方的市政和省政债券，因为按规定，中国地方政府必须在不借债的情况下达到财政收支平衡，除非经中央政府批准，就基础设施建设发行债券融资，或者直接向世界银行之类的国际发展机构贷款。但是为了应对国际金融危机，扩内需保增长，中国在 2009 年将发行总额为 2 000 亿人民币的，以省、自治区、直辖市和计划单列市政府为发行和偿还主体的可流通记账式债券。首只 2009 年地方政府债券“09 新疆 01”2009 年 3 月 30 日在上交所发行。

债券契约

债券契约(bond indenture)是债券发行人与债券持有人/投资者之间的书面合约，列明期限、票面利率、是否可回赎额，等等。契约通常包括一些鼓励性的条款，称为肯定条款(affirmative covenants)；和一些限制性的条款，称为否定条款(negative covenants)。肯定条款主要要求债务人保持一定的财务比率(负债率不能太高)、维持一定的营运资本，并按时足额支付利息和本金。否定条款则常常限制了债务人发放分红的额度、对用于抵押资产的销售和重复抵押，等等。

期限

期限(maturity)指的是借款人许诺偿还全部债务的时间，通常用年数表示；有时也指债务到期的时间。例如，2003 年 8 月 1 日发行的名称为“2003 年中国长江三峡工程开发总公司企业债券 ”的债券期限为 2033 年 8 月 1 日。从 2008 年 8 月 1 日算起，该债券的到期期限为 25 年。期限很重要，首先，它直接影响债券的收益；即使其他所有条件都固定，债券的到期收益也可能会随着到期期限的改变而改变。其次，债券的波动性与期限密切相关。总体来说，期限越长，债券的波动性越大。

票面利率和本金

票面利息(coupon)是债券发行人向债券持有者定期支付的利息。本金(principal),又称票面价格,为债券到期时债券发行人向债券持有者支付的金额。本金乘以票面利率(coupon rate)等于票面利息。一般在美国本金为1 000美元,而在中国本金为100人民币。在美国通常每半年支付一次利息,在欧洲为每年支付一次利息,而在中国通常为每个月支付一次利息。例如,上面所提到的三峡30年期债券的票面利率为4.86%,本金为100元人民币,则每个月每个债券可获得利息:100 * 4.86%/12 = 0.405元。

到期收益率

投资者购入并持有债券直至到期日所得的收益。投资者可以根据当时市场价格、本金、票面利率以及距离到期日时间,计算出到期收益率(*yield to maturity*)。到期收益率与债券的市场价格有一一对应、相反的关系。债券的市场价格越高、到期收益率就越低;价格越低则收益率就越高。正因为这种一一对应的关系,债券的“价格”常常由到期收益率来显示。如2009年2月20日,美国三月期的国债到期收益为0.25%,六月期的国债收益为0.46%。

可转换债券

可转换债券(convertible bond)是一种可以在特定时间、按一定转换比率转换为普通股票的债券。可转换债券在转换之前是纯粹的债券,但在转换成股票之后,原债券持有人就变成了公司股东,这在一定程度上会影响公司的股本结构。转股权是债券投资者享有的、一般债券所没有的选择权。正因为如此,可转换债券利率一般低于普通公司债券利率,企业发行可转换债券可以降低筹资成本。

可回赎

可回赎条款(call provision)是指债券发行人有权在债券到期之前部分或全部偿还债务。该条款允许借款人在市场利率下降的情况下,用新的低利息成本债券取代(回赎)旧的高利息成本债券。该条款不利于债券投资者,因为债券被回赎后,新的投资机会所带来的收益很可能低于被回赎债券的收益。正因为如此,可回赎债券在发行时的到期收益要高于同类不可回赎债券的到期收益,以补偿投资者可能因回赎而遭受的投资损失。另外,可回赎债券的契约通常还规定在一定时间内为投资者保护期(period of call protection),在此期间内,债券不可回赎。

按揭证券

按揭证券(Mortgage Backed Securities)是一种非常重要的固定收益类证券,该类证券的收益取决于一组房屋抵押贷款的现金流。按用于抵押的房地产种类来分,按揭证券可分为住宅和商用两种按揭证券。如果按抵押贷款现金流的分割方式来分,又可将按揭证券分为转手按揭证券(Pass - through Mortgage Backed Securities,简称"转手证券"pass - through),担保债务债券(Collateralized Mortgage Obligations, CMOs),和剥离按揭证券(stripped mortgage - backed securities)。

转手按揭证券

银行和其他信贷机构为了有效地分散风险,增加其资产的流动性,通常把不同种类、不同地区的抵押贷款打包,然后发行转手抵押证券。转手证券的现金流取决于抵押贷款包的现金流。举个例子,如果花旗银行将 5 000 户家庭的抵押贷款组成一个抵押贷款包,并在此基础上发行 1 000 份转手证券。假设抵押贷款包的还贷时间为 10 年,每个月银行会从包中获得 10 万的还贷收入(包括利息和本金),那每份转手证券每月可获得 $ 100 000/1 000=100 美元的收入(假设手续费等费用可以忽略)。在美国,转手证券主要由吉利美[①]、房地美和房利美这三个机构所担保发行。

① 吉利美(Ginnie Mae)是隶属住房和城市发展部的官方机构。

担保按揭债券

担保按揭债券(CMOs)是由一组转手证券或者一组抵押贷款所支持的证券。债券发行人可以将贷款组合或者转手证券组合根据不同的风险等级或者投资周期的长短分割成数块(tranche),然后以每个板块的未来现金流(利息和本金)为抵押向公众发行债券。CMOs 迎合了不同投资者对不同风险产品的需求。风险规避型的投资者可以购买按揭证券中风险较低的板块,而追求高风险高回报的投资者则可以购买高风险的板块。

剥离按揭证券

转手证券将抵押贷款包的现金流按比例分割,任何债券持有人在同一时间所获得的现金中利息和本金的比例都是一样的。而剥离按揭证券则不一样,有只收取利息的债券(the interest - only, IO),也有只收取本金的债券(the principal - only, PO)。顾名思义,IO 债券的持有人只获取利息,而 PO 债券的持有人只获取本金。

资产支持证券

资产支持证券(asset - backed securities,简称 ABS)是由非房屋抵押贷款为抵押物的证券。和按揭证券类似,资产支持证券可分成转手证券和类似 CMOs 的由不同板块(tranche)组成的债务抵押债券(collateralized debt obligations, CDOs[①])。通常用于支持证券的资产为汽车贷款、信用卡应收账款和房屋资本贷款[②]。

按揭证券和资产支持证券在中国才刚刚起步。2005 年 4 月,中国人民银行和中国证监会联合发布了资产支持证券的监管办法。2005 年 12 月国家开发银行试点发行了 29 亿元人民币的按揭证券,和 42 亿元人民币的基

① 严格地讲,CDO 是个统称,CMO 可以看成是 CDO 的一种。

② 房屋资本贷款(home equity loan)指的是借款人利用在房屋中的资本为抵押的贷款,假设房屋市价为 100 万,借款人还欠银行 20 万,则借款人可以用他在该房屋中的资本 80 万为抵押来借款。

础设施贷款支持证券。随后两家资产管理公司(信达和东方)也分别在2006年12月和2007年1月发行了不良资产支持证券。

金融危机的主犯之一——债务抵押债券

债务抵押债券(CDOs)及其衍生产品是2007爆发的金融危机的重要根源。债务抵押债券由债务抵押责任(collateralized debt obligation, CDO)发行。CDO是个独立的、具有专门用途的法律实体,通常在开曼群岛(Cayman Islands)注册①。和许多公司一样,CDO通过发行债券和优先股筹集资金,并用筹集来的资金购买各种各样的金融资产。1987年,世界上第一个债务抵押债券由早已破产的德崇证券(Drexel Burnham Lambert)为帝国储蓄协会(Imperial Savings Association)发行。CDO发行的债券统称债务抵押债券(CDOs),所以有时会听到比较拗口的说法,"CDO发行的CDOs。"——这是指某个CDO实体,如花旗银行旗下的某个CDO,发行的债务抵押债券CDOs。

CDO购买的金融资产包括:公司债券、发展中市场债券、住宅按揭证券(RMBS)、商用按揭证券(CMBS)、资产支持证券(ABS)等。事实上,CDO主要是由它所购买资产的类别而划分的,如公司债券CDO、资产支持证券CDO,等等。市场上最主要的CDOs是住宅按揭证券CDOs。美国的联邦存款保险公司(FDIC)的研究报告显示,在2005年所发行的2 490亿美元的CDO资产中有81%、近2 000亿是用于购买住宅按揭证券②。

CDO的债务分割得非常具体,并且等级"森严"③。在CDO资本结构的最底层是优先股或股本,其上面一级是低级债券,最上层是优先级债券。这些等级通常又称"板块"(tranche),并按字母排序,等级A(最高等级)、等级B……。板块分割能够将不同风险和收益喜好的投资者与具有相应特征的产品进行有效配对。举个例子,假设一个银行打算将总额为150亿美元的住房抵押贷款捆绑在一起以债券的形式卖出去,该类债券购买者的未来收益为这些抵押贷

① 离岸注册便于向国际投资者销售投资产品和规避公司税。
② "FDIC Outlook", Fall 2006.
③ 这里的等级指的是当公司清盘时,债权人索偿权的先后次序。

款的利息和本金。市场上有三类投资者:高风险、中等风险和低风险债券投资者,每类投资者的正常需求量均为50亿美元。再假设如果该银行只发行单一债券,该债券的风险为中等。由于发行总额很高——150亿美元,而市场有效需求量不足——只有50亿美元,银行有三种选择。选择一:挑选1/3的抵押贷款,只出售50亿美元;选择二:大幅提高利息率增加有效需求;选择三:放弃债券发行。这几种选择显然都不理想。要解决这个问题,只有通过金融创新。公司可以将现金流按一定比例切割,发行三种债券:高风险、中等风险和低风险的债券分别卖给高、中、低风险投资者。通过这种"金融创新",发行人可以将产品与不同投资者有效地配对,从而充分满足市场需求。

图5-1列示了一个典型的CDO结构,该CDO通过发行等级A到等级D的四类CDOs债券筹集资金,发债所得资金占总资本的92%,而CDO本身的股本金占8%。所得资本用来购买各种固定收益类资产。这些资产产生的现金流在支付管理费用、发行费和日常行政开支后,将现金流按先后次序支付给等级A—D的投资者和股本金出资方。

图5-1 一个典型债务抵押责任(CDO)结构

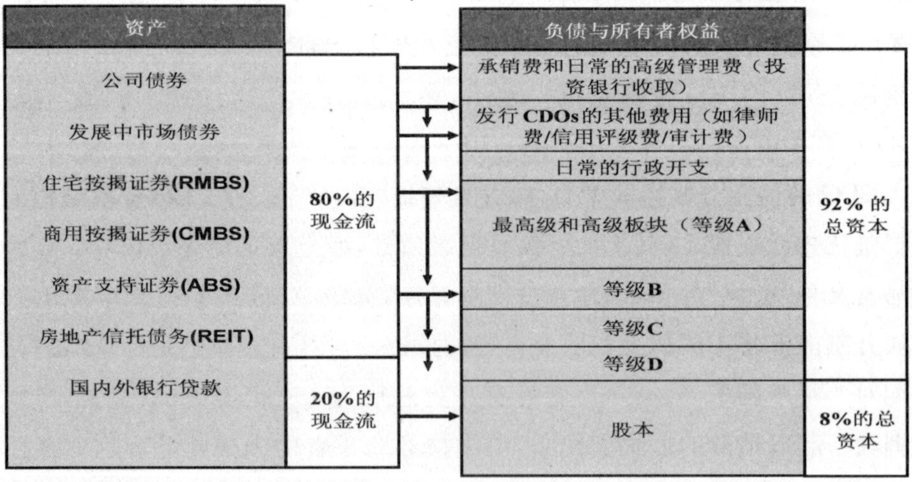

不同等级的板块对投资者的保护是不一样的,高等级的板块,如等

级A，风险较低，该板块的投资者将最先获得每期收益。但因为低风险，投资者所索取的利息率就相对较低。在高级板块投资者的收益得到保障后，中等风险板块的投资者将获得自己相应的收益。以此类推，在所有板块的投资者都获取相应的投资收益后，最后一个获得收益的是股本或优先股的投资者。股本投资者的风险因而最高，但是他的潜在收益也是最高。在这个例子里，股本投资者的出资只占总资本金的8%，但是他可能获得的现金流却占总现金流的20%。

表5－1　一个典型的CDO板块的信用等级和利息率①

板块	占资本结构的比重(%)	信用等级	利息率
等级A	77.50	AAA	LIBOR + 0.26%
等级B	9.00	A	LIBOR + 0.75%
等级C	2.75	BBB	LIBOR + 1.80%
等级D	2.75	BB	LIBOR + 4.75%
优先股	8.00	无	剩余现金流

注：LIBOR (London Interbank Offered Rate)，即伦敦同业拆借利率，是国际金融市场中大多数浮动利率的基础利率。

表5－1给出了该CDO不同板块的信用等级和利息率。拥有最高信用等级的CDOs占了绝大部分——77.5%。但我们不难看出，一旦该CDO实体所管理资产的违约率高于10.75%(＝8%＋2.75%)，股本投资者和购买等级D的投资者将血本无归；如果违约率高于13.5%(＝8%＋2.75%＋2.75%)，则股本、等级D和等级C债券变得分文不值；如果违约率更高，高于22.5%(＝8%＋2.75%＋2.75%＋9%)，则股本、等级D、C和B的价值变为零。请注意，等级B的信用等级是非常好的“A”。历史数据显示，信用等级为A的公司债券在发行后一年内违约的概率只有0.02%；五年内累计

① 该表摘自 Douglas J. Lucas, Laurie Goodman, and Frank J. Fabozzi, “Collateralized Debt Obligations and Credit Risk Transfer,” *Yale ICF Working Paper No. 07-06*, 2007. Available at SSRN: http://ssrn.com/abstract=997276。

拖欠的概率为0.5%[1]。看来信用评级机构认为CDOs违约率超过13.5%的概率不是很高(一旦超过13.5%,等级B将无法100%收回投资)。

CDOs市场在1999～2007年间发展得非常迅猛。在1990年,被评级的CDOs只有22亿美元左右,到1997年这一数字上升到640亿美元[2],而到2007年,据彭博资讯的报道,这一市场达到惊人的2.6万亿[3]美元!金融危机爆发后,CDOs的发行相应地急剧萎缩。

金融危机的主犯之一——信用违约掉期

信用违约互换(CDS),是一种为所投资债券提供担保的信用衍生产品。CDS的购买者定期向CDS的卖方(通常是保险公司)支付一定的"保费",为自己投资的债券(如通用汽车公司债券)投保。如果债券在到期之前发生违约,CDS的卖方向买方支付投资损失。事实上,CDS的购买者通过支付固定的"保费"将不确定的投资风险转移到CDS的卖方身上了。

CDS出现后,不但很快成了债券投资者的避险工具,更成了一种非常流行的投资/投机工具。因为CDS虽然"衍生"于债券,但它可以脱离债券而独立"生存",作为一种场外衍生交易工具,其供应量可以是无限的。举个例子,投资者甲拥有A公司一亿美元的债券,为了降低风险,投资者甲决定从友邦保险公司购买承保面值为一亿美元CDS。投资者乙虽然没有投资A公司的债券,但他认为该公司违约风险可能会加大,于是他也从友邦保险购买承保面值为一亿美元的CDS。一旦A公司的违约风险上升,投资者甲和乙手中的保单就变得更值钱了——如果违约风险为零,保单的价值为零;但如果违约风险为100%,保单的价值可能就是一亿美元!但是投资者甲和投资者乙购买CDS的动机是完全不一样的,甲是为了避险,而乙是为了投资。据

---

① David Hamilton, Praveen Varma, Sharon Ou, and Richard Cantor, "Default and Recovery Rates of Corporate Bond Issuers: A Statistical Review of Moody's Ratings Performance 1920-2004, Technical report," *Moody's Investor's Service*, 2005.

② Janet Tavakoli, "Buyer Beware," http://www.tavakolistructuredfinance.com/ifr2.html.

③ Steve Rothwell, "CDO Surge Squeezes Deutsche Bank, Vanguard Bond Funds," *Bloomberg*, February 6, 2007.

估计 2008 年 CDS 价值总额达 60 万亿～70 万亿美元。

CDS 与 CDS 的卖方的关系和普通债券与债券投资者的关系非常相像，只要担保的债券不违约，CDS 的卖方就定期收取固定的“保费”；一旦被担保的债券发生违约，CDS 的卖方就得产生损失——向 CDS 买方支付违约损失。由于 CDS 这种类似普通债券的特征，聪明的华尔街金融工程师们就很自然地将许多 CDS 捆绑起来，并在此基础上发行 CDOs！

固定收益证券的投资风险

固定收益类证券的投资回报并非是“固定”的，和股票投资类似，投资者的投资收益由两部分组成。第一，持有期间的利息收入以及利息的再投资收入（与此对应，股票持有期间的收入为分红）。第二，持有期间结束后，投资者所能获得的价格。如果是“自然”结束——债券到期，债券持有人获得本金；如果是“非自然”结束，例如，发行人回赎债券或发行人无法支付到期债务，则债券持有人的收入因当时市场情况、司法安排和公司契约而定。另外，如果投资者选择在到期之前卖出债券，则市场成交价格即是投资者的最终收入。

这两部分的收益会因不少外部因素的变化而波动，下面将重点介绍一些主要的投资风险。

市场风险

债券价格的涨跌与市场利率的升降成反向关系。利率上升的时候，债券价格便下滑。这种与市场利率相关的风险被称为市场风险或者利率风险（*market risk*）。最为常用的衡量市场风险的指标为“久期”（duration），它衡量 1％利率变化所能导致的债券价格变动。一般来说，期限越长的债券、久期越长、市场风险也就越大（久期还受票面利率、到期收益率等其他因素的影响）。例如，市场利率上调了 1％，一年期的短期债券价格可能下降了 1％，而五年期的债券价格可能下降了 4.5％。

再投资风险

再投资风险(reinvestment risk)是指债券的未来收入(包括利息收入、到期时收到的本金等),用于再投资所能实现的收益率,可能会低于当初购买该债券时的收益率。再投资风险在利率下降期间比较显著,因为利息收入不得不按照当前较低的利息率进行投资。

例如,五年期债券利率为10%,一年期短期债券利率8%。为了降低市场风险(万一市场利率大幅上扬,五年期的债券价格相对于一年期债券将会显著下降),投资者选择了购买一年期短期债券并打算一年后将投资收益用于再投资。不幸的是,一年之后,在短期债券到期收回本金时,市场利率降低到5%,这时就很难找到收益率为10%的投资机会,而如果当初投资于五年期债券,持有到期,投资者可以获得10%的年平均收益。

从上面的例子,我们不难看出市场风险和再投资风险是相反的。当市场利率上升时,债券价格下降,但是已获收入的再投资收益却上升;当市场利率下调时,债券价格上升,但再投资收益却下降。市场风险主要是指利率上涨的风险,而再投资风险主要是指利率下降的风险。

信用风险

债券的信用风险(credit risk)有两个方面。第一,债券发行人可能违约的风险;第二,由于市场对发行人违约风险预期的增强或者债券的信用等级被下调所导致的债券价格下降的风险。信用等级是衡量违约风险的主要市场工具(具体请参照“信用与信用评级”一章)。

在2006～2007年中国股市和房市飞速膨胀期间,不少房地产企业发行了企业债券,但是这些债券的价格在2008～2009年大幅缩水、信用风险急剧上升。在2009年2月,世茂集团(Shimao Group)债券的价格仅为票面价格的一半左右,而中新集团(控股)有限公司[Neo - China Land Group (Holdings) Ltd.]等小型地产开发商的债券更是跌到了票面价格的5%左右。2009年2月13日,亚洲铝业控股有限公司(Asia Aluminum Holdings Ltd.)在一份文件中提出以13.5%的价格收购投资者手中的实物支付债券(实物支付债券通常承诺高额的利息回报。当公司面临困难的时候则可以停止支付利息，只需扩大债务本金规模即可），以27.5%的价格回购其他高收益债券。亚洲铝业实际上是以违约风险来“逼迫”债权人接受这一非常低的出价[①]。

流动性风险

就债券而言，流动性（liquidity）指的是，投资者能够迅速、大量地买卖债券而不过多地影响债券的市场价格。不少人在理解流动性时，过分地强调“速度”，而忽略了对“市场价格”的影响。理论上说，任何有价值的资产都可以在瞬间被买卖——当价格降到趋近于零时。如果只看重资产变现速度，就会得出大多资产流动性都很强的错误结论。

2009年2月中旬，一个投资者愿意以票面价格的95%出售信用等级为最高的AAA的学生贷款拍卖标价证券（auction-rate security[②]），但是市场上最高出价为票面价格的50%[③]。从信用等级来看，该债券的信用风险几乎为零，但是它的流动性如何？如果价格定在票面价格的95%，没有任何买家，流动性为零；如果价格定在50%或以下，立刻会有很多买家，“流动性”非常好。实际上，没有人会认为该债券的流动性很强，因为它是以大幅降价为代价的。

回赎风险

不少债券含有可回赎条款（call provision）——债券发行人有权在债券到期之前部分或全部偿还债务。一些债券虽然没有明确的可回赎条款，但却有隐性的回赎条款。例如，所有的按揭证券都含有该条款，当抵押贷款人提前偿还本金和利息后，该证券将自动被回赎。该条款给投资者带来诸多的不利。例如，债券发行人通常在市场利率较低的时候回赎债券，因为此时发行新债券的利率会较低。而在利率低的市场条件下，投资者的再投资收

---

① Laura Santini, “From China, a Bond Buyback Stirs Concerns”, *Wall Street Journal*, February 23, 2009.

② 一种债券，采取浮动利率，其利率通过拍卖而进行重设。利率重设的频率可能是每周一次，但是间隔很少会超过五周。这些证券通常被认为是安全的流行性投资。

③ Scott Patterson, “Math Wizards Working on Spells to ‘Cure’,” *Wall Street Journal*, February 23, 2009.

益就会较低。另外，投资者不确定债券发行人何时回赎债券，这就给投资者的投资计划带来了困难。

固定收益证券交易战略——资本结构套利

资本结构指的是公司股本投入与长期负债的比例。熟悉财务会计的读者知道资产负债表的左边是资产，右边是所有者权益和负债。资本结构指的是资产负债表右边的构成和相对比重。常见的构成有：股本投入包括普通股和优先股；普通股中又可以包括A股、B股或者H股；长期负债通常包括长期债券和可转换债券；长期债券又可以按照债权人索偿权的先后次序分为高级债券和低级债券。

不同构成（无论是A股或B股、低级债券还是高级债券）的价格与公司和宏观经济的发展状况都是息息相关的，因而它们相互之间的关系“可以”很紧密，在极端的情况下，它们的相关度可以为100%。例如，一个公司完全资不抵债，公司的总资产价值为零甚至是负数，这时公司所有证券的价格都变为零。现实中一个相近的事例为2008年9月雷曼兄弟的倒闭导致其股东和大多数的债券持有者血本无归。

当然，各类证券之间的区别还是很显著的，特别是在“日子好过”的时候。在企业稳定发展、现金流充足时期，债权人能够按时足额地得到“固定收益”——利息和本金，而股东们则乐于分享剩余收益。这个时候，债券与股票收益的关联度并不是很高，因为公司发展得再好，债权人所得到的就是利息和本金，而不会参与公司剩余收益（净赢利）的分配。这时，宏观经济特别是市场利息率对债券价格的影响相对较大，通常债券价格的涨跌与市场利率的升降成反向关系。通用电气的股价从1990年初的3.43美元（现金分红和股票分红调整后的价格）上涨到2007年底的35.17美元，股价翻了10倍，但其所发行债券价格的波动相对则非常有限。

资本结构套利就是利用同一公司所发行的不同证券之间的价格变动差异来获取套利收入：买入价格相对较低的证券，如公司10年期的低级债券；卖出价格相对较高的证券，如公司股票，来对冲风险、获取套利。

举例[1]说明。2002 年 10 月，美国消费者金融公司 Household 的 10 年期债券相对于美国国债的利息差从一年前发行时的 155 基点[2]猛升到 800 多基点（利息差越高，投资者索取的利息率就越高：债券的交易价格就越低，投资风险就越高）。反之，公司股票价格虽然从 2002 年 4 月的高点（＄63.25）下跌到22～28 美元的区间，但还算稳定；虽然债券已被债券投资者当做垃圾债券来对待，公司的信用评级还是较高的、具有投资价值的 A 级（信用等级的变更通常比较平缓）。这究竟是怎么回事？该公司究竟是处于死亡边缘，还是债券投资者过于恐慌、过分抛售债券？如果债券投资者的第六感官是正确的，那股票投资者就显得过于乐观，因为一旦公司破产，股票将一钱不值，这时，我们就应该做空该公司股票；如果是债券投资者惊恐过度，债券的价格被打压得过低，那我们就应该做多该公司债券。遗憾的是，我们不是上帝，我们不知道哪种假设是对的，但我们大可不必猜测。我们可以在做多（买入）该公司债券的同时，做空（卖空）该公司的股票来对冲风险。这样，无论债券或股票的价格是涨还是跌，只要债券的价格相对于股票的价格上升了，我们就能获取利润。这就是典型的资本结构套利交易。

第一步，从公司所有的可交易证券中，识别一对相关的证券。常见的对子有，公司的某一债券与公司的普通股、公司的高级债券与低级债券、高级债券与抵押债券、低级债券与抵押债券，等等。

由于公司债券的交易量不是很大，流动性较差，交易成本也较高，比较难做空。最近几年，越来越多的投资者使用信用违约互换（CDS）。CDS 的价格走势与债券的价格走势是相反的。这就给打算做空债券的投资者一个非常强大的武器——买入该债券的 CDS，而不需要介入实际的债券再卖出。可以从某种程度上说，资本结构套利在过去 10 年飞速发展的首要因素就是信用违约市场的爆炸性发展。因而，投资者经常使用的对子还包括：债券与 CDS、CDS 与公司股票。

第二步，采集对子中两个证券的历史交易数据，以某一证券的收益为自

---

① 该例子取材于 Antony Currie and Jennifer Morris, "And now for capital structure arbitrage," *Euromoney*, December, 2002, pp. 38-43.

② 在金融业，100 基点为一个百分点，即 1%。

变量，另一证券的收益为因变量进行回归。回归的方式有多种，可以是线性回归、可以取对数值回归，也可以用其他的计量回归工具。这主要取决于两个证券内在的关系。

第三步，在回归的基础之上，我们可以估算出作为因变量的证券在每一时间点的“内在或者公平价值”。随后，我们可以求出该证券在该时间点的真实市场价格与估算出的“公平价值”之间的差异（市场价格减去估算值）。这样，我们就可以得出每个时间点的差异 —— 一个时间序列。

第四步，求出差异时间序列的历史均值和标准差。这时，我们就可以根据当前的差异值进行交易了。让我们用 m 来表示历史均值，u 来代表标准差，d 表示当前的差异值，并假设因变量是债券，自变量是公司普通股票。如果 $d > m + 2u$，则表明目前的差异值过高（当前债券的价格相对于用历史数据估算的债券价格过高），我们就会卖空债券，买入公司股票对冲风险。买卖债券和股票的量由债券和股票的历史关系而定，通常我们会求出所谓的对冲比例（hedge ratio），并根据对冲比例进行买卖。总体原则是让投资组合（债券和股票）的整体风险接近于零。如果 $d < m - 2u$，则说明当前债券的价格相对于估算的公平价值太低，我们应该买入该债券，并同时做空股票对冲风险。

第五步，找出尽可能多的对子，建立投资组合。在现实中，很少有投资者会仅仅投资一个公司的一对证券，这样做的风险太高，万一你的模型错了，或者对子的历史关系因突发事件而彻底改变了呢？2005 年初，不少对冲基金预测通用汽车公司可能会被迫申请破产保护，于是它们在卖空通用股票的同时，大量持有通用债券来对冲风险。可是，亿万富翁 Kirk Kerkorian 在 5 月 4 日突然宣布增持通用 4.8%的股票，当天通用股价上扬 18%（从 5 月 3 日的收盘价＄27.77 上涨到＄32.80），而当天通用债券的价格仅仅上涨了 3.58%（从前一天的＄79.94 上涨到＄82.81）[①]。不少从事资本结构套利的对冲基金遭受了重创。

---

① 通用股票价格数据来自 finance. yahoo. com. 债券价格数据来自 TRACE， http://cxa.marketwatch.com/finra/BondCenter/TraceDownloads.aspx。价格是基于债券（债券代码为 GM.GA）当天的加权平均交易价格（权重为交易量）。

投资者通常会选取几十甚至是几百个对子，并且尽量将投资分散到不同的板块和行业。那如何将投资资金合理地分布在这几十上百个对子上呢？一个常用的方法就是将每个对子的“差异值”正态化。具体的做法就是，用当期的差异值减去该对子差异值的历史均值，再除以标准差。然后将所有对子正态化后的差异值（俗称“z-分值”）排序。一般而言，绝大部分的z-分值会坐落在[－2.33，2.33]的区间内，我们可以将较多的资金投放在z-分值较大，如大于2，和z-分值较小，如小于-2，的对子上，而在其他对子上投资的资金可以相对较少。

访 谈 五

被采访人：理查德·格林伍德，保德信金融集团固定收益管理信用研究部主管，董事总经理

理查德·格林伍德先生（Richard T. Greenwood），注册金融分析师，1987 加入美国保德信集团[①]，现任信用研究部主管。此前，理查德在公司的私募集团（Private Placement Group）工作，曾先后服务于许多不同的部门。在加入保德信集团之前，他曾在米德兰海运银行（Marine Midland Bank）担任中间市场贷款干事。理查德是纽约大学的经济学学士和宾夕法尼亚大学沃顿商学院的工商管理硕士。

采访时间：2009 年 3 月 25 日　采访地点：新泽西州纽瓦克市

问：对于固定收益类证券而言，基本面研究需要考虑哪些重要的事项？

答：首先，了解公司如何产生现金流量是很重要的。在固定收益研究中，现金流的研究尤为重要。我们不是很关心公司的会计盈余，因为它未必能真正捕捉到公司产生现金流的潜力。要判断一个公司的现金流潜力，你必须了解该公司所在的行业，这和股票分析非常类似。你还要了解公司的资本计划，业务计划以及公司未来赢利是如何支持这些计划的。

另外一个非常重要的问题就是公司的信用等级。信用等级对固定收益的投资者非常重要。对于投资者来说，最糟糕的事莫过于在购买了公司长期债券后不久，该公司的某些交易致使财务杠杆急剧上升从而导致评级降

① 美国 Prudential Financial，Inc. 美国保德信金融集团以及保德信旗下公司与总部设在英国的保诚公司（Prudential plc）并无任何连属关系。Pramerica Financial 是美国保德信金融集团在亚洲的部分地区（包括中国）使用的特定品牌。

低；你所购买的长期债券会立即贬值。

经验也很重要。例如，公司管理层可能会告诉你行业最近发生的某个事件，如新的立法，对公司没有太大影响；你可能也会认同他们的观点，认为这个没什么大不了的。经验丰富的分析师可能从更好的角度看待这个问题——我们见过类似事件，有时，这些事件可能会毁灭整个行业。我们见识过管理层将外来事件对公司业务的潜在影响尽量最小化的事例，例如，在1990年代末，针对疗养院报销机制的变化，使得几乎整个疗养院行业不得不申请破产。有经验的分析师因他们的见识从而能够更好地作出判断。

问：一些基金太依靠评级机构给出的评级，而不自行研究。你对此有何见解？

答：任何基金，如果没有自己的专业分析师而只依靠评级，都是在伤害客户。

问：那么你是如何使用评级呢？仅用它作为参考？

答：对我来说，如果我能预测评级机构下一步的动作，我就可以预测债券的价格变动。然后我就可能找到投资机会为客户获得额外的投资回报。我们会分析每个可能投资的债券，并对每个债券进行内部评级，确定它的相应收益率。如果评级机构的评级低于我们的评级，这意味着市场收益率[①]要高于我们认为该债券可能达到的收益率。这是一个好的买进机会。所以，我只用评级机构的评级作为一个参考。

但是，我们的客户用评级机构的评级来控制风险。几乎无一例外，如果我们的客户要求我们必须投资投资级的债券，这就意味着我们不能投资任何信用等级低于BBB(或者Baa3)的债券，这些信用等级是由评级机构(如标准普尔、穆迪)确定的。客户通常不会用我们内部的信用等级来作为投资要求，他们使用评级机构的评级，因为它们是公开的行业标准。因此，评级机构的评级常常是我们的投资约束。由于它们是债券市场的驱动力，将之与我们自己的评级比较可以为我们的客户获得潜在的额外收益。

---

① 对于公司债券而言，收益率是与价格成反比的。

问:在这次金融危机中,很多金融机构持有了大量的“有毒资产”,如低信用等级的债务抵押债券(CDOs)。一个关键问题就是,没有人知道它们的真正价值。业界和学术界也在讨论如何给它们定价。有人认为应按当前可交易的市价计算;而有人认为应该按照资产预期现金流的贴现值来计算。如果按当前市价计算,很多公司会再次遭受重大亏损,因为一些原价一美元的债券市价只有几美分。而如果按贴现现金流来计价,有可能会高估这些有毒资产的价格。在你看来,什么是正确的评估方法?

答:这是一个很难回答的问题。我不知道正确的答案。如果你管理一个共同基金,在任何一天,你都可能出售资产以满足基金赎回。那么可交易价格可能就是最适当的、衡量资产真正价值的尺度,当前可交易价格可能是一个被打压得非常低的价格。

但是,如果你是诸如保险公司的机构投资者,你根本没有必要在短期内出售资产,你可能会持有这些资产到期满,那样可交易价格还是一个适当的价值尺度吗?这是按市值计价方法的窘境。你会觉得每个证券都应该有一个价格,但实际上你得考虑很多别的因素。

问:怎样才能成为一个好的固定收益投资经理人?

答:在企业信用领域,一个优秀的固定收益投资经理人需要精通信贷。如果认为任凭信贷分析师分析企业信用,投资组合经理可以直接采用分析师的意见,在此基础上只需要考虑技术性的东西、风险预算、目标回报率,等等,那就大错特错了。如果想成为好的投资组合经理人,你必须真正了解企业的信用,这样你才能挑战分析师的观点并判断债券的信用是否有被降一级甚至多级的风险。这样的债券可能就不适合某个特定的投资组合,尽管分析师仔细地分析过它。投资组合经理可能需要有做过信贷分析的职业背景,特别是对于那些管理高收益或银行贷款的投资组合经理来说。

其次,你需要理解相对价值,即潜在的收益机会相对于潜在的风险是大还是小?

然后,你必须是一个不错的风险管理经理。投资组合经理对什么是适当的风险,什么是过度的风险应该有良好的认知。投资组合经理还应该有当机立断的能力，尤其是在作出售债券决定的时候。最糟糕透顶的事就是“爱上”你所持有的债券，永不出售。投资组合经理所作的最困难的决定可能就是以低于买入价的价格出售债券。在固定收益投资领域，回报矩阵是不对称的。除非你是投资垃圾债券中的垃圾，一个债券很少能有像股票一样的上涨空间；但是如果你投资失误，你的投资下跌空间可能会和股票的类似。如果一个投资组合经理人不知道如何削减自己的损失，这会造成很大麻烦。因此，投资组合经理人必须能够该卖则卖，当机立断，愿意以小的损失，避免更大的损失。

问：你认为债券市场比股市更聪明么？

答：一些理论认为，债券市场会先于其他市场发现一个公司的问题。例如，一个令我非常费解的现象是，当一家公司的债券以远低于面值的价格交易时[①]，股票市场似乎对此根本不理不睬。我从来就没理解这一点。但是，通过这个经济周期，我看到债券市场也做了很多愚蠢的事情。

问：你每天大部分的时间都花在什么上？

答：我负责的领域涵盖很广，包括高收益率债券（垃圾债券）、高信用等级债券、银行贷款、市政债券和短期货币市场基金，等等；因此我的工作重点每天都不同。我会花相当的时间在信用风险管理上。每天伊始，我会关注有什么主要的信用事件发生。如果在某些领域有重大事件发生，我会花更多时间在这些领域。重点是，我们如何对付这些信用事件。当然，我的观点以及我在信用市场的实战经验会在这过程中起作用。

遗憾的是，当你处理当天的信用事件时，你基本上是被迫作出反应。在理想状态下，你希望你能够更加积极主动，而不是被动性地处理问题。因此，我花费了大量时间在我们的分析过程上，确保它能够帮助我们在其他投资者还没有意识到之前，预见一些重大事件，例如，该行业或相关行业的发展趋势。这样我们就能够更加积极主动，为我们的客户及时地调整投资组合仓位。

---

① 这往往说明债券投资者认为该公司经营出现了问题，债券可能会违约。

另一个重要的事是汲取经验教训。例如，如果一个事件是可预见的，但是出于某种原因，我们没有预见到它。我们必须从中吸取教训，以使我们能够在未来避免同样的错误。

我们尽量走在市场变化的最前端。为客户增加价值的唯一途径是尽力预测市场变化的影响，并相应地重新定位投资组合。所以你必须要熟悉政策方面的改变、行业的变化、全球变化，等等。

这个行业很难做。我们强调持续再教育。我们鼓励所有的分析师参加注册金融师考试，鼓励他们经常性地参加有关公司的、行业的或固定收益证券的会议。

访　谈　六

被采访人：阿文德·拉詹，保德信金融集团固定收益管理定量研究和风险管理主管，董事总经理

阿文德·拉詹先生(Arvind Rajan)在2008年1月离开花旗集团固定收益部加入保德信金融集团。在花旗任职期间，他一直是美国固定收益战略和结构化信用研究的全球负责人。他曾为花旗全球多战略专有交易集团(Global Multi-strategy Proprietary Trading Group)成立了一个专门交易新兴市场和信用产品的部门。1997～2003年，拉詹先生是所罗门美邦公司固定收益新兴市场定量研究和战略部的全球负责人。他的金融职业生涯始于1994年为所罗门兄弟公司做抵押贷款和资产支持证券的分析和建模。拉詹先生在1987～1994年曾在贝尔实验室担任定量战略分析师和顾问，在此之前他于1985～1986年任教于莱斯大学。拉詹先生是印度理工学院的机械工程学士，美国西北大学的运筹学硕士和博士 。

采访时间：2009年3月25日　采访地点：新泽西州纽瓦克市

问：为什么定量方法在固定收益中如此重要?

答：在固定收益领域，现金流量可能简单也可能非常复杂。现金流动越复杂，我们越需要定量的方法。“固定”这个词，在固定收益中是指的现金流量的合同性质。合同规定固定收益投资者将在特定的时间获得一定数额的资金。但在实践中，投资收益往往不是固定的，收到的时间也可能是不确定的。它们受到诸如利率、汇率、违约事件发生等因素的影响。

通常，一个固定收益证券的现金流量可以有许多种可能。证券定价的一个方面就是确认所有的现金流。利用定量定价模型，分析师可以分析所有可能的现金流，以及每种可能相应的概率，然后算出均值。证券定价的第二个方面是如何将这些现金流量转换成今天的价格？这就必须将这些现金

流量折现。用什么折现率来折现呢？这两个方面都需要一定程度的定量分析。首先是计算可能的现金流量及相应概率；其次是将之转换成一个确定的数字，一个你愿意照此进行交易的数字。

因此，当现金流量很简单的时候，例如，当该债券只有一个可能的现金流，那么第一部分分析就可以省略了。当现金流量非常短期，也就是说，在极短的时间之内实现，通常第二部分的研究就可以省略了。或者还有一个非常简单的方法折现，即，你知道一个几乎相同的债券的价格，那么你第二部分的研究也可以省略了；因为你可以直接利用类似债券的市价给未知债券定价，而不用作出过多假设。

以上是一个通用的答案。举个具体的例子，让我们来考虑公司债券。公司债券只有一个单一的债务人（发债的公司），现金流通常也非常简单（每半年支付一次利息），本金的支付通常是在债券到期时一次付清。因此能够引起现金流不确定性的潜在因素就非常少。可能的因素通常来自违约之类的信用事件。在这种情况下，现金流量很简单，变化最多的东西只是折现率，即用什么样的折现率来折现相对简单的现金流？

另一个例子发生在没有信用风险的情况下（如政府为现金流量提供保证），这包括一些利率衍生工具和抵押担保证券。但是，它们的现金流量可能非常不确定，因为这些证券有许多嵌入的期权。定量分析的重点也从注重折现率转向现金流量的变性。在这种情况下，资产定价几乎完全依靠定量分析。

不幸的是，在过去 20 年中，金融界创造了一些具有这两种类型“并发症”的证券。这迫使我们必须同时考虑信用风险和非常复杂的现金流。一般来说，这类证券包括以信用为基础的证券化产品和一些金融衍生产品。这些衍生产品的现金流是建立在债券的现金流基础之上的。现金流可以没有任何信用风险；也可以是有信用、货币或利率风险的现金流。因此，衍生产品的定价总是有一些定量方面的研究。例如，一种相对简单的信贷衍生工具是 CDS 合同。我们正致力于消除 CDS 交易对方风险，从而使 CDS 变得愈加简单。业界也将会向更多标准化的结构和定价转变。现在已经有不少人提议将 CDS 变得更像公司债券。这样做的目的是尽可能地消除定量方面的定价。

在理想的世界中，我们应尽可能地少依赖复杂的定量分析。我们定量分析人员应该尽量将定量模型简单化，因为证券定价越复杂，就越需要一个相对高的折现率①，因为只有较少的人能够真正了解他们所购买的东西。很多时候，由于定价的不透明所产生的复杂性使这些产品的实际用处大打折扣。我认为，这次危机的部分起因就是当初人们在设计这些金融产品时没有充分考虑到简单的重要性。

问：你经常卖空债券么？

答：区分借贷和卖空债券是很重要的。债券借贷业务非常大，但其主要目的是用于杠杆②而不是卖空。证券借贷是一方提供证券，另一方提供现金或资产作为抵押物并承诺在一定期限内归还证券。因为你需要借用债券来卖空，贷款也是卖空的一个必要的组成部分。你也可以通过衍生工具来卖空。例如，你借用并卖空一个五年的债券就相当于购买了这个债券五年期的CDS合同。我的猜测是，和现在相比，前几年更多的是现金证券的卖空。现在，由于CDS等衍生工具的存在，直接卖空现金证券减少了不少。我相信，虽然证券借贷发生很多，实际的现金证券卖空情况相对较少，因为衍生工具已经成为一种卖空的替代品。

问：杠杆在你的交易战略中有多重要？

答：在花旗集团做独立交易员（proprietary trader）时，我总是用100％的杠杆，我总是用别人的钱。他们可能在任何时候要回借给我的钱。从这一点来看，我的资本都是短期（隔夜）借贷的。但是无论我买卖什么债券，期限通常都会长于一天。因此，我的资产和债务自然而然就不配对。和对冲基金不同，独立交易员通常并不拥有固定数额的资本。

在保德信固定收益管理公司，我们的业务主要是做多。我们大多数业务不采用杠杆。但是，我们投资组合中有较小规模的投资采用杠杆。我们

① 高折现率导致低价格。因此复杂程度越高→所需折现率越高→资产定价越低。
② 不少投资者通过借贷增加财务杠杆，希望从而增加利润。

还利用证券借贷。只要市场是流动的，公司之间的信任仍然相对较高，固定收益衍生品，如 CDS 也非常有用。由于它们内在固有的结构，这些衍生工具有可能引入杠杆。

我认为有两件事情，金融业在过去并没有做好。一个是这些（衍生）工具市场增长速度太快，围绕这些新兴工具的市场结构和调控监管没有跟上。第二是，人们没有适当考虑到系统性故障的可能性。系统故障可能使所有这些工具和战略站不住脚，实际上这些工具和战略还会反过来放大系统风险。我认为，大体来看，在固定收益中，杠杆和资产证券化正在缩减。杠杆和证券化现在是两个非常糟糕的词①。但是，从长远来看，他们都是至关重要的。

问：你能否简单介绍一下贵公司的风险控制系统或框架？

答：我们将风险管理建立在几个重要原则之上，其目的是确保无论市场好坏，我们在整个市场周期都有应对风险的能力。也就是说，这些原则并不会因为每天发生的事情而改变。第一条原则是，风险管理框架应能够将不同类型的风险加总。在固定收益投资组合中，我们有信用风险、汇率风险、利率风险、价格变动风险，等等。你必须能够将这些风险合并加总。我们花大量时间思考的事是，如果我有一美元的利率风险和两美元的信贷风险，这对于我总的风险意味着什么？

第二原则是，风险管理的目的是确保我们在整个市场周期都有应对风险的能力，因此风险管理不能因市场条件改变而改变很多。这就是为什么评级如此受欢迎，因为评级理应不受市场日常变化影响。同样，一个良好的风险管理框架不应该告诉你，因为市场的上升或下跌你会有不同程度的风险。顺便说一下，这是目前银行和券商所使用的风险管理工具的主要问题。因为想更多地切合市场，他们的风险管理系统在过去的 20 年中变得越来越差。他们开始认为不管市场说什么都是正确的。这忽视了一个关键的金融行为——羊群效应（herd behavior）。我们知道，一群动物可以集体跳崖，而

① 不少人认为过高的财务杠杆（高债务比率）和资产证券化（产生很多复杂的金融产品）是此次金融危机爆发的重要原因。

一只动物不会跳下悬崖。如你所知，市场经常跳崖。所以，如果你的风险管理框架是基于市场的，那么在市场下行时，你就会像在倒洗澡水时将婴儿倒掉一样，来处理问题。

你不能有一个周期性的风险管理系统：如果市场价格下降，测量的系统风险就上升；当市场价格上升，就没有风险了。这样做，你是强迫自己买高卖低，这和基本的投资原理相悖。但是，一个良好的投资体制也不应该是相反的，那就成为价值投资战略了。如果你的风险管理和投资战略逐步趋同，你就分不清你究竟是一个投资组合经理还是风险管理经理了。因此，风险管理者应继续坚定地站在中间。无论市场上升或下跌，必须忽视它。

这听起来很好。但是，你如何考虑事情发生了根本的变化？有时候，一些有益的市场信号会告诉你某一行业或资产的风险不是你想象的那样。这是良好的风险管理系统的第三个要素。你必须能够分辨出哪些信号意味着回归均值①；哪些信号意味着基本面的变化。不幸的是，我们还没有定量的方法能够做到这一点。例如，某债券的利差在昨天是 100 基点，而今天是 1 000 基点②。如果你认为昨天的 100 个基点，其中 50 个基点代表违约风险，50 个基点代表流动性溢价。你怎么才能决定今天的 1 000 个基点中违约风险和流动性溢价的比例呢？答案取决于几件事。其中之一是，其他所有债券的利差是否也已经扩大了同样的数额？如果是，这将是一个有力的论点，说明风险主要来源于流动性溢价风险。但是，这个论点是基于市场本身是回归均值，并且没有任何系统性风险的假设。如果一颗流星击中地球，所有的企业都被摧毁，当然，它们是不会继续付息的！我们知道，有一些系统性风险，可能导致整个市场的利差达到 1 000 基点，违约风险也可能达到 1 000 基点。所以这是一个关键因素，你必须以某种方式区分市场上有多少风险是你不应该忽视的，因为它代表着系统性风险。一个很好的系统风险

① 通常一个稳定的信号是可以回归某种均值的，即上涨一段时间会回调；下跌一段时间会反弹。但是，一些信号会由于某种根本性的变化而不再回归均值。

② 100 基点等于 1%。利差可以看成是债券到期收益率和无风险债券收益率之差。利差上升，说明债券风险上升，价格下降。风险可以有多种：可以是违约风险上升，也可以是债券流动性下降（市场购买意愿下降），也可以是其他的原因。

转变的例子就是2008年金融机构的风险转变。

还有一个重要的考虑因素就是某种行为反馈循环，它可以推动人们集体坠崖。如果每个人都因为太关注市场而停止支出和一切活动；那么市场运动可能就是一个自我实现的预言(a self-fulfilling prophecy)。在金融领域有很多恶性循环是完全人为的，这导致人们停放贷款，拒绝消费。当你在一个正常的情况下做生意，你会自然地假设某些类型的风险会很低。例如，违约风险；在多数情况下，有一定风险的实体还可以继续借贷；人们不会戏剧性地突然改变他们的行为。我们在金融领域做任何事情都会自然地假设这些。当系统性风险发生变化从而导致这些假设不成立时，历史数据就变得无关紧要，市场中的非流动性事件就可以演变成无偿付能力事件。在这种情况下，你不能再假设市场能够回归均值。

所以，有两种状态。在正常态下，市场波动涉及面越广，你越应该忽略它们。在衡量信用风险时，你的风险管理系统不应该考虑到这样的市场波动。换句话说，它应该只衡量非回归均值的变化。然后最重要的是，你必须考虑你可能处在会增加所有实体风险的反馈环路。当市场变得更加规避风险时，系统风险的可能性就增大了；持续时间越长，就越意味着根本的、系统性的变化。在这个意义上说，我们一直处于不稳定的均衡，这就是为什么在过去的几千多年里，人们在不同的国家和市场都经历了疯狂、恐慌和崩溃。风险管理因此变得非常复杂。你永远不知道有多少正在发生的事情应纳入你的风险度量。

在实践中，你应该使用相对长期的数据来计算风险并定期更新，尽量考虑到反馈因素和整个市场可能会给你带来的系统性风险。

问：乔治·索罗斯认为，“CDS是有毒的市场工具，应严格控制：只有那些拥有与CDS相对应的债券的人才能购买CDS。”你同意这个观点么？

答：我不同意。CDS有很多用处。索罗斯的看法有些极端，但它包含了一定的真相。CDS的一个重要的缺点就是缺乏透明度。我们应广泛地检讨金融机构中缺乏透明度的问题。一个机构可能在固定收益、衍生产品及现金资产上有很大风险，但还能让别人毫无察觉。这使人们很难评估它是否真正有偿还能力。这不仅仅是一个 CDS 的问题。这是一个广泛的问题，因为整个债券市场是一个场外交易市场，并且很多交易和资产不在资产负债表中显示。这使得一些实体更加有利可图，但它同时大大减少了市场透明度。如果乔治·索罗斯认为市场应该更加透明，那我会举双手赞成。但是，我认为那些不懂市场、只会迎合流行观点的政治家不应草率地制定监管条例。我认为一个更好的办法就是任命一些无利益牵扯的专家组拿出正确的一套规则，以实现更广泛的目标，而不是在报纸上辩论细节。

我认为保证市场正常运作的基本参数是透明度、控制金融实体的风险和流动性。如果能确保这三件事，其他的具体细节就迎刃而解了。"有毒性"不是这些金融工具的本性，金融工具本身是无害的。例如，CDS 的产生是因为债券市场的风险太集中了。这是一项针对现有的市场缺陷而涌现的新产品。这就是说，银行给大家贷款，但是银行却没有办法卖掉这些贷款。CDS 市场的发展，使它们能够消除这些风险。因此，CDS 原本是减少风险的机制。但是在过去的几年里，当市场疯狂时，CDS、杠杆和证券化都被滥用了。在发生危机的时候，你不能责怪一系列相互关联的事件。人们很容易针对特定的人或机制，有时你将婴儿与洗澡水一起倒掉。我们必须回顾 CDS 市场的成就和它真正的用途，以及我们如何能够更好地实现这些目标，而不是将整个市场一起抛弃。

问：你认为技术分析有用么？

答：我坚信技术分析的基本原理，但不是通常在金融实践中所使用的技术分析方式。技术分析在某些方面就像占星术。占星学其实是建立在天文学基础之上的。你不会说天文学是一个坏主意。但是，占星术是完全无用的。分析一个债券的交易量、供应、需求、持有人以及何时购买或销售是非常有用的。这些是一个好的交易员的生存之道。这对于固定收益尤为重要（相比在股市中），因为固定收益交易不通过交易所，你没有公共的有关价格和交易量的信息。因此，如果你能挖掘到某种信息，它将会非常有价值。另一方面，技术分析包括图表分析，如艾略特波浪和布林线（Elliot waves 和 Bollinger bands），这些都是无稽之谈。我完全不相信这些。

问：你相信那些依靠计算机自动完成交易的定量交易模式么？

答：不，在固定收益中，你不能靠写程序成为好的交易员。老实说，在我曾经分析或交易的所有金融产品中，没有一种产品的交易是可以交由计算机程序自动完成的，因为程序不能涵盖所有我所需要的知识。我们所能做的最接近的就是建立模型为我们产生信号。但是，交易员有权否定模型。我个人觉得最有用的模型是神经网络和其他类型的高度灵活的黑匣子，它们给出的信号是基于影响价格的重要因素。

我认为模型的主要优势来自这样一个事实——市场有时回归均值，有时偏离均值，称为有趋势。而交易员往往比较极端，要么坚信回归均值采用价值投资战略；要么坚信市场趋势采用动能投资策略。而事实上我们所需要的是一种平衡。我们需要依赖（固定的）结构或模式，但同时少些固执。需要依赖结构，是因为没有一个结构，就不知道你为什么在做你正在做的事情。但与此同时，当市场发生根本变化的时候，如果你不愿意改变，那么注定要失败。传统上，模型是有用的，因为他们提供结构，而人类提供了灵活性。一些模型，如神经网络，可以在输入变量取舍上更加灵活。我可以在这方面看到一些潜力。如果我想利用模型来交易，那我会在最具流动性的市场中应用这些模型，因为那里有大量的透明信息和输入变量，唯一的问题是如何权衡这些信息和变量。我自身唯一设计并成功使用模型的市场是外汇市场。我的猜测是，同样地，你可能会发现模型和定量交易在利率市场①也会有所作为，因为利率市场也是一个流动性非常高的市场。

① 利率市场一般是指国债市场，因为国债没有信用风险，影响国债的最主要因素就是市场利率。

第6章 法律、律师、经济咨询和金融

国无常强，无常弱。奉法者强则国强，奉法者弱则国弱。

——《韩非子·有度》

记得在中学政治课上学过我国司法体系的16字方针："有法可依、有法必依、执法必严、违法必究"。现在我再细细回味这16个字，觉得我们做得还远远不够。例如，中国证券市场在很长的一段时间内没有一部正式的证券法规。中国第一个股市——上海证券交易所是在1990年12月9日诞生的，而首部证券法是在八年以后才正式颁布的（1998年12月29日）。同时，内部交易、老鼠仓、大股东侵占小股东利益的事件屡屡发生（特别是在证券市场发展初期），不少违法者逃脱了法律制裁。讲个我亲身经历的例子，我在2000年应聘大鹏证券公司投行部上海总部时，部门总经理非常自豪地对我说："大鹏证券有45个股东，没有一个股东的股份超过5%，我们没有像其他公司出现的一股独大，小股东权利得不到保护的问题，大鹏证券可以说是市场化程度最高的大型券商。"我当时觉得他说得很对。现在想来那时我的想法比较天真。是的，一股独大的问题是没有了，但是没有一个强有力的大股东来监管经营者，公司管理层侵占股东权利，为自己谋取私利的问题却突出了。2005年，大鹏证券因公司高管挪用客户资金、操纵股票、贪

美国纽约法院

污导致亏损44亿人民币，公司经济业务整体转让给长江证券，公司12名高级管理人员于同年8月12日被捕入狱……

本章有三个部分。首先，我想从宏观的角度讲讲法律环境和金融市场发展的关系；第二部分主要从微观的角度谈谈法律实践者（律师）与金融之间的关系；最后，我想介绍一下中国还没有的、为经济和金融相关的诉讼提供专家证词的经济咨询业。

上 ——法律和金融

纵观全球资本市场，我们不难发现一些令人深思的现象：为什么同为发达国家，美国和英国有着非常巨大的证券市场，而法国和德国的证券市场却小得多？为什么美国每年有几百家公司上市，而意大利平均每年才几家新公司上市？为什么日本和德国有相对庞大的银行体系？其实，这些问题是美国四位才华横溢的金融学家在上世纪90年代中期提出的。他们（R La Porta，F Lopez-de-Silanes，A Shleifer，R Vishny，简称LLSV）从法律和司法体制的角度找到了这些问题的答案，并在其后10年左右的时间内先后发表了一系列开拓性的相关文章。我想从他们以及其他学者的研究出发来探讨这个主题。

法律根源和金融

各国的法律多数不是闭门造车、自我创造的，更多是从别处借鉴或移植而来。总体而言，商业法有两大根源：一个是英国法系（English Law），又称普通法法系（common law）。英国法系以判例法为主要表现形式，法官具有突出作用，遵循先例。另一个是大陆法系（Civil law），它来源于罗马法。大陆法系实行法典化，法律由立法者和法律学者制定，一般不承认法官的造法功能。大陆法系又可以分为三类：法国大陆法系、德国大陆法系和斯堪的纳维亚大陆法系（French、German and Scandinavian Laws）。普通法法系、法国和德国大陆法系是通过跨越若干世纪的一系列的侵略、殖民扩张、直接复制或者模仿等方式传播到世界各地的。这就导致了各国的法律既反映了其法律渊源又体现了各国自身的特殊情况。

LLSV 发现具有英国法系渊源的国家，如美国、英国和新加坡，对股东和债权人提供了最强有力的保护，而拥有法国大陆法系渊源的国家，如法国、阿根廷和希腊，提供的保护则最差。他们还发现英国法系国家拥有最高效的政府机构—— 更加廉洁的政府、更加公正的法院、更加严格的会计准则。强力的法律保护加上高效的政府机构导致了相对发达的金融体系。相对于法国大陆法系国家，英国法系国家的企业通常拥有分散的股权结构（如果股东的利益能够受到法律的充分保障，小股东不需要担心自身的利益被大股东或者公司管理者侵占，从而可以放心地进行投资），更多地利用资本市场获取资金、更加容易地进入新的市场和行业，等等。

中国的法律与金融

中国证券业无论是从市场本身，还是相关的法律建设和行业监管来看都还处于较低级的发展阶段。三位金融学者艾伦、钱军和钱美君[①]在 2005 年发表了一篇关于中国法律，金融和经济增长的文章。他们发现，与 LLSV 所研究的 49 个国家相比，在法律建设方面，中国法律对股东和债权人的保护介于英国法系国家和法国大陆法系国家之间；而在执法力度方面，中国则远低于 LLSV-49 个国家的平均水平。在将中国企业划分成国有企业、上市公司和私有企业这三大类后，三位学者用大量历史数据显示了 LLSV 所发现的法律和金融之间的关系能够很好地描述国有企业和上市公司的发展现状：当法律不能有力地保护小股东和外部股东的利益时，这些公司发展得非常缓慢甚至是负增长。但是这种法律—金融关系并不能有效解释为什么私有企业在更困难的生存环境和更有限的融资渠道下，能够迅速发展，并且成为中国经济发展的主力军。中国的私有企业在发展初期往往从家人和朋友、银行与私人信贷中介（有时具有高利贷的性质）等途径获取资金；在扩张

① Franklin Allen, Jun Qian and Meijun Qian, "Law, finance, and economic growth in China," *Journal of Financial Economics*, 77(2005): pp. 57-116.

期，这些企业通常通过与港、澳、台等地的华人企业合资的方式或者以商业信用的方式来获取增长所需资金。对于这些私人企业来说，“正式”的公司治理机制，如法律法规，远不如一些非正式的机制，如个人与公司的信誉和关系（通俗地讲，面子和哥们义气）来得有效。另外两个重要的机制是残酷的市场竞争和地方政府的支持。

2008 年 3 月 1～7 日期的《经济学家》介绍了一项研究成果。该研究发现在中国目前的体制和发展现状下，对于上市公司而言，除了 LLSV 所指出的法律和法规外，还有一个重要的推动证券市场发展的力量——自我监管(self-regulation)。哥伦比亚大学的两位法学教授[①]研究了上海和深圳证券交易所（非正式的监管机构）对上市公司的公开批评。在 2001 至 2006 年间，两地的交易所共公开批评了 205 家上市公司，大约 1 700 位个人。公司一般先公开披露引起批评的不当行为，相隔一段时间后（对于上海证券交易所而言，平均相隔时间为 66.5 天，而对深圳交易所来说，间隔时间为 45.8 天），证券交易所再公开批评相关的公司和个人。中国有句俗语，“人要脸，树要皮”，没面子的事情杀伤力是很大的。果然，他们发现这种自我监管其实是非常有效的。公司的股价在第一次披露后的一周内平均下降 6%，当公司被正式公开批评后，股价会再降 3%左右。除了股价大跌外，公开批评还会给相关企业带来其他的损失。例如，公司通过证券市场或者银行的筹资将变得困难，公司可能会因此失去供应商和客户，被批评的个人还可能会失去担任上市公司董事或者公司高级管理人的资格。

总体而言，中国的法律建设和金融发展还有很长的路要走，但是一些有“中国特色的”非正式的治理机制在某种程度上弥补了法制和金融发展落后的不足。

法律、监管与金融危机

不少人认为金融危机是过松的金融监管的产物。例如，1999 年通过的

---

① Benjamin L. Liebman and Curtis J. Milhaupt, “Reputational Sanctions in China’s Securities Market”, to be published in Columbia Law Review.

允许银行、保险和证券在同一控股公司下混业经营的 Gramm-Leach-Bliley (GLB)法案被认为是导致此次危机的原因之一(详情请参阅第一章)。GLB 法案授予了证监会监管投资银行经纪和交易部门的权限,但没有监管投资银行控股公司的权限。

2004 年,美国证监会允许股本金超过 50 亿美元的经纪交易商[①]自愿参加一个项目——“综合监管实体计划”(Consolidated Supervised Entities program,简称 CSE),该项目将使得证监会可以同时监管经纪交易商和它的金融控股公司。这一举措被普遍认为直接导致了投资银行财务杠杆急剧上升,而高财务杠杆是金融危机爆发的重要因素。五大投资银行全部参与了该计划。

在 1975～2004 年这 30 年中,证监会一直要求经纪交易商的债务对净资产的比率(财务杠杆)要小于 12;并且要求一旦该比率接近 12,经纪交易商就必须提前发布警报;如果该比率超过 12,就必须停止交易。在 CSE 计划下,基于“控股公司可以更好地管理风险”,并凭借自动化的风险控制模型,证监会允许经纪交易商大幅提高财务杠杆。结果是,所有投资银行的财务杠杆都翻倍上升,贝尔斯登和美林证券的财务杠杆在被收购前都超过了 30! 2008 年 9 月 26 日,美国证监会正式中止了 CSE 计划并承认该计划的设计从一开始就是有缺陷的。

证监会的“CSE 计划”可能是走进危机的原因之一,但是另外一个法律却可能阻碍了经济走出危机,该法律就是“联邦破产法”。金融危机发展至今,美国政府一直充当“冤大头”,往各大金融机构先后注入了数千亿美元的资金,而数万亿私人投资资金一直在旁观望,迟迟不愿购买金融机构看似便宜的债务。这是为什么呢? 一个重要的原因就是一旦企业申请破产,根据破产法,经法院批准后,企业的管理团队可以享受至少 18 个月的“排他性”时期。在“排他性”时期内,管理层独自起草包括债务重组、销售资产等在内的重组计划。“排他性条款”往往对管理层和股东有利,而不利于债权人。

但是为什么将企业搞破产的管理层还有权进一步锁住企业资产? 亿万

① 既从事经纪业务,又从事自营业务的公司。

富翁卡尔·艾康[1]撰文指出如果没有排他性时期，债权人和股东可以立即提出不同的重组方案。破产企业的资产可以按照可出售资产对待并定价，事实上，破产企业资产可以获得"并购溢价"，而不用成年累月地被破产法庭封锁。这样可以大大地吊起私人投资资金对金融机构债务的胃口；促使债务价格上升，从而使脆弱的金融机构的财务变得稳健。

中——律师和金融

美国在很大程度上是由大公司和律师所统治的。人们的衣食住行往往被无处不在、令人眼花缭乱的产品和广告所左右。而所有的这一切又都在由律师主导的行政和立法机构制定的游戏规则下有序地进行。在美国历任的 44 位总统中有 26 位曾经是律师，现任总统奥巴马也曾经是律师。2008 年，435 位众议员当中有 170 位拥有法律学位，而在 100 位参议员当中有 58 位拥有法律学位[2]。在华尔街的总管衙门——证监会内律师则更多。当前(2009 年初)的证监会主席玛丽·斯卡皮洛(Mary L. Schapiro)以及她的四个主要助手(commissioner)都拥有法学学位。

金融产品的特殊性决定了对法律服务的高度依赖性。首先，不少金融产品涉及千家万户普通老百姓的切身利益，比如股票和投资基金。如果金融机构忽视了相关的法律法规，没能把好产品上市流通的关，导致投资者蒙受了非正常性的损失，其社会和经济后果都是非常严重的。另外，相对于工业产品而言，金融产品具有高流动性和高度可复制性。一旦法律法规的变动能够带来任何利润机会，新的金融产品就会诞生，新的资金就会涌入。这些都需要大量的知法懂法同时具有敏锐商机的法律人才。

---

① Carl C. Icahn, "Bankruptcy Rules Thwart the Recovery", *Wall Street Journal*, January 9, 2009.

② http://en. allexperts. com/q/Legislation-Presidential-Congressional-337/lawyers-Congress.htm.

插曲：2008年3月10日下午，当财经频道CNBC援引《纽约时报》报道——纽约州州长斯皮策招妓丑闻一播出后，我前后左右的交易员们一阵欢呼雀跃，立即把电视音量调大，密切注视着事件的发展。斯皮策在1998～2006年期间为纽约州首席检察官，在职期间，他曾起诉或威胁起诉若干证券公司，共同基金和对冲基金，在华尔街树敌无数。仅在2002年所谓的"Global Settlement"（全球和解）一案中，就有包括高盛、摩根斯坦利、美林等在内的10大全球投资银行受到调查，最后它们共同支付了14亿美元的罚金。我们公司在2003年也被斯皮策调查过，最后公司在既不承认也不否认所有指控的前提下(without admitting or denying any of the charges)，和他达成了庭外和解，我想这是为什么公司那么多人如此开心的原因。

根据一份很早期的统计调查，在1959年时，律师人数超过50人的大型律师事务所在全美国只有38家，而纽约就占了21家①。50年过去了，美国的律师行业发生了巨大的变化，律师事务所通过不断的并购变得越来越大，人数过千的全球性的超级律师事务所不断涌现。到1985年，人数超过50的律师事务所全美有508家②，而到2003年，这一数目上升到901个③。同时，律师数量也大幅度上升。1961年，美国大约只有20.9万律师，占全国人口的比例为0.12%④。而到2007年，全美国有114万律师，占人口的比例上

① Erwin O. Smigel, *The Wall Street Lawyer: Professional Organization Man*? (New York: The Free Press of Glencoe, 1964).

② John M. Conley, and Scott Baker, "Fall from Grace or Business as Usual? A Retrospective Look at Lawyers on Wall Street and Main Street," *Law and Social Inquiry*, Forthcoming Available at SSRN: http://ssrn.com/abstract=763730.

③ 与此相比，在2003年，人数超过50的律师事务所在加拿大有58家，在英国有44家，在德国只有九家。详情请参考：Eliane Botelho Junqueira, *Brazil: The Road of Conflict Bound for Total Justice*, in Legal Culture in the Age of Globalization: Latin America and Latin Europe, eds. Lawrence M. Friedman and Rogelio Pérez-Perdomo, 64-107 (Stanford: Stanford University Press, 2003), 92.

④ Peter B. Pashigian, "The Number and Earnings of Lawyers: Some Recent Findings," *American Bar Foundation Research Journal*, Vol. 3, No. 1 (Winter, 1978), pp. 51-82.

升到 0.38%。其中有 10%的律师在纽约州，而这些律师中的绝大多数在纽约市工作（2006 年底，有 9.1 万的律师工作在纽约）[①]。高盛公司的 CEO 布南克芬（Lloyd Blankfein）就是一名公司税法律师。相比之下，中国的律师是少之又少。根据中国司法部 2002 年的统计，全中国大约有 9000 家律师事务所 11 万律师。在中国 500 万各类企业当中，只有 4%的企业有较为固定的法律顾问。在所有律师当中，只有 20%拥有法律学位。虽然最近几年律师业的发展非常迅猛，但是可以肯定的是，中国律师业的发展才刚刚起步，律师的供给远远不能满足实际需求。本部分将重点介绍华尔街律师业的现状，以及律师在金融业务中的作用。

律师与大律师——法律事务所的金字塔结构

记得很久以前看了中国香港影星米雪和刘松仁主演的连续剧《法网柔情》。米雪扮演女警官舒敏，刘松仁扮演大律师倪博文。具体剧情我已经记不清了，但对其中的一幕场景我却记忆犹新。一位被舒敏拒绝的示爱者（是个律师）追问她，为什么她当初用“不喜欢律师”为由拒绝了他现在却要嫁给倪博文？她的回答很绝，“因为他不是律师，他是大律师！”

她的回答虽然在逻辑上是错误的（所有的大律师都是律师，反之则不尽然），但却道出了一个事实—— 律师事务所是个“等级森严”的组织。律师事务所一般有两类雇员—— 职业性的（professional）和非职业性的（non-professional）。非职业性的雇员一般包括律师助手（paralegal）、文秘人员和其他一些提供支持服务的工作人员。职业性的雇员包括一般的律师（associate，简称律师）和合伙人律师（partner，简称合伙人）。律师又根据从法学院毕业的时间分为一年级律师、二年级律师等。他们通常有 7～8 年的时间发展，如果在此期间，不能升任合伙人，他们通常自愿或者被迫离开事务所寻求新的出路。如今，在不少大事务所中，合伙人又分为两等：拥有股权的和不拥有股权的合伙人（equity and non-equity partners）。拥有股权的合伙

① Annie Karni, “Tidal Wave of Lawyers Nears Bar Data Forewarn,” *New York Sun*, Dec 4, 2007.

人被认为是事务所的股东,分享公司的利润或亏损;而不拥有股权的合伙人一般只拿取比一般律师高很多的固定工资。例如,在纽约著名的萨利文—克劳维尔律师事务所(Sullivan & Cromwell LLP),刚刚被提拔的合伙人在头两年是不参与公司分红的。在美国和加拿大,许多大中型律师事务所还拥有不少顾问律师(counsel)。他们和一般的律师一样都是事务所的正式雇员,但和一般律师不一样的是,他们能够像合伙人一样拥有自己的顾客,管理自己的项目和指导一般律师。顾问律师通常是那些不能升任合伙人但在某一业务领域又非常出色的高级律师。最后,不少事务所还雇佣一些临时工(temp)。

等级在事实上决定了律师生活的方方面面。它决定了你可以参与什么样的项目;决定了你的办公空间的大小和办公位置是否临窗;决定了你能够拥有的客户数量;决定了你带薪休假的天数;最重要的是,它决定了你的底薪数目。一个还没有获得律师执照的具有法律博士学位的临时工每小时只能赚取20～25美元,而获得执照的临时工,待遇要好些,能达到每小时35美元左右。正式律师的待遇则高多了,从像耶鲁、哈佛等顶尖法学院毕业的法学博士如果能够进入华尔街一流的律师事务所,第一年的收入能达到16万美元。但是能够如此幸运的毕业生毕竟不多,很多二三流法学院毕业的学生只能找到临时工的工作。一位布鲁克林法学院的学生为了上法学院负债13万美元,但只能找到年薪3.3万美元没有任何福利的工作。他最终决定去做每小时20～30美元收入的临时工作[①]。

美国法学教授里根在他的一本书《自食恶果—— 一个华尔街律师的坠落》[②]中指出了现在的大型律师事务所的三大发展趋势。首先,它们逐渐转向以业绩为主的报酬体系而不再像以前那样注重工作的稳定性。这就意味着不单单各级律师之间是竞争对手,合伙人之间也是竞争对手,他们必须在公司内部的淘汰赛中击败对手。其次,专业分工更加细致。律师们通常被

① Amir Efrati, "Hard Case Job Market Wanes for US Lawyers," *Wall Street Journal*, Sept 24, 2007.

② Milton C. Regan, Jr. *Eat What You Kill: The Fall of a Wall Street Lawyer* (Ann Arbor, University of Michigan Press, 2004).

划归为不同的业务部门，如企业破产部、并购部和税收部等。不同的部门有着不同的规范和文化。第三，不同部门的律师们经常根据具体项目的需要组成临时的团队，这些临时团队完全以赢取顾客为中心。如果项目比较大、持续的时间比较久，临时团队对团队中的律师可以产生较大的影响。这一切都意味着，律师们必须比以前更加卖命地工作，必须拥有更强的适应能力和沟通能力。

律师与华尔街业务

律师的触角延伸到华尔街的方方面面，从并购、分立(spin-offs)，上市发行股票，到金融产品和金融交易，到公司治理，到CEO的收入激励计划的设计等，处处都可以看到律师的身影。他们不但负责起草各式法律文件和合同；他们更能凭借对相关的法律法规(公司法、税法、反垄断法、破产法等)的理解直接参与许多交易的设计与谈判。例如，在大型公司并购中，如何设计交易条款才能不触及反垄断法或者才能得到监管部门的批准，才能使交易双方的税收成本尽可能地低？通常越是复杂的金融交易越需要律师的专业技能。2002年，单是从事与并购相关的律师就有14 000人，分布在2 000多个律师事务所。

律师的存在，或者说人们对于法律服务的需求来自于交易双方降低交易成本的愿望。诺贝尔经济学奖得主乔治·斯蒂格勒(George Stigler)在他的回忆录中指出如果没有交易成本就不会有律师的出现①。根据经济学中著名的科斯定律，在交易成本存在的条件下，不同的产权分配能够导致具有不同实际价值的交易结果。律师在某种程度上被称为可以降低交易成本的"交易成本工程师"(transaction costs engineers)②，虽然雇用他们的花费常常占据了交易成本的一大块。

华尔街律师业务与经济发展周期是密切相关的。当经济繁荣时，各种企业活动都比较频繁，从事证券融资、企业并购的律师业务便蒸蒸日上；当

① George Stigler, *Memoirs of an Unregulated Economist* (New York: New York, 1988).

② Ronald J. Gilson, "Value Creation by Business Lawyers: Legal Skills and Asset Pricing," *Yale Law Journal*, 94(1984): pp. 239-313.

经济衰退或金融危机爆发时，融资和并购活动急速下降，企业破产率上升，这时从事破产和集体诉讼业务（金融欺诈或者未尽职事件往往在危机中更容易被暴露）的律师们的业务便比较繁忙。这在某种程度上解释了为什么律师事务所不断向多元化和大型化发展，因为它们更能经受经济发展周期的冲击。在这一部分，我想谈一谈律师在并购中的作用。

在并购活动中，律师充当收购者和收购对象之间的中介，负责起草和讨论各种法律文件。他们同时也担任收购双方与政府各部门之间的协调人，组织必要的信息披露和监管所需材料。律师能对并购结果产生相当广泛的影响。首先，绝大多数的律师都非常，或者说，不得不珍惜自身的声誉。因为律师一旦被发现没有尽责或者知法犯法，后果是极其严重的。轻者被罚款，吊销律师执照，重者会被送入监狱。因此，一个声誉良好的律师的参与本身就是对交易合法性和可行性的一个认可。特别是当交易比较复杂、外在环境具有很多不确定性时，这种认可显得更加重要。其次，律师能够降低交易的成本。由律师拟定的合同能够协同交易双方的预期、将任何一方可能出现的投机行为降至最低，同时激励交易双方低成本提供有价值的信息。

插曲：举个在美国律师界比较轰动的例子，1998年，纽约的米耳班克律师事务所（Milbank Tweed Hadley & McCloy）的一位合伙人约翰·杰尔林（John Gellene）被判入狱45个月。杰尔林是美国当时最佳的破产法律师之一。他的主要罪行是在他向法院申请作为破产企业代理律师的宣誓书上没有披露他和该企业的某一债权人有关联。根据美国破产法规2014规定：律师在申请作为企业代理时，必须披露自身与债务人、所有债权人、任何有关利益方以及他们各自的律师和会计师、美国委托人、任何受雇于美国委托人的个人之间的所有关系。这些披露的信息必须包括在经过宣誓的宣誓书内。杰尔林是美国历史上第一个因为违反破产法规2014从而触犯联邦法律的律师。

两位美国法律学教授克里斯南和劳克斯(Krishnan & Laux)[①]考察了1994至2000年之间几乎所有有律师参与的并购活动。首先,他们发现法律咨询业虽然不属于寡头垄断行业,但集中度相对较高。在所有上千家从事并购业务的律师事务所中,只有寥寥数家大型事务所占有较大的市场份额,每家的年平均交易额占整个并购市场交易额的2%～8%左右。18家最大的律师事务所的总年业务量大概与所有上千家小律师事务所的年业务量相当。第二,与中小型事务所相比,大型律师事务所通常从事比较复杂,需要高超法律技能,而且交易金额较大的交易。两位学者发现在控制了交易的复杂程度后,这些大事务所通常能够更有效地完成交易。换句话说,如果大家都参与复杂程度相同的交易,大型律师事务所参与的交易的成功率较高。例如,在恶意并购(hostile takeovers)中,被收购方往往从多方面挑战收购方,这就大大增加了收购的难度,所以恶意收购的收购方往往聘请大型的律师事务所。第三,大型律师事务所更经常性地与著名的投资银行合作,并且保持着长期的合作伙伴关系。比如,萨利文—克劳维尔律师事务所与高盛公司之间有着数十年的商业合作关系。

律师与金融创新

"事实、事实、事实。"法律讲究真凭实据,任何结论的得出都应建立在法律、法规、以往案例和事实的基础上。这就自然而然地给人们一种错觉——觉得律师缺乏创新精神,他们只是"机械地"引用或诠释现有的东西。其实,律师不单单是法律、法规的实践者,从某种意义上讲,他们更是法律技术、定义和创新的缔造者。有些律师甚至可以被描述成"法律的企业家、经常性地通过法律实践'创造法律'的创新者"[②]。事实上,律师不但勇于创新法律,还不断地推动着金融创新。1972年,律师出身的迈拉迈德(Leo Melamed)首

① C. N. V. Krishnan, and Paul A. Laux, "Legal Advisors: Popularity Versus Economic Performance in Acquisitions," EFMA 2003 Helsinki Meetings, *Available at SSRN*: http://ssrn.com/abstract=520343.

② Doreen McBarnet, "Law and Capital: The Role of Legal Form and Legal Actors," *International Journal of the Sociology of Law*, 12(1984): pp. 231-233.

先在芝加哥商品交易所推出了货币期货。1982年,美国著名并购律师马丁·利普顿(Martin Lipton)在帮助一个德州公司反恶性收购中推出了著名的毒丸计划,又称"股东权利计划"。该计划在得到法院支持后,被认为"从根本上改变了股东和董事会之间的权力制衡①"。1993年,投资银行家戴维·纳斯巴姆(David Nussbaum)在律师戴维·米勒(David Miller)的帮助下首次推出了最近几年非常流行的"特殊目的收购公司"(Special Purpose Acquisition Corporations,SPACs)。

下——经济咨询②

经济咨询公司主要服务于企业或律师事务所,在与经济和金融相关的诉讼或纠纷过程中提供专家证词。它们也为政府机构提供政策分析。经济咨询公司提供的专家有学术界的教授也有公司内部资深人士,经济咨询公司的其他成员为他们作证提供分析支持。很多员工拥有经济或金融博士学位,因为很多经济案件中的辩论需要强大的理论支持,在分析过程中也需要借助于不少经济和金融模型。由于业务涉及法律,还有一些人持有法学博士学位。

经济咨询公司很多是由几个教授携手创建的,从提供小规模的咨询业务开始,起先的咨询业务集中在某个或某几个领域,这取决于各个教授的专长和当时的市场需求。现在,较大的几间公司大都已将业务拓展到以下领域:反垄断、证券和金融机构、知识产权、能源、通讯、交通、医疗和在纠纷案中对损失数额的计算。经济咨询业务在过去的10到15年间发展很快。主要由于复杂的经济案件引起越来越多的学术研究。另外,集体诉讼案件的增长及监管机构对复杂经济案件的重视,进一步推动了业务的增长。较复杂的案件前后可以持续几年。比如,2003年,联邦和州执法机构宣称众多基金从事不适宜的交易活动,叫做"market timing"(从基金定价滞后现象中获

① Steven Greenhouse, "New Ways to Stop a Corporate Raider," *New York Times*, August 22, 1985, sec. 4.

② 该部分由美国CRAI公司的王昀辉女士完成。

取短期利润)。该交易活动虽然不犯法,但它损害基金长期持有者的收益。较早提出此问题的是一个达特茅斯学院的教授,叫做 Eric Zitzewitz。他在 2003 年发表了一篇文章 叫做“谁关心股东[①]”,谈论基金定价中的问题所导致的投机现象。投机者的频繁买卖造成基金整体的交易成本升高,回报下降,而这些成本实际上转嫁给了基金长期持有者,给他们带来损失。2003 年底,证监会对基金业进行了大规模的调查,几个月内诞生了上百件的诉讼案件。这些案件从起诉、审判到赔偿金发放给原告,可持续几年。每个环节都需要经济咨询公司的参与。

经济咨询要求很高的严谨性。通常,原告和被告律师会分别找一家经济咨询公司。经济咨询公司扮演一个独立的角色,为律师解释经济现象,提供经济证据和分析,以及出庭作证。代表原告的公司通常会先从经济的角度解释事情的原委并计算原告的损失。代表被告的公司会对原告的报告进行反驳。反驳可以包括对对方理论的反驳、对模型假设的反驳、对计算方法的反驳,等等。当然,原告方也有同样的权利。如果一份报告不够严谨,会大大损伤一个专家的诚信度及职业生涯。而一份好的报告甚至可以赢得反方的认同。在一个案件中,尽管有很多方法可以尝试,专家要确保提前想到每种方法的优缺点,以减少被对方攻击的可能。除此之外,虽然学术文章中可以参考的方法很多,但最终采用的方法还要为业界人士所了解和认可。一个苍白的理论很难立足。在法庭上,法官和陪审团很可能不具备相关的知识背景。所以,对专家的另一个挑战是用浅显易懂的语言将复杂的经济理论解释清楚。这对案件的成败起决定作用。

对华人来讲,做出庭专家,语言上是个挑战。正如在美国律师事务所中,华人多从事公司法,而很少去做辩护律师。但是,除了出庭专家,经济咨询公司也聘用从事研究的专家。他们追踪最新的经济理论和政策动向,发表文章,作为学术界和业界必不可少的桥梁。刚毕业的学生来到经济咨询公司,可以尝试不同种类的案件并接触到一些知名教授,是个很好的学习环

① Eric Zitzewitz, “Who Cares About Shareholders? Arbitrage-proofing Mutual Funds,” *Journal of Law, Economics, and Organization*, October 2003.

境。

随着越来越多的美国公司到海外开展业务，华人在国际纠纷案中会起到越来越重要的作用。比如，CRAI 最近做了一个案子。原告是个华人商人，被告是个外国赌场。案子涉及该赌场在亚洲的营业执照问题。原告称被告之所以拿到营业执照是靠他在业界及与政府的关系。原告称如果他可以拿到营业权，被告同意支付一笔奖金和其在当地的部分收入作为回报。但被告否认他对原告的许诺是正式的。CRAI 对原告的经济损失作出了分析和计算。最后原告胜诉并获得赔偿，CRAI 中的几个华人在这个案子中起到了不可替代的作用，相信这样的案件会逐渐增多。

访　谈　七

被采访人:美国一顶级律师事务所律师(匿名)

下面的访谈记录了我与一个在美国顶级律师事务所工作的律师的对话。他是我在上海读书时的校友,也是非常要好的朋友。在他的要求下,我不提及他的姓名和所服务的律师事务所。

问:结合你法学院三年学习和当律师的实际工作体会,请谈一谈你对美国法律和美国司法体系的感触。

答:就我个人目前的理解,法律在大多数的情况下是用来保护弱者的,因为弱势群体通常更需要法律来维护他们的利益。当然这里所指的弱者是一个相对的概念。比如说,当穷人和富人在一起,穷人可能就是弱者;当富人购买公司股票成为公司小股东时,他们相对公司的大股东或管理层可能就是弱者;当这个公司面对证监会、税收部门的监管时,公司可能就变成弱者了。再举个极端的例子,一个赤手空拳的人在持刀歹徒面前是弱者;而持刀歹徒在全副武装的警察面前是弱者;警察在手持 AK-47 冲锋枪的贩毒分子面前就是弱者;但是一旦贩毒分子被缴械逮捕了,他又成为弱者了。

我相信和任何国家的法律一样,美国法律也有很多不尽人意的地方,但有一点给我印象比较深的是不管你是达官贵人,还是平民百姓,美国的司法体系都会或多或少给你一个讲话的机会。当然,有钱的人可以聘请好的律师,没有钱的人只能请一个差的律师或者接受法院指派的律师。但是你如果觉得自己的权利受到侵害,社会确实提供给你足够的机会来寻求保护。

我现在是一名公司法的律师,但是在法学院读书时,我最感兴趣的却是宪法和刑事诉讼法。我觉得法学院三年学习期间是我在思想上获益匪浅的三年,这种收益绝不仅仅是我找到了一份工作,成为了一名律师,而是在这期间我开始不断地去思考人与人之间、人与政府之间、人与公司之间、公司和政府之间的关系;不断地意识到自己以前一些认识的狭隘。它教会我从不同的角度看待一个人和整个社会。虽然说五年以后我回头看看,可能觉得我今天的很多想法和认识又不对了，但正是这种不断否定自我的过程让我的思想不断地成熟起来。所以说我是很感激我法学院的生活的。

问：作为一个外国人，在一个对语言（听、说、写）能力，沟通能力和反应能力要求都非常高的行业里工作，你觉得最大的挑战是什么？

答：这是一个老话题了，我的答案也基本上是老答案：语言和文化。律师每天必须处理大量的文件，必须与不同的利益方，包括客户、交易对方的律师、审计师等，进行充分的交流。措辞准确、表达清楚对于律师来说非常重要，这点对于外国人来说很难做到，至少我是这样觉得的。文化是个很难描述的东西。我觉得越是高级的律师越需要深刻理解美国的文化，因为做到上层，比如合伙人最大的作用是为事务所争取生意。而生意场上最重要的是交际能力和对人文文化的理解能力。

问：不同的业务对律师的依赖程度不一样，比如，在并购项目中律师的作用和在公司IPO项目中律师所起的作用是完全不一样的，你能够就不同的金融交易谈一谈律师的作用吗？

答：总的来看，所有项目中以文件形式出现的材料基本都需要律师的参与，如呈交证监会的文件。在并购项目中，收购方和被收购方谈判的重点不单单是成交价格，更重要的是讨论如何分担未来可能出现的风险和责任。有些风险是事先可以量化的，但很多风险是无法量化的。这时，交易双方就需要在律师的协助下针对种种非量化风险进行深入的讨论和谈判。律师的责任就是在保证交易体现双方意愿的前提下，以合同的形式将可量化的和非量化的风险限制在可控制的范围内。IPO项目有点不同，因为IPO项目只有一方，没有“对手”。IPO项目的中心可以用一个词来代表——“披露”，因为投资者对未上市公司知之甚少，上市披露材料是多数投资者了解公司的主要途径。律师的作用是协同公司准备证监会规定的所有材料。证监会的很多法律、法规是非常生涩难懂的，没有经过专业培训的人很难做到完全理解。律师要确保公司能够完整、准确地披露所有必须披露的信息，但是不需要披露的，则不披露（因为披露是有成本的，还可能向竞争对手透露商业秘密）。

我：非常有道理。在2008年3月24日，摩根大通银行主动将收购贝尔斯登的股价从八天前的2元一股提高到10元一股。其中一个重要的原因就是摩根大通的律师忙中出错：在原先的收购合同中的“保证意向书”(guaranty agreement)中同意在未来一年当中无条件地保证贝尔斯登的负债，即使贝尔斯登的股东拒绝收购要约。这就相当于承接了一个无底洞！摩根大通不得不大幅提高收购价格以确保收购通过。

问：律师通常是团队作战，比如一个合伙人带领两个不同年级的一般律师。你能以一个实际的例子来说明(你可以略去所涉及公司的名称和其他敏感的信息)这样的团队是如何分工合作的，是如何与该项目的其他相关方(如投资银行，参与交易的公司，监管机构等)合作的吗？

答：团队的大小和组合取决于具体项目。一般来说，每个项目都至少由一个合伙人带头，如果项目很大，可能有2～3个合伙人。合伙人下面一般有一个较高年级的律师(6～7年级)、1～2个中层的律师(3～5年级)和若干个低年级的律师(1～2年级)。如果项目比较小，一个低年级律师就够了；如果项目很大可能需要5～6个低年级律师。所有这些律师(包括合伙人)组成一个律师团队。律师团队是项目的日常主要参与者，但一个项目的完成通常还需要各类“专家型”律师的参与。例如，专门负责税法的律师、知识产权的律师、房地产律师，还有精通员工福利的律师(处理交易中所涉及的员工期权、股票、养老金、健康保险等问题)和环境保护的律师。这些律师同时参与若干个不同的项目，他们只负责与自己专项相关的法律问题。

至于团队内部分工问题，合伙人在最前沿，他们负责设计整个交易的结构，并且可能会参与一部分商业决策。其他的律师基本负责起草法律文件的初稿，其中低年级律师会花不少时间对公司进行尽职调查，也就是说要审阅大量公司的文件与合同，以确保交易不会引起任何法律问题。

问：当你处理交易时，你会在合法的前提下，尽可能地满足委托人的需求。有时候你的委托人是参与交易的公司，有时候你的直接委托人则是投资银行，而不是公司本身。虽然，投资银行是应该为公司服务的，但是有时它们的利益不见得很一致。你在处理这两种交易时，是否会同样对待。

答：首先，律师必须忠实地为自己客户服务，无论这个客户是公司本身，还是投资银行。以公司上市来说，公司有自己的法律顾问(issuer counsel)；公司的承销商自身也有法律顾问(underwriter counsel)。公司的法律顾问必须为公司负责，而承销商的法律顾问则必须为承销商负责。他们的法律责任，看问题的角度，以及做的事情既有交叉，也有不同。但是在一些关键问题上，如涉及承销商可能分担的风险时，承销商的法律顾问必须作自己的尽责调查。比如，针对是否披露有关公司不利信息的问题上，承销商的法律顾问可能比公司的法律顾问更倾向于主张披露不利信息，因为他们的客户是承销商，而不是将上市公司，它们不必过多地看公司的脸色。

问：律师的业务能力包括多种：对已有法规和案例的理解能力、创新能力、与他人的沟通能力，等等。你认为这些能力当中哪个能力最重要？

答：这些能力都非常重要。对于刚工作不久的律师来说，他们需要在有限的时间内阅读大量的案例、备忘录、背景资料、相关的法律法规，等等，理解能力相对要重要些。但对于高级律师和合伙人来说，创新和沟通能力则要重要些，因为他们承担更多的责任，负责更复杂的项目。比如，我曾参与的一个大型项目，某个公司有几十个子公司分布于世界很多国家，各个子公司之间的关系非常复杂，再有，不同的国家有不同的法律体系。这时就需要较强的创新能力去设计合理可行的方案，以及很好的沟通能力去解释给客户听。

问：美国律师事务所大多采取“淘汰赛”的内部竞争机制，一般律师有7～8年的时间发展，如果在这之后，不能升为合伙人，律师一般会被淘汰。你能谈一谈这种机制的优劣吗？

答：不能说它是好还是坏。一个律师在事务所工作了7～8年后，大家对他的业务能力和沟通能力应该有个较全面的了解。什么是合伙人？通俗地讲是“合着分钱的人”，现有的合伙人为什么要增加一个与自己分钱的人呢？只有在新加入的合伙人能够带来更多的利润时候，现有的合伙人才乐意提拔一个律师。再有，雇用一个有7～8年经验律师的成本也相对较高，如果该律师不能带来较高收益，事务所不会留下该律师，因为事务所不愁找不到新人。在这种体制下，非合伙人律师可能觉得不公平，但是从另外一方面想，这种体制能够激励律师们尽力工作，发挥他们的潜力，以求最终获得合伙人资格。

访 谈 八

被采访人：周斌博士，Brattle 集团，高级顾问

周斌先生现为美国知名经济咨询公司——Brattle 集团的高级顾问，他的专长在于将金融学应用到商业计划、公司价值评估、监管和诉讼等领域。他的咨询经历包括为被监管的和未被监管的电力企业估计资本成本，为金融机构定价，为被监管的能源企业提供风险管理咨询，为电信企业提供商业战略评估咨询，以及提供复杂的税收诉讼咨询。他拥有布南迪斯大学国际经济和金融博士学位，华盛顿州立大学经济学硕士学位和复旦大学经济学学士学位。

采访时间：2008 年 7 月 7 日　地点：麻省剑桥市

问：依我的理解，经济咨询是为与经济和金融相关的诉讼案件提供专家意见和证词。这样的理解对吗？你能用某个与金融相关的具体案例来说明吗？

答：我想你讲的是对的，但经济咨询可能包含的更广阔，有些人做经济预测，这也是经济咨询。这和我所做的经济咨询不一样。我所做的在英文里叫"litigation support"，是更直接地为诉讼提供支持的咨询。

这种案子基本上是这样的：双方有经济纠纷，如果涉及赔偿金额，各方律师会请专家来计算一下这个损失到底有多大；有时候案件还需要专家来认证一方是不是有法律责任。当然法律责任在哪一方更多的是法律问题，但是专家也可以用经济学理论来分析事情发生的经过，解释市场的惯例，这样可以帮助律师、陪审团和法官来理解事情的经过。

问：这个行业最有意思的地方是什么，最具挑战性的地方是什么？

答：有意思的地方在于这个行业的工作和做学术研究比较相近，经常有机会和知名学者一起做事情。既然是咨询，那做的事情经常是不一样的，我们经常接触到不同行业、不同企业的业务，这是比较有意思和挑战性的地方。

问：你认为博士阶段的经济和金融方面的培训，哪些对你现在的工作最有帮助？

答：最有帮助的实际上是一些最基本的经济学和金融学的训练。我现在接触到很多会计和税法方面的知识。如果你读的是经济学或金融学的博士，你可能会对会计有些接触，但不会很深；而对税法则基本上没有太多的接触。在工作中，你可能会发现这些是很有用的。

问：与证券交易相关的诉讼案是一大类需要你们服务的业务，例如，股东的集体诉讼案，内部人交易、market timing、操纵股价，等等，这些高曝光率的案件对于美国证券法、公司法、证监会的执法方法和力度有何影响？

答：从宏观角度来讲，诉讼可以说是执行法律的一个环节，你打击内部交易、增强会计报表的可信度，甚至包括一些金融犯罪，诉讼是一个有效的手段。当然，有些人会说诉讼在美国太多了，但是它毕竟是一种手段。

问：能否举例说明这些案件对中国证券市场的发展有何启示或借鉴作用？

答：我相信证券交易相关的诉讼在中国会很有用处，像包括中国在内的一些发展中国家对中小证券拥有者的保护相比英美国家要弱。在这种情况下，如果有比较强的诉讼方面的惩罚，可能会有效打击一些内幕交易、操纵股价等金融犯罪。但这只是一部分，其他部分，你要增强立法；另一方面，增强执法。通过法律的途径来增加犯罪的成本和降低利益的驱动。

问：最近的信用危机中出现了不少欺诈投资者的事件，比如，前贝尔斯登的两个对冲基金的经理6月份被逮捕，一些养老基金起诉SSgA，等等。这些都是不幸的事件，但对于经济咨询行业来说则意味着新的业务机会。你能举些例子来说明一些可能的商业机会吗？

答：在这次危机中，很多奇怪的(exotic)金融产品被曝光了。在这种时候，就更需要经济咨询专家为一般的法官和陪审团来解释这些产品是怎么回事，为什么当初会产生这样的产品？什么人会用它？怎么用它？然后还要解释正常情况下这些产品会达到什么程度或效果，为什么在这次危机中这些产品一下子出现了这么多的问题。这是从解释金融产品的产生和发展来为一般的人提供一些基本的背景知识。然后，另外一方面就涉及诉讼——金融机构在销售这些金融产品时，到底有没有浅显易懂地（将产品的风险和回报特点）解释给投资者听。很多投资者根本不知道这些产品会有这么大的风险，他们以为很多东西就跟现金一样，或者简单地认为拥有AAA（最高信用等级）的产品就很安全，但实际并不是这样。很多东西是大家都没有预料到，从专家角度来看，就可以去解释这些东西是怎么回事，为什么别人会有那种误解。当然在法庭上，如果只是说误解是不行的（是不能定罪的），必须要证明一方有欺骗行为。比如，某金融公司在内部讨论中认为某个产品的风险很大，但还是决定把这个产品卖给客户；同时在跟客户讲的时候，又宣称这个产品非常安全。这种情况，存在这样强烈的对比，你才能证明该公司明知道这些产品很危险还要卖给客户，这时你才能达到定罪或者判刑的目的。一般情况下，如果只是发现最后结果和起初想象的不一样，那你是没法追究别人责任的。

问：你参与了不少美国政府违背与储蓄和贷款机构之间合同的诉讼案。能否介绍一下案子的背景，政府作为被告的案件是否与其他案件有所不同？你们在其中承担何种角色？

答：我参与了一些和20世纪80年代末90年代初的储贷风波有关系的诉讼案。当时不少银行有很多不良贷款，自有资本比率非常低。当时政府的第一个反应就是鼓励有钱的私人或私人企业把现金注入到有不良贷款的企业中，同时政府让这些企业可以在资本比率比较低的情况下进行经营。但是，政府很快就发现这样做并不能真正解决问题，1992年政府通过立法提高了所有银行和储贷机构的资本比率。这下子，在1992年之前投资的机构和个人就觉得受到了损失，因为当初他们之所以投资是因为他们认为可以在资本比率比较低的情况下进行运营——低资本比率意味着高财务杠杆，这在某种程度上可以增加赢利。所以他们就告政府，我们当初参与了一些这方面的案子。政府和私人从法律责任上讲是有一定区别的，因为政府有权利更改法律，如果这是非常普遍性的立法的更改，私人企业没办法告政府。像我做的这些案子，当初有很激烈的辩论——到底政府可不可以更改立法来增加资本比率。当时最高法院通过的决定是：在当初的情形下，政府是可以改变立法，但是政府和私有企业之间有另外的合约，(该合约)不是普遍性的立法，在这种情况下，因为你有合约，政府还是要像私人一样遵守合约。所以即使你有了新的法律，但是旧有的合约还是要履行。在这种情况下，我们经济学家的任务就是：如果你有责任，这个责任造成了多大的损失。政府是否违约完全是律师的事情；经济学家则帮助计算违约造成的损失。

问：你们与律师、公司外的学术专家之间的关系是什么？总体来看，在你与他们打交道的过程中，律师们给你印象最深的是什么？学术专家们给你印象最深的是什么？

答：律师是直接为他自己的客户服务的，我们是在律师和专家之间，有些专家是我们公司内部的专家，有些则是全职的教授。专家是被律师或者最终的客户雇佣，但是他们要保持公正的立场。我们这个行业是按小时来收费的，是和诉讼的结果没有关系的。作为中介，我们要配合律师，提供咨询，帮助他们从最好的角度来处理案子；我们还要确保专家保持中立，说他们能够说的东西，因为有些律师想要说的东西是我们或者专家所不能支持的。有些东西是有利益冲突的，我们要保护好我们自己的声誉。

问：你们公司内部也有一些著名的经济和金融学家，他们的作用是什么，是做专家呢，还是帮助公司招揽生意？

答：从我们公司来讲，他们主要是做专家，而不是非常积极地到处拉生意。我们内部的专家大多是大学的教授，不像其他的主管(这些主管要自己拉生意)。

问：你们很多分析和论证相对比较具有学术性，你们是如何用通俗易懂的语言与律师和其他非专业人士沟通的？

答:我们在这个问题实际上是花了非常多的精力。你要保证你的分析能够反映最新的学术研究成果,同时你又要把你的结果平白易懂地解释给其他人。首先,我们会在内部的会议,向自己一方的律师解释清楚,如果他们能够接受,你才有可能说服对方的律师、法官和一般听众。我们很多时候是从一个非常简单的例子出发,把所有复杂的背景和细节都拿掉,将最基本的理论讲清楚,然后再一步步加上细节的东西。这个没有现成的模式,我们常常花费很多的精力在这上面。这就是为什么很多大的案子都由一些有名的教授去做专家证词,因为他们平常在课上把一些很复杂的理论讲给一般的学生听,他们的这种训练对于最终在法庭上(清晰地)表述非常有帮助。

问:在与金融相关的案件中,你们常常借助于现代金融理论,但是这些理论本身并不是无懈可击的,它们建立在一定的假设基础之上的,能否以例子来说明你们是如何在案件中使用金融理论的?

答:确实所有的经济和金融理论都是建立在假设之上。像我刚才谈到的储贷诉讼案件,到底提高财务杠杆能否增加价值,如果你相信莫迪格亚尼一米勒定理(简称 MM 定理)①,那么基本上杠杆不增加价值,财务杠杆只是改变了大饼如何分割的方式,而不改变大饼的大小。当初我们在做这个案子的时候,很明显,代表私人投资者的专家就讲杠杆是会增加价值。政府一开始说自己没有责任,后来政府输了以后,政府就说我们是有责任的,但是杠杆并不增加价值,所以我们的责任还是零。所以你就可以看到对于这样最基本的金融理论,不同的人就有不同的见解。到底杠杆有没有价值,从我们的角度讲,我们认为有价值。为什么呢?因为 MM 定理是个非常抽象的情况,如果你单单看银行业,银行业和其他行业有一个很大的区别就是,它有 FDIC② 的保险,这种保险在一般的商业企业里没有。即使 MM 定理适用于一般的商业企业,但是银行由于 FDIC 的存在——它实际上给银行提供了一个极低保费的保险,该保费并没有与银行所面临的风险想挂钩,这里面就

---

① MM 定理指企业融资结构与其市场价值无关。它有一系列的假设,资本市场有效、企业没有破产威胁、企业投融资决策相互独立、无企业和个人所得税。

② 美国联邦储蓄保险公司。

产生了损失，至少这是个为什么 MM 定理不适用的原因。当时我们在做类似案件的时候花了很多精力去解释为什么政府讲杠杆没有价值是不对的，是因为银行业有这样一个东西，当然还有其他一些更具体的东西。这里我就想讲现实不是一个完美的世界。

问：有不少华人在这个领域里工作，能否谈谈，总体来看，华人在该领域里发展的优劣势？

答：我估计真正做诉讼支持的华人不是很多，可能华人在学习经济和金融时，更强的是数量方面的知识，而对于会计、税法和美国的金融法规并不是特别强。所以从比较优势来讲，华人在做诉讼支持这一方面不是很有优势。

第7章 信用与信用评级

信用是一个体系，在这个体系中，一个没有支付能力的人让另外一个没有支付能力的人担保他能够偿还债务。

——查尔斯·迪根斯(英国著名作家)①

信用——金融DNA

自由女神像

什么是信用？信用是对借款者(国家、企业或个人)的还款能力和还款意愿的信任。我们使用纸币，而不用金块或银条，是因为我们对政府的公信力有信心；我们购买企业债券，而不用自己成为微软的比尔·盖茨②或海尔的张瑞敏，是因为我们对经营者保护债权人利益的承诺有信心；我们能够从银行贷款买房，而不用穷尽祖孙三代所有积蓄，是因为银行对我们能够按期足额还贷有信心……

市场经济是信用经济。小到个人的信用卡、租房、抵押贷款和就业申请，大到国债的发行，信用起着至关重要的作用。2007年1月，哈佛大学的

① "Credit is a system whereby a person who can not pay gets another person who can not pay to guarantee that he can pay." — Charles Dickens

② 2009年5月11日，微软在公司历史上首次发行了37.5亿美元，信用等级为AAA的债券。

一个临时职员起诉哈佛。起因是该职员在申请正式职位时，由于其信用记录比较差而被拒绝了。由于该职员是黑人女性，她的律师以种族歧视为由提出申诉。该事件在美国引起了小小的震动，著名财经频道 CNBC 还围绕该事件组织了以“信用——个人的金融 DNA”为题的专题报道。2001 年初，我参加了大鹏证券公司深圳总部的一次业务培训。在培训课上，一位来自美国的华人银行家曾讲述了他参与的一个发行中国国债的项目。当时中国的国家信用等级只有 A[①]（而美国和加拿大的国家信用等级是 AAA——最高信用等级）。同样发行 10 亿美元的债券，中国要多付出 1.33% 的年利率。也就是说，我们每年要多付近一亿元人民币的利息。“这一亿元可以建造多少希望小学啊！”他不无感慨地说。

信用本身是抽象的，不同的人对同一对象的信用评价可能千差万别，即使是同一个人对同一对象的评价也可能会由于某些条件的改变而改变。打个比方，很少有人会信任一个屡战屡败的将军，但不少人会信任一个屡败屡战的将军，虽然有时这“两个”将军就是同一个人。信用在现代经济中的广泛应用得益于人们对信用的量化和相对客观化——信用等级。不同的信用主体通常有不同的信用评价体系。对于个人信用而言，发达国家通常采用信用得分（Credit Score），以数字的形式来表示。美国有三大个人信用报告局：Experian、Equifax 和 TransUnion。个人信用得分代表了个人的可信度，它定量地显示了个人按时足额地偿还债务的可能性。个人信用报告局通过对个人信用历史的统计分析，利用较为复杂的统计模型来计算信用得分。表 7－1 列出了不同的信用得分及其适用的 30 年期、30 万美元的定期抵押贷款的年利率与月付额[②]。

信用得分最低的贷款申请人要比信用得分最高的申请人每个月多支付 60%（1 000 美元）。由于信用低的申请人通常收入也较低，这就意味着如果没有特别的信贷安排，这类人群一旦经济上出现困难，哪怕是短暂的困难，通常都很难按时足额地还贷。

① 2008 年 7 月 31 日，标准普尔将中国的国家信用等级从等级 A 上调到等级 A+。
② 所有数据来自 www.myfico.com，利率为 2008 年 2 月 12 日的利率。

表 7－1　个人信用得分与抵押贷款年利率

信用得分	抵押贷款年利率	月付额
760—850	5.365%	$1 678
700—759	5.587%	$1 720
660—699	5.871%	$1 774
620—659	6.681%	$1 932
580—619	9.238%	$2 465
500—579	10.211%	$2 679

对于企业或国家发行的债券或一些金融衍生产品而言，发达国家一般采用信用评级(Credit Ratings)体系。信用评级体系由两部分组成。第一部分是我们所熟悉的 A、B、C 等字母的形式来表示的信用等级；第二部分则是评级公司提供的评论。信用评级反映了评级机构对债务人整体信用度或者债务人发行的某个特定债券的信用度的看法。债务人的信用度和债券的信用度是不一样的，同一债务人可以发行不同信用等级的债券(债券的信用等级可以高于、等于或低于债务公司本身的信用等级)。表 7－2 列出了标准普尔和穆迪公司的信用等级对照表。信用等级又可以分为投资级和投机级两大类。以标准普尔评级体系为例，AAA、AA、A 和 BBB 属于投资级的债券，而 BBB 等级以下的属于投机性质的债券。这个区分非常重要，因为许多金融监管机构都规定了被监管的金融机构只能投资于投资性质的债券。目前，美国的信用评级业务被三大评级机构所统治，它们是穆迪(Moody's)、标准普尔 (Standard & Poor's)和惠誉 (Fitch Ratings)①。

① Fitch Ratings 的控股股东为一家法国公司。

表 7－2 标准普尔与穆迪信用等级对照表

信用等级	投资和投机等级	标准普尔①	穆迪
高	投资级	AAA	Aaa
		AA	Aa
		A	A
		BBB	Baa
低	投机级	BB	Ba
		B	B
		CCC	Caa

中国的信用系统虽然起步比较晚，但发展的非常迅速。到 2008 年底，企业征信系统收录企业及其他组织 1 447 万户，个人征信系统收录自然人数 6.4 亿人，其中有信贷记录的 1.4 亿人。

本章主要介绍债券和金融衍生产品的信用评级业务，以及信用评级在始于 2006 年的次级抵押贷款危机和金融危机中所起的作用。

信用评级机构——与众不同的“把关员”

由次级按揭贷款支持的证券②，尤其是债务抵押债券（collateralized debt obligations, CDOs）是这次金融危机爆发的重要元凶。信用评级机构在将次级贷款证券化成诸如 CDOs 等债券的过程中扮演了极其重要的角色，它们和承销机构、审计机构、律师等共同组成了金融市场的“把关员”（gatekeepers）。首先，在按揭证券发行的过程中，信用等级直接决定了各类按揭证券的发行价格或利息率以及投资者的类别（有些投资机构只能投资较高信用等级的产品，如养老基金），甚至决定了该证券能否成功发行；其次，在按揭证券流通过程中，信用评级机构的一举一动（或者给出新的评论，或者变更证券的信用等级）对证券的流通价格有着巨大的影响。例如，在

① 所列的是长期信用等级，标准普尔短期信用等级最高为 A-1，最低为 D。
② 详情请参阅第 5 章：固定收益证券。

2007年5月，穆迪评级将62个CDOs板块“降级预审”(downgrade review)，这导致了与次贷相关的金融衍生产品的价格大幅下降。

很遗憾，不少投资者和监管人员认为这个把关员当的有些不称职，认为它不但将一些低等级的产品划分成高等级，甚至将一些“歪瓜裂枣”放行通过。而且它反应迟缓，对已发现的问题不能及时更正。到2007年底，不少按揭证券的价格下降了80%～90%。美国纽约州国会议员马龙立(Carolyn Maloney)在2007年11月质问，“为什么信用评级机构一而再，再而三地出错？它们在墨西哥金融危机期间出错，在1997年亚洲金融危机期间出错，在安然事件中出错，现在又在次级抵押贷款上出错……①”

奇怪的是，其他“把关员”都由于错误和丑闻受到了市场和监管机构的惩罚，而信用评级机构不但没有受到影响，反而受到投资者的追捧。在本世纪初发生的一系列公司丑闻案(安然公司，Worldcom)中，安达信会计师事务所倒闭了，毕马威会计师事务所勉强度过了危机，华尔街主要投资银行和商业银行赔偿了投资者数十亿美元才了结了一系列的集体诉讼案，而穆迪公司的股价在2001年和2006年之间却上涨了四倍多。

为什么评级机构和其他金融机构如此不同呢？我们得从评级机构的行业结构谈起。信用评级行业由三大评级公司(穆迪、标准普尔和惠誉)所主导，是个典型的寡头垄断的行业。它们的垄断地位又因种种的行业监管而巩固。从上世纪70年代中期开始，美国证监会将信用等级应用于行业监管。证监会开始根据信用等级来设置银行和证券公司的净资产准备率；开始规定货币市场基金只能投资信用等级很高的证券。商业银行和保险监管机构也利用信用等级来确认资本金是否充足。

值得注意的是，通常情况下，只有全国知名的统计评级组织(Nationally Recognized Statistical Rating Organizations ，NRSROs)的成员给出的信用评级才能得到认可，非成员评级机构给出的评级得不到承认。非成员如何才能成为成员呢？首先和最重要的是，该公司得是“全国知名”。可是具有

① Barry Ritholtz, “The Abysmal Track Records of Moody's, Fitch and S&P,”http://seekingalpha.com/, November 21, 2007.

讽刺意味的是，没有成员资格，无法承接重要业务，就无法变得“全国知名”。这等于给予了现有的 NRSROs 成员一张强大的监管保护伞。在 2003 年之前，只有穆迪、标准普尔和惠誉这三大公司是该组织成员。2003 年之后，由于政治压力和行业过于集中的考虑，证监会先后批准了七家新成员。但是，至今三大公司，尤其是穆迪和普尔，仍然占据市场的统治地位。根据汤姆森金融公司的报告，在 2007 年 97％的公司债券由穆迪评级，93％的公司债券由标准普尔评级，大约有 37％被惠誉评级（公司债券一般由至少两家公司评级）。而在资产支持债券市场，情况类似，普尔为 96％，穆迪为 86％，惠誉为 58％的债券评级。

评级机构和其他金融机构不同的另外一个特点就是它们很少受到民事或者刑事诉讼的制裁。主要原因就是这些评级机构宣称它们的业务属于金融出版业，信用等级因此属于“观点”，受到美国宪法第一修正案的保护（该修正案确保自由信仰宗教、自由言论、和平集会和自由出版的权利）。一些地方法官在判定涉及评级机构的案件也认同该观点[①]。

信用评级机构的运营模式和潜在的利益冲突

20 世纪 70 年代之前，评级机构的主要收入来自投资者的订阅费，即如果投资者想知道穆迪对某个公司债券的评级，该投资者向穆迪支付资讯费。但是随着低成本复印机和其他高新技术的出现与发展，“免费搭车”的问题日趋严重。同时，金融市场对高质量信用评级的需求迅猛发展，单靠投资者订阅费很难维持一个训练有素、价格不菲的分析师团队[②]。这些原因导致评级机构改变了运营模式，它们开始向债券发行人收取评级费用，而发行人也往往愿意支付这笔费用，因为拥有信用等级，无论该等级是 AAA 或者是 CCC，都会使债券相对于没有被评级的债券

① 显然市场投资者并不认同这一观点。与真正的金融出版业公司——道琼斯和路特社相比，2006 年之前，穆迪公司的利润率和市盈率都远远高于“同类”公司。

② Richard Cantor and Frank Packer, “The Credit Rating Industry.” *Federal Reserve Bank of New York Quarterly Review*. (Summer/Fall, 1994): pp. 1-26.

好发行[①]。

运营模式变了，收入问题解决了，但新问题出现了—— 潜在的利益冲突。首先，评级机构的评级对象是付费方，是顾客。中国有句俗话，"吃人的嘴短，拿人的手短"。2001 年初[②]，美洲银行下的一个投资实体打算发行CDOs，发行的一个重要环节就是确定有多少发行额被划归为信用等级最低的板块，因为该板块将首先承担任何违约风险，较少有投资者愿意购买该板块。穆迪一个评级委员投票决定发行人需要划出4.25%的发行额来作为等级最低的板块。美洲银行立刻提出抗议并威胁要撤换评级机构。穆迪适时地降低了需要划出的发行额。另外一个例子，在 2008 年 5 月，穆迪和惠誉承认它们曾经在债券发行人或承销商的要求下撤换过给债券评级的分析师[③]。穆迪曾经将一个按揭贷款债券分析师调到监控部门，原因是一个投资

插曲：两个标准普尔员工在 2007 年 4 月通过网上短信息的对话。

员工一：顺便提一下，这笔交易很可笑。

员工二：我知道，我们的模型连一半的风险都反映不了。

员工一：我们根本就不应该给这个交易评级。

员工二：我们为任何一个交易评级。哪怕它是由母牛设计的，我们照样给它评级。

摘自《华尔街日报》，Aaron Lucchetti and Judith Burns. 2008-10-23，"Moody's CEO Warned Profit Push Posed a Risk to Quality of Ratings"，*The Wall Street Journal*.

---

① 这其实是个博弈论的问题，无论你的信用等级是好是坏，你的最优决策始终是公布你的信用等级。信用最好的总是选择公布它的信用，如果剩下的公司都选择不公布它们的信用，那么市场就会用平均信用去对待这些公司。这时，剩下公司中信用最好的公司不答应了，因为它的信用要比平均信用要高，所以它也选择公布自己的信用。以此类推，所有的公司都会公布它们的信用等级。

② 该例子来自：Aaron Lucchetti，"Rating Game As Housing Boomed，Moody's Opened up，" *Wall Street Journal*，April 11，2008。

③ Aaron Lucchetti，"At Request of Bond Issuers or Bankers，Credit-Rating Firms Switch Analysts"，*Wall Street Journal*，May 23，2008.

银行抱怨这个分析师太挑剔，而穆迪认为抱怨得有道理。即使评级机构这么处理是非常客观公正的，外界也难免会提出异议，这种情况在金融危机中尤为突出。

其次，评级机构的绝大部分收入来自收取的评级费用。穆迪2007年有80%的收入来自信用评级。相反，如果评级业务只占10%～20%，评级公司可以不看付费方的"脸色"。有点令人安慰的是，由于三大评级机构每年要给成千上万的债券评级，从任何一个债券发行人收取的费用都不会很高，通常会低于2%～3%①。从这个角度看，利益冲突问题可能不如一些批评者想象得那么严重。

再者，评级机构利用自己在业界的声誉和风险分析领域的专长向客户提供产品咨询、风险管理服务咨询和定量分析工具（如贷款投资组合分析）等非评级业务。为了保证即将发行的债券达到预想的信用等级，发行人通常在发行前就如何分割资产、提供何种担保或是否购买保险等问题，咨询信用评级机构以确保发行的债券能够获得相应的信用等级。这时，可能的利益冲突就会出现。假如，一个评级机构的咨询业务部门告诉某公司如果你做到这三点，你的债券就应该获得相应的信用等级。如果该公司确实做到了这三点，这时评级机构就会觉得有义务给出相应的信用等级，即使市场情况或者发行人的状况发生了显著的变化。虽然评级机构宣称它们的评级业务与咨询业务之间有着严格的"防火墙"②，它们还是受到了投资者与监管机构的质疑。不少被评为最高信用等级（AAA或Aaa）的CDOs在次贷危机中价格下降了40%甚至更多。

需要指出的是，旧的收费模式——向投资者收费而不是向发行人收费，可能导致市场透明度的下降，因为在这种模式下，只有支付得起费用的投资者才能得到及时的信用评级报告。这会将一些投资者排除在外，从而降低市场透明度。另外，旧模式不会完全消除潜在的利益冲突，因为投资者付费

---

① 标准普尔曾经宣称从任何一个发行人收取的评级费用不超过年总收入的2%，SEC（2003，P41）。

② 标准普尔宣称它们的评级人员从来不告诉发行人应该做什么或者不应该做什么。www.standardandpoors.com。

后，投资者也会设法影响评级机构，促使信用等级向自己投资有利的方向变更。如果投资者买入了某个债券，他会希望评级机构提升该债券的信用等级；反之，如果投资者做空某个债券，他就会希望该债券信用等级下降。

评级机构的费用收取

评级机构根据发行额和证券复杂程度的不同收取不同的费用。对于一般的公司债券，费用大概是发行面额的0.03%～0.04%，最低收取费用在3万到5万美元之间，最高大约在30万美元左右[①]。而对于复杂的金融衍生产品的评级，像CDOs债券，评级费用则大幅提升到发行额的0.1%，最高收取费用能高达240万美元[②]。2007年之前的数年间，由于按揭证券的大量发行和相对高额的评级费用，按揭证券，特别是CDOs，成为信用评级机构收入和利润的重要和增长最快的来源。次贷危机中，结构性融资[③]市场极度萎缩，评级公司的收入也相应地大幅下降。穆迪公司2007年第四季度的利润相对于2006年同期猛降了57%，从0.97美元每股下降到0.47美元每股。

不请自到，白送的信用评级

绝大多数的信用评级是在债券发行人的要求并支付相关费用后发布的，但据估计大约有1%的信用评级是属于非发行人要求（unsolicited credit ratings），评级机构免费给出的。这种非请自到的信用评级在美国引起了极

---

① Frank Partnoy, "How and Why Credit Rating Agencies are Not Like Other Gatekeepers," Financial Gatekeepers: Can They Protect Investors?, Yasuyuki Fuchita, Robert E. Litan, eds., (Brookings Institution Press and the Nomura Institute of Capital Markets Research, 2006) *Available at SSRN*: http://ssrn.com/abstract=900257.

② http://www.moodys.com/moodys/cust/AboutMoodys/AboutMoodys.aspx?topic=copyright.

③ 结构性融资指的是通过复杂的法律和公司实体转嫁风险的金融方式。CDOs是一种重要的结构性融资产品。

大的争议。1993年，科罗拉多州杰弗逊镇的学区打算发行新的债券[①]。该学区在此之前发行的债券是由穆迪评级的，但是这次聘请了标准普尔和惠誉为新债券进行评级。刚开始该债券发行进展得比较顺利。可是在债券定价两小时后，穆迪公布了针对该债券的"负面展望"(negative outlook)。一些投资者立即取消了订单，该学区被迫给债券重新定价。后来，该学区起诉穆迪公司，认为穆迪的"负面展望"与实际不符，致使最终的融资成本上升了近77万美元。而穆迪则辩称它对学区债券的评估是受宪法保护的"观点"。法庭认同了穆迪的"观点"。最近的一个例子就是，2008年3月初，债券保险公司MBIA要求惠誉评级停止给它评级，因为MBIA和惠誉在如何计算损失上产生分歧，惠誉是三大评级机构中唯一打算将MBIA降级的机构。但是惠誉拒绝了MBIA的要求，情愿免费为其评级。

评级机构业务的多元化和国际化

最近几年各大评级机构大力拓展非评级业务。穆迪这几年先后购买了KMV、Economic.com和Wall Street Analytics等非评级业务。惠誉评级提供惠誉培训、RAPCD(价值评估工具)和其他一些帮助投资者的产品，如Market Implied Rating (市场暗示评级，MIR)。几年前穆迪有近90%的营业收入来自评级业务，而到2007年这一比重下降到了80%左右。随着全球资本市场的发展，评级机构也迅速扩张它们的全球业务，特别是在发展中国家的业务。到2007年，穆迪非美国业务大约占其总业务量的40%，惠誉为44%，标准普尔为34%。

公司债券的信用评级流程

该评级流程参照标准普尔的《公司评级标准：2006》[②]：

---

① *Jefferson Country School District No. R-1 V. Moody's Investor's Services*, Inc., 175 F.3 848(10th Cir. 1999).

② www.standardandpoors.com.

1. 债券发行人在发行债券前夕(通常是数月)联系评级机构以求获取信用等级。

2. 评级机构组织一个评级小组,其中一人为主分析师,该分析师通常为发行人所在行业的行业分析师,对该行业的业务非常精通。

3. 评级小组与公司管理层会面:

- 在会谈前数周,公司应将主要的背景资料交给评级小组。这些资料包括:公司前五年经过审计的年报;过去几年未经审计的财务报表;公司主要业务和产品的定性描述;债券发行的登记材料;相关的行业信息,等等。
- 在会议期间,评级小组通常会详细讨论以下一些问题:行业发展现状和前景;管理层的财务政策和财务目标;公司采用的一些特别的会计处理方式;公司的资本投资计划,等等。

4. 管理层会议之后,评级机构的评级委员会很快召开评级会议。评级委员会通常由 5～7 人组成。在评级会议上,主评级师会先就公司的业务和运营环境,公司战略和财务管理等进行全面的介绍;然后分析师会提出信用等级推荐,比如 A 或者 BBB;最后,委员会投票决定债券的信用等级。

5. 公司意见反馈。一旦信用等级决定之后,评级机构会立即将评级结果以及相应的评级理由通知债券发行人。公司如果觉得信用等级没有真实反映所要发行债券的实际状况(通常是信用等级比公司预想的要低),公司可以呈送新的材料。评级委员会在收到新材料后会再次开会以决定是否更改信用等级。

6. 在作出最终信用评级决定后,评级机构会先通知发行人,然后将评级信息公布于众。

7. 信用评级监控。主分析师会定期地与发行人进行沟通,并每年至少一次与公司管理层会面以获取公司最新发展状况。

8. 信用等级变动。一旦分析师认为发行人的财务或者业务状况发生了实质性变化,分析师会将该债券放在"信用观察名单"上,对该债券进行初步评审。然后,如有必要,该分析师会展开全面深入的分析和调查,与公司管理层会面,组织评级委员会,对该债券重新评级。

公司债券的评级方式方法[①]

信用评级机构对债券的评级始于对公司业务、竞争地位（所面临的业务风险，通常属于定性分析）和财务状况（所面临的财务风险，通常属于定量分析的一部分）的整体评估。**业务风险**包括：国家风险（汇率风险）、行业特征、公司产品组合与市场营销、技术、成本控制有效性、战略和运营管理能力、利润率以及与同业竞争者的比较，等等。**财务风险**包括：财务、公司治理/对待风险的容忍度/融资政策、现金流的富裕度、资本结构/资产保护、流动性和一些短期因素，等等。表 7－3 列出了不同的业务风险和财务风险组合可能导致的不同信用等级，而表 7－4 则列出了一般工业企业的财务风险比例。

表 7－3　业务风险与财务风险

	财务风险评价				
业务风险评价	**风险极低**	**低**	**适中**	**比较冒进**	**负债率极高**
极好	AAA	AA	A	BBB	BB
强	AA	A	A－	BBB－	BB
令人满意	A	BBB＋	BBB	BB＋	B＋
弱	BBB	BBB－	BB＋	BB－	B
很弱	BB	B＋	B＋	B	B

表 7－4　财务风险度量

业务风险评价	**运营现金流/总债务(%)**	**总债务/总资本(%)**
风险极低	超过 60	低于 25
低	45—60	25—35
适中	30—45	35—45
比较冒进	15—30	45—55
负债率极高	低于 15	高于 55

假设某公司 ABC 的业务风险为"令人满意"，财务风险为"适中"，根据

① 部分内容来自标准普尔《公司评级标准：2006》。www.standardandpoors.com.

表 7 - 3 和表 7 - 4，该公司预期的信用等级应为 BBB。如果该公司想提升自己的信用等级到 A，它必须降低自己的债务，使现金流对总债务的比例上升到 60％以上，同时使得资产负债率低于 25％。标准普尔的《公司评级标准：2006》对主要的业务风险和财务风险都有较为详细的讨论，有兴趣的读者可以直接参阅该报告。这里我想着重探讨一下为什么信用等级的更改不是很频繁。

信用等级具有前瞻性，它应该反映债券发行人在可预见的将来支付债务的能力。在理想状况下，信用等级应完全反映商业周期（无论是行业特有的，还是整体经济的）所引起的自然波动，而不应只是对公司当前状况的描述。假如，经济衰退导致了公司在未来六个月内债务违约的概率上升了，但是对公司在未来三到五年内的违约概率并没有实质性的影响。这时，评级机构不会改变该公司的信用等级。评级机构通常只有在确认债券发行人的长期信用度发生了变化后才变更信用等级，它们尽量避免这个礼拜给某债券降级，但过了几个礼拜后又不得不给它升级的情况。评级机构保持评级的相对稳定性还具有非常重要的实际意义。信用等级的主要使用者是债券投资机构。通常，这些投资机构，如共同基金和养老基金，都有非常明确的投资规定——哪些债券属于可以投资的债券，哪些则不能投资。如果评级机构频繁地变更债券的信用等级，这些投资者将被迫频繁地买卖相应的债券以满足投资规定，从而大大增加投资成本。

另外需要指出的是，信用等级只反映了评级机构对某类债券违约概率的预测，评级机构不提供对任何债券市场价格和价值的预测①。因而，一个信用等级为 AAA 的债券市场价格可以与信用等级为 A 的债券价格相当。这并不一定能说明评级机构错了，因为债券的价格受到包括宏观、行业和债券本身等在内的诸多因素的影响。

---

① 花旗集团的刘波先生和摩根斯坦利公司的程晓琳女士指出了该区别。

结构性金融产品的评级

结构性金融产品(structured finance,像CDOs)的信用评级,与公司债券信用评级的流程和方式既有相同之处,又有着显著的不同。结构性产品的一个重要特点是'分块'(tranche)。分块能够将不同风险和收益喜好的投资者与具有相应特征的产品进行有效的配对,从而大幅度降低发行成本。

结构性金融产品的安排人(arranger)在发行债券前,会为不同板块的债券申请信用等级评估。在信用等级公布之前,安排人会与评级分析师进行充分的交流:分析师会讨论他们对产品信用等级的初步观点;而发行人则往往会挑战这些观点,提供新的信息以达到提高信用等级的目的;最后,分析师会对新的信息作出回应。这一切都与公司债券的评级过程没有本质的区别,但结构性金融产品的复杂性决定了这种交流必须更加深入和充分。结构性产品的安排人可以将资产任意分块,高级板块可以拥有总资产的20%,也可以拥有总资产的50%。安排人还可以为不同板块增加不同的特征,如提供现金储备、避险安排,等等。这些安排的唯一目标是设计一种既有市场又能产生利润的金融产品。但是相比之下,公司债券的发行人有着许多限制:他们通常有长期发展战略,必须考虑股东和其他债权人的利益。如果发债筹资进入亚洲市场是公司的长期发展战略,在大多数情况下,公司不会因为信用等级而放弃这一战略。事实上,对于公司债券发行人来说,信用等级通常是处于附属地位的。而对于结构性金融产品而言,信用等级则是维持一个高效有序市场的关键。这就决定了结构性金融产品的安排人必须与评级机构进行经常、深入的沟通。①

结构性金融产品与公司债券的评级方式也有着本质的不同。信用等级的划分是以债券发行人的违约概率为基础的。在过去的数十年当中,成千上万的公司债券上市流通,市场记录着非常丰富的有关不同等级债券违约

① 该段落主要内容来自:Lan Bell and Rose Joanne, "The Fundamentals of Structured Finance Ratings," www.standardandpoors.com, August 23, 2007。

的历史数据。而结构性金融的历史则短很多，基于历史数据直接计算的违约率可信度不高。因此，结构性金融产品的评级主要基于针对历史数据的模拟。例如，穆迪的 CDOROM 模型、惠誉的 VECTOR 模型和标准普尔的 CDO Evaluator™模型。但是，模拟中使用的所有参数是从非常有限的历史数据(大多数结构性产品是 2002 年以后开发的)中得来的，当市场环境发生变化，评级机构必须相应地更新它们的模拟模型。在次级贷款危机中，实际违约发生的速度要比基于历史数据的模拟得出的高得多。每次评级机构更新模拟模型，就会引起数以千计的产品被降级。由于多数结构性金融产品是联系在一起【比如，基于 CDOs 的 CDOs(CDO 平方)甚至 CDO 立方】，某一类型产品的降级将会导致其他相关产品的降级。这一级一级的传下去，雪球越滚越大，最终造成了一场金融危机。①

评级机构与金融危机

过分依赖信用评级

信用评级机构提供的是有关某公司或某债券信用高低的“观点”。这和股票分析师分析股票前景并提供投资观点(是买入、卖出还是持有)本质上没有什么区别。绝大多数成熟的投资者都明白股票分析师的观点是基于一些假设和模型基础之上的，是很可能会错的，从而不会盲目相信股票分析师的观点。评级机构的观点同样也是建立在假设和模型之上的，但是为什么大大小小的市场参与者，还是唯评级机构观点马首是瞻？一个根本的原因是金融行业监管机构对信用评级的过分依赖。例如，证监会规定货币市场基金只能投资期限在 397 天之内的“合格”证券，而证券“合格”与否得看它的信用等级是否高于一定级别②。再如，根据法规，对于保险公司来说，如果担保价值 1 000 美元、信用等级为 AAA 的债券需要一美元的自有资本金；

---

① 花旗集团的刘波先生和摩根斯坦利公司的程晓琳女士为该段落的主要贡献者。

② 美国众议院备忘录：“The Role of Credit Rating Agencies in the Portfolio Management of Money Market Funds.” http://financialservices.house.gov/media/pdf/040203dc.pdf.

那担保相同市场价值但信用等级为BBB的债券则需要三美元的自有资本金;如果担保信用等级为BB的债券则要高达11美元的资本金。国际清算银行也同样使用信用评级来规定资本金的需求。

由于使用信用评级是如此广泛和简单,大批机构投资者也非常依赖信用评级,甚至让信用评级取代了自身对投资价值的判断。例如,一些债券投资基金所做的,就是在同一信用等级内,选择内在收益率最高的债券进行投资,而不认真思考为什么这个债券的收益率最高(债券的内在收益率与债券价格成反比,内在收益率越高,价格越低,表示该债券风险相对较高)。由于结构性金融产品(如CDOs)的收益在同等信用等级的债券中收益较高,所以很多投资基金没太费脑筋就大量买入这些复杂的金融产品。

过分依赖三大评级机构

市场和监管层不但非常依赖信用评级,更依赖来自"三大"的信用评级。2008年3月16日美联储在历史上第一次允许投资银行通过贴现窗口借贷资金,但是只接受投资等级的证券作为抵押物。什么是投资等级的证券呢?美联储是这么定义的:至少被一个"三大"机构评级,并且信用等级至少为BBB[①]。

美国不少州政府法规"强力"或"硬性"推荐"三大"的服务。新罕布什尔公共存款投资基金(New Hampshire Public Deposit Investment Pool)要求商业票据必须由"三大"评级。纽约州递延补偿局(The State of New York Deferred Compensation Board)更挑剔,要求只能投资被"两大"评级的货币市场基金。当然,这"两大"是穆迪和普尔。

"三大"的长期垄断地位致使它们缺乏内在的动力去创新、去竞争、去不断提升业务能力。这次危机爆发的一个重要原因就是一个被评级机构广泛使用的计算违约风险相关性模型——"李氏模型"严重低估了结构金融债券的实际违约风险;从而导致数千亿美元按揭证券的信用等级被严重高估了。

① Report Pursuant to Section 129 of the Emergency Economic Stabilization Act of 2008: Loan To Facilitate the Acquisition of The Bear Stearns Companies, Inc. by JPMorgan Chase & Co.

事实上，一些学术界和业界人士对此模型很早就提出疑义，如斯坦福大学著名金融教授达内尔·达菲(Darrell Duffie)曾多次提醒“李氏模型”根本不适合风险管理或价值评估。

信用评级与债券保险

评级机构在此次金融危机中起了双重作用：通过对各类按揭证券评级而产生的直接作用和通过对债券保险人评级而产生的间接作用。美国大型的债券保险公司(monoline insurers)包括AMBAC、MBIA、FGIC、ACA等公司。它们为市政债券和结构性金融债券提供保险。也就是说，一旦债券发生违约，债券保险公司将按照合同向债券投资人支付赔偿。债券发行人通常购买债券保险以提高信用等级，降低筹资成本。债券保险人自身信用等级非常重要，因为被保险债券的信用不可能超过债券保险人的信用。在次贷危机发生之前，几乎所有的债券保险人都拥有顶级的信用等级，它们为超过2.4万亿美元的债券提供担保。随着次贷危机的不断发展，这些债券保险人的损失不断增加，使得它们AAA的信用等级受到严重威胁。2008年1月18日，星期五，债券保险人Ambac金融集团的信用等级被降为AA，这引发了超过10万个市政、机构债券的降级，涉及市场金额高达5 000亿美元。这次降级震撼了全球金融市场。1月21日，星期一，是纪念黑人运动领袖马丁·路德金的节日，美国全国放假。但是全球其他地方股市疯狂地暴跌，亚洲新兴市场股市跌去15%，日本和欧洲市场下挫5%。22日，全球股市继续下挫，为了避免“黑色星期二”，美联储不得不突然决定大幅下调联邦基金利率0.75%，这是1982以来最大的利率调整。一个星期以后，美联储于1月30日，再次降低利率0.5%至3%。

为了避免降级，多数债券保险人已经或正考虑将市政债券保险业务和其他业务分开。2009年2月18日，MBIA债券保险公司正式宣布一分为二：一个公司将运营国际和结构金融债券保险；另一个将运营传统的公共财政债券保险，如市政债券保险业务。市场投资者显然欢迎公司的举措，当天股价上扬29.6%至4.51美元(该股在此之前的一年里跌了67.2%)。

评级机构的改革

改革信用评级行业是必然，不少改革已正在进行。2009 年 3 月初，标准普尔公司号召全球性的监管变革以消除信用评级行业的利益冲突；并对评级所用方法进行充分披露。标准普尔支持建立行业道德守则和新的监管框架，该框架将要求评级机构披露潜在的利益冲突并禁止分析师为被他评级的公司提供咨询业务。新上任的证监会主席玛丽·斯卡皮罗表示了对评级机构收费模型的不满，并表示会推动更多的针对评级机构的立法。事实上，在 2008 年 7 月，前任证监会已经提议将证监会法规中所有明确眷顾“三大”的地方删除。

访 谈 九

被采访人:赵振宇,穆迪投资者服务公司金融组分析师

(访谈只代表被采访人个人观点,不代表公司立场。未经允许,不可转载)

问:能否举例说明,通常你的一天是如何度过的?或者说是如何分配时间的?

答:一般我们都会提前知道今天会有哪些重要的新闻公布,如果有季报或年报公布,我会在助手整理好材料后研读报表,有时还要直接参与公司为华尔街分析师召开的电话会议,了解公司的最新动向,这是一部分工作。

另外,我们还会和发债公司的领导层见面,诸如公司的首席执行官和首席财务官。他们一般每年至少要和我们会一次面,向我们汇报一下公司的运作情况以及对未来的展望,并回答我们的问题。我们也会给他们一些反馈意见,如对他们公司信用评级的看法。除了和公司领导面谈外,我们还会和公司保持经常性的联系。我们这个行业的一大好处就是有非常好的信息通道,我们能够随时和公司的最高领导层沟通,这对我们的分析帮助很大。

最后也是最主要的日常工作就是为评级委员会的会议作准备。作为一个分析师,我得时刻关注发行人和有关行业的动态,决定哪些消息(无论是已公开的还是未公开的)需要启动评级委员会程序。有些消息未必会影响评级,例如公司新公布的赢利与我们的预期大体一致,而不需要召集大家开会。但是有些重大信息,如并购、更改信用协议或领导班子变更等,会直接影响到发债公司的发展前景。这时,你可能就会召集一个评级委员会会议,委员会成员通常包括主席、领衔分析师和其他相关行业的分析师。我会花很多时间准备相关材料,如果打算改变对某个债券的评级,那我必须有足够的令人信服的材料来支持我的观点。一般来说,一旦进入评级委员会会议程序,我们必须提出一个明确的推荐:是改变评级,还是保持现有评级,还是提出一个观点。准备、参与会议以及会议记录和备案占用了大约70%～

80%的时间。有时,我们还会同时准备几个相关企业的材料。

还有一个花时间的就是给投资者回电。因为我们的报告最终是对发债公司的信用程度发表观点,并非投资推荐。但是如果他们对我们某个举措或报告有疑问,他们会直接打电话给我们。我们公司规定一般要在一天之内回复他们。

问:投资者指的是谁?是任何一个投资者都可以打电话给你吗?我在你们公司的网站上免费注册了一个用户名,我可以免费看到很多报告。

答:投资者主要指的是付费的报告订阅者。付费的服务会包括更加深入的研究,适合于资深的专业投资人士。非专业的人员可以通过免费注册,看到一些选择性的报告及研究。但是有一点很重要,所有公司债券信用等级都是公开的;信用等级一旦有变化,我们也会在第一时间以新闻发布的形式通过传媒向大众公布。

问:2009年3月初,穆迪推出了一个新的数据库叫做"低层"(Bottom Rung),该数据库罗列了283个风险最大的高收益公司债券。穆迪估计大约有45%的债券2010年会违约。你是其中16个公司的分析师,其中八个公司属于汽车零配件业,另外八个公司属于餐饮业。餐饮业和汽车零配件业非常不同,你在分析两个行业公司的时候,会使用哪些具有共性的分析工具,哪些不同的分析工具?

答:对公司债券评级主要是研究公司违约的概率,以及估计一旦发生违约后投资者的损失会有多大。共性主要看公司是否有足够的现金流来偿付债务,这包括当期的利息和债券到期后的本金。因此,我们常常看一些通用的财务指标,例如偿债比例和利息覆盖比例,等等。

但这两个行业非常不同。首先,餐饮业的现金流相对比较稳定、可预测性较高。相比较,汽车零配件业的收入波动很大。像我评级的一些公司,在1~2个季度内,销售收入可能会下降50%,从一个赢利的公司变成一个亏损公司。由于该类企业的赢利波动性高,在剔除商业周期等宏观因素的影响后,该类企业的信用等级可能会比其他相对稳定行业企业的要低一些(如果它们的其他指标类似的话)。其次,餐饮行业内部的企业相关性不是很高，大家相对独立，一个公司倒闭了，可能对其他公司的影响不是很大（甚至是正面影响，如果两家公司是主要竞争对手的话）。但是，汽车行业内部不同企业之间联系得非常紧密，环环相扣。不少企业的一些重要零配件的供应商只有一家，如果其中一家企业垮了，其他企业必然会受到很大影响。具体来说，汽车零配件业大体上可以分为三级：第一级、第二级和第三级（tier one、two、three）。第一级的企业直接将零配件供应给诸如通用和大众之类的汽车生产商；第二级的企业为第一级企业提供零配件；而第三级企业再为第二级企业提供零配件。如果其中某一级企业付不起账，倒闭了，必然会影响到上下游的企业。

问：《华盛顿邮报》在2009年1月底的一篇报道指出，底特律的三大汽车制造商平均每个月欠配件供应商130亿～150亿应付账款。如果三大汽车公司倒了，那很多一级配件供应商也会倒，是不是这个道理？

答：对。这个是双向的，下游会影响到上游，上游也会影响到下游。如果三级或二级企业倒闭了，一级企业由于得不到及时的配件供应，也可能会倒闭。所以，我们会不断地监控相关企业的状况。政府之所以要对汽车行业救助，一个很大的原因就是为了避免"涟漪效应"（ripple effects）——一个企业破产，可能会导致一批企业破产，从而导致大批失业。

问：在2008年9月雷曼兄弟突然破产，评级机构是如何作出反应的？

答：我只能谈谈我们部门（公司债评级部）。雷曼兄弟的倒闭所导致的金融风暴对信贷市场影响非常大，我们必须作出及时的反应。金融市场息息相关，举个例子来说，雷曼破产极大地影响到浮动利率，而不少公司的债务是浮动利率的，例如，LIBOR＋利差。这样公司的付息额就会增加。我们就要分析公司的短期现金流动性是否会受影响，另外，我们还得考虑企业是否还能在市场上融资，因为有一段时间，由于投资者丧失信心，整个商业票据市场几乎就完全停顿了。一些投资级的企业如果它们现有的商业票据到期后无法继续借债该怎么办？我们就必须逐个分析企业是否还有其他的融资渠道。如果有必要，我们评级机构会作出反应。

当然，很多因素是无法预测的，有些因素在评级时已经考虑到了，因为信用等级是有个范围的，能承受一定的波动性，并不是说，一件小事发生就会改变评级。但是，如果有重要影响的事件发生了，我们会研究考虑是否改变评级或发表某些观点。

问：公司每三个月才公布一次财务报表，但是市场瞬息万变，评级机构是如何调和市场变化快于数据之后之间的矛盾的？

答：无论是上市公司还是非上市公司（无需公布财务报表），我们都会实时地监控它们，如果有疑问，我们会及时跟公司取得联系。还有，评级具有前瞻性，我们在研究历史数据的同时也注重公司未来发展及计划。我们的评级一般要保证在未来的12～18个月还是正确的。公布的数据确实是滞后的，我们很清楚这一点。但对我而言，我会更注重分析实际表现和我的预期之间的差距及产生的原因，从中推敲公司未来走向对其现有信用评级的潜在影响。

问：你是更多地依赖于定量分析（财务风险）还是定性分析（业务风险）？

答：我们会综合考虑。我们现在每个行业都有专门的评级方法，这些方法都是公开的，一般都会表明定性的占多少比例，定量的占多少比例。根据该行业的评级方法，以及相关公司数据，就会生成一个初步的信用等级。分析师会综合考虑其他相关的因素，向评级委员会提出信用等级评定建议。

问：标准普尔有个评级委员会，主分析师会先做出信用等级推荐，然后整个委员会会投票决定信用等级。你们公司也是这样处理的吗？当委员会成员的矛盾非常不一致时，你们是如何协调矛盾的？

答：是的，我们公司与标准普尔的评级方式是一致的，也是通过评级委员会。一般是一人一票，少数服从多数，这是个非常民主的过程。如果四个人投票，结果是2比2，那就得重新开会投票。

问：你是如何与发行人进行有效沟通的，特别当你觉得债券达不到预期的信用等级时？

答：如果有重大疑问，我们一般会和公司有关管理人员（首席财务官或金融总管)召开电话会议或者直接将他们请到公司。我们会将他们的回答与我们的预期进行比较,是否在预期之内?如果不在,我们就要研究为什么会出现这个问题,这个问题是暂时性的呢,还是会在未来12～18个月内继续存在?例如,餐饮业是否明年能够恢复?我看未必,因为失业率很高,那种到高级餐厅大吃大喝的日子已经一去不复返了,这样的状况可能会持续一两年,这就不是暂时现象。当然,不少公司会针对宏观经济现状作出调整,如裁员,停止回购股票,并用省下来的资金回购债券以降低财务杠杆,等等。我们会结合公司的自我调整来判断公司未来的财务表现是否能达到原先的预期。如果不能,那我们就要召集评级委员会来决定是否要改变该公司债券的信用等级。

问:如果你的对手公司突然改变了对某个债券的评级,你会如何反应?

答:一般对手有什么反应,我们都会估计到,因为大家的信息来源都差不多。可能由于工作量的问题,每个分析师都负责数十个公司,而且先后重点会有所不同。我可能会先出公司A的评级更新报告,而别人可能会先出公司B的评级更新报告。

问:你刚才提到了评论(commentary)。你能简单地介绍一下评论的主要作用吗?什么时候你觉得有必要发布新的评论?

答:一般是某个事件发生了,你认为虽然没有必要改变评级,但是又比较重要,投资者可能会有兴趣知道穆迪的最新想法。投资者也想知道为什么我们决定保持评级,我们考虑问题的思路是什么。

问:三大机构都在纷纷发展非评级业务,如咨询业务。你认为咨询业务与评级业务会有潜在的利益冲突吗?

答:我们评级和咨询业务是完全分开的,我们从来没有直接沟通过。从行业知识角度来说,咨询业务的存在或许会促进我们评级业务。例如,我们穆迪旗下有个经济研究公司 www. economy. com, Mark Zandi是该公司的首席经济学家,他经常以专家身份参加国会的听证会。他很早就指出三大汽车公司向美国政府索要的100多亿美元的救助根本不够,结果证明他的预见是非常正确的，没过多久，这些公司又向政府伸手要钱。我们可以阅读到这些经济和行业专家有关不同国家、行业，甚至城市的研究报告，这些会有助于提高我们分析师对宏观经济和行业的理解。但是，我们从来不会向我们的客户推销咨询业务。

问：中国人民银行副行长苏宁在2009年3月召开的中国人民银行征信工作会议上提出，要完善企业和个人征信系统的建设，规范信用评级业务行为，扶持国内评级业的发展。你可能对中国的状况也比较了解，能否谈谈穆迪在中国的发展前景？

答：中国债券市场目前还没有发展到一定规模，但我相信在未来的5～10年，发展会很迅速。穆迪在北京有个合资公司（中诚信国际），在中国香港有分公司，在亚太地区重要国家，如日本、韩国、新加坡等都有分支机构。如果中国债券市场腾飞起来，穆迪还是有优势的，因为穆迪有当地人才、区域知识和业务网络。

问：那你觉得中国会出现强大的本土评级机构吗？

答：未来中国债券市场的繁荣与发展会给国际及国内的评级机构提供创业的舞台。在这个“百废待兴”的环境中，大家基本上是在同一起跑线上。债券市场在中国还是很新的，对任何白手起家的企业包括外来的“和尚”来说都有个学习的过程，例如中国债券的违约历史数据就几乎没有。这不像在美国，穆迪在上世纪初就开始跟踪债券的违约，积累了大量的历史数据和经验。

问：你本人既是注册金融师又是注册会计师，对于一个想进入信用评级领域发展的人来说，他应需要具备哪些知识，作好哪些准备？

答：金融分析和会计分析是基础，你必须能够轻松地阅读枯燥的财务报表。不但能够读懂报表，还要能深入分析报表。评级是具有前瞻性的，你要学会通过察看报表及其脚注撇开许多杂音，找出企业发展的趋势，从过去发现未来，这需要比较强的金融会计知识。

其次，与人交流的能力也非常重要。我们的工作每天都是在和人打交道，而且是和诸如首席执行官和首席财务官等公司高层打交道。他们很多都是行业专家，如果我们有什么举措，如变更评级，我们必须能够使他们信服。这需要一定的沟通技巧。

最后，就是时间管理和项目管理。因为你要负责很多家企业，如何将项目分个轻重缓急，如何同时处理几个项目都决定了你能否胜任这项工作。

第 8 章　风险管理与控制

任何大型金融机构的首席执行官必须同时也是公司的首席风险官。

——沃伦·巴菲特[①]

贝尔斯登的陨落

2008年3月16日，星期日，是一个会被永远载入金融史册的日子。这一天华尔街最受尊敬的投资银行之一，贝尔斯登轰然倒下了。这个有着85年历史，经历过美国30年代大萧条，经历过第二次世界大战，经历过两次石油危机，经历过1998年长期资本管理公司[②]危机的公司；这个在2007年1月12日每股股价为171.5美元，在2008年3月13日股价57美元，账面资本为84美元的公司；这个雇佣着14 000名员工，在全球十多个国家拥有分支机构的公司；在2008年3月16日下午在美联储提供300亿美元

贝尔斯登纽约总部

① "The CEO of any large financial organization must be the Chief Risk Officer as well."– Warrant Buffett.

② Long Term Capital Management 是一个巨型的对冲基金，在1998年被数家银行接管。

融资的承诺下(该承诺后被修改为290亿美元),以象征性的每股2美元(九天之后,收购价格被提高到每股10美元)的价格卖给了摩根大通银行(2008年5月29日,贝尔斯登的股东正式批准了该并购)。而仅仅在三天前,该公司的CEO艾伦·施瓦茨(Alan Schwartz)还对外宣称该公司拥有足够的现金来应付任何流动性问题。很显然,贝尔斯登的交易关联方和对手们并不相信施瓦茨的表态。英国著名的新闻记者沃特·贝格浩特(Walter Bagehot)在一个半世纪前就一针见血地指出:“任何一个银行家都知道当他必须向别人证明他有信用时,无论他的论据多么出色,他的信用事实上已经没了。”①

这一切来得太快、太突然了。这似乎不应该发生在贝尔斯登这个过去一直以精明的风险管理著称的顶级投资银行身上。贝尔斯登的员工有着非常强的归属感和荣誉感,他们持有超过30%的公司股份,他们认为自己虽然“穷”,但是聪明,并有着极深的致富欲望②。许多人毕生的积蓄一瞬间化为乌有。

贝尔斯登是华尔街五大投资银行中最小的一个,但是它一直以来都是美国固定收益证券市场上的领头军。它在2007年是美国第二大抵押证券承销商,是国债、市政债券和公司债券最大的交易商之一,同时还是大型对冲基金管理人。但是它却是在次贷危机中率先倒下的主要投资银行。贝尔斯登倒闭的最直接原因是资产缺乏流动性,用句通俗的话说就是,资金周转不灵。2007年7月,贝尔斯登旗下两个投资按揭债券衍生产品的对冲基金被迫破产。2007年第四季度贝尔斯登出现了历史上首次亏损,巨亏8.54亿美元,在这之后,华尔街就开始传闻它资本金不足、流动性下降。交易商渐渐地不愿意与它做生意,主要银行也逐渐拒绝它的资产抵押,致使它的流动性风险急剧上升。

2008年3月接二连三发生的一系列不利事件最终摧垮了贝尔斯登。普

① Walter Bagehot, “Every banker knows that if he has to prove that he is worthy of credit, however good may be his arguments, in fact his credit is gone.”

② “Poor, smart and with a deep desire to be rich”.

林斯顿经济学家 *Brunnermeier*[①] 列出三大事件。第一，3 月初，大量投资房地美和房利美两公司所发行债券的对冲基金——Carlyle Capital，由于无法向借款银行支付所欠保证金，所持资产（主要是“两房”债券）被银行缴获并被拍卖，直接导致了债券价格的下降。这对贝尔斯登的打击是双重的，因为贝尔斯登不但自己拥有大量的“两房”债券，同时它还是 Carlyle 的信贷方之一。Carlyle 彻底清盘后，如果还有任何有价值的东西剩下，贝尔斯登能获得的仅仅是价格贬了再贬的“两房”债券。第二，3 月 11 日，美联储宣布了总额达 2 000 亿美元的证券借贷项目。该项目允许投资银行用“两房”债券来暂时（不超过 28 天）置换无风险的美国国债。参与该项目的投资银行是匿名的，但是一些市场参与者（错误地）将美联储的这一新举措理解成“联邦储备知道某一投资银行也许处在困境，需要帮助”。而贝尔斯登是五大投行中最小、财务杠杆最高、拥有大量按揭贷款相关证券的一个。市场自然而然地就认为贝尔斯登问题不小。最后，11 日当天股市收盘后，一个对冲基金要求高盛公司参与一个交易，但是该交易会直接增加高盛对贝尔斯登的头寸。由于该交易要求发的比较晚，高盛没有在当晚接受交易合同，而选择在 12 日早晨。不幸的是，合同的拖后被市场理解为“拒绝”，该消息被媒体披露出来后，引起了贝尔斯登对冲基金客户的恐慌，主要的对冲基金客户和其他的大客户开始挤兑贝尔斯登，要求从它那儿抽取资金。很快，它的流动性状况急剧恶化，美国证监会主席考克斯（Christopher Cox）在 2008 年 3 月 20 日的一封信[②]中指出，贝尔斯登的“流动性资产池”（liquidity pool）——可以迅速转变成现金的资产（如美国国债），在 2008 年 3 月 6～14 日这短短的一个星期之内，从 210 亿美元猛跌到 20 亿美元。事实上，在 3 月 13 日，它已不能在回购协议市场借贷资金。公司 CEO 施瓦茨不得不公开站出来辟谣，但为时已晚。

六个月之后，第四大投资银行雷曼兄弟在 2008 年 9 月宣布倒闭，这可

---

① Markus K. Brunnermeier, “Deciphering the Liquidity and Credit Crunch 2007-2008,” *Journal of Economic Perspectives*, Vol 23, No. 1, Winter 2009, pp. 77-100.

② Christopher Cox, “Letter to Dr. Nout Wellink, Chairman of The Basel Committee on Banking Supervision,” http://www.sec.gov/news/press/2008/2008-48.htm, March 20, 2008.

能是美国金融史上最大的破产案；但是正是贝尔斯登的被购让人第一次领会到表面上无比强大、指点江山的华尔街是多么的脆弱。贝尔斯登事件向我们显示，在这个金融创新层出不穷的时代，在这个金融机构因复杂的金融产品和交易而被联系得更加紧密（Tight coupling）的时代，风险管理是生死攸关的大事——任何一个环节的疏忽都可能导致意想不到的、灾难性的连锁反应。

插曲：说来有点讽刺的味道。在 2008 年 3 月 13 日，一个猎头公司还打算安排我和贝尔斯登内的一个对冲基金在 3 月 18 日早晨 11 点见面。17 日一早我就给该对冲基金的高级董事总经理发了邮件，表达了我对贝尔斯登被收购事件的遗憾之情，同时建议取消我们的见面。3 月 19 日，我已经看见贝尔斯登的员工在我们公司面试了。

如何量化风险

我们憧憬未来，就必须面对不确定性；有不确定性，就有风险。给未来不确定性定义并从若干可能中作出选择是一种能力，这种能力是现代社会进步的核心能力。对于金融机构来说，承担风险和管理风险更是所有业务发展不可分割的一部分。而承担和管理风险的第一步始于有效地量化风险。

预期回报

任何一个正常投资者都追求高回报和低风险的投资。不如人愿的是，高回报的投资往往都是高风险的投资。20 世纪 80 年代中后期，许多投资者包括机构投资者认为垃圾债券是高回报低风险的投资；同样的，2003～2007 年期间，许多投资者认为次级抵押债券相关产品是高回报低风险（有些产品甚至被认为接近于零风险，债券信用等级为最高等级 AAA）的投资；这些投资者的“下场”是相同的——亏得体无完肤。套用一句古语，高回报，我所欲也，低风险，亦我所欲也，二者不可得兼。准确地说，这里的回报应该是预期回报，而风险则是最终结果偏离预期回报的程度。偏离度越高表明可预期的程度越低，从而风险越高。

预期回报在金融里定义为投资某一资产的加权平均回报率，权重则是出现某种可能收益的概率。例如，投资某一股票获得负5%的回报率的概率是40%，0%回报率的概率是20%，正20%回报率的概率是40%，那么该股票的预期回报就是$-5\% * 40\% + 0\% * 20\% + 20\% * 40\% = 6\%$。

标准方差

金融里一个经常使用的风险度量为标准方差(standard deviation)，它用来测量投资收益的概率分布的波动性。标准方差越大，未来收益的可能波动性就越大。标准方差 = 可能回报与预期回报之差的平方与概率乘积之和的平方根。在上面的例子中，标准方差$=[0.4 \times (-5\%-6\%)^2 + 0.2 \times (0\% - 6\%)^2 + 0.4 \times (20\%-6\%)^2]^{0.5} = 0.059$。

标准方差使用起来很方便，它的最小值为0；值越大表示风险越大。零标准方差意味着某种投资的风险为零，如投资美国国债①。有三点问题值得指出。第一，标准方差是有量纲的，标准方差的量纲与预期回报的量纲相同。如果预期回报是以美元计算的，标准方差的量纲则是美元；如果预期回报是以人民币计算的，标准方差的量纲则应为人民币。为了方便不同资产之间的比较，投资者通常使用以百分比形式表示的投资回报。第二，标准方差只能相对衡量一个独立资产的风险。如果某一资产属于投资组合的一部分，那么该资产的标准方差并不能准确衡量该资产对投资组合整体风险的贡献。第三，预期回报和标准方差的计算取决于概率分布。由于没有人能够准确无误地给出未来事件发生的概率分布，我们只能根据历史数据或者某些合理假设来估算概率分布。标准方差的可信度直接取决于概率计算的可信度。如果概率分布假设或计算得不准确，那么方差就不可信。用句通俗

① 不是所有国债投资都是无风险的，例如，1982年一些主要拉美国家国债和1998年俄罗斯国债。

的话，如果进的是垃圾，那出来的也必将是垃圾(Garbage in, Garbage out)。

系统性风险和非系统性风险

金融产品不是一个个独立体，它们通过全球各地的股票、债券、衍生产品等金融市场联系在一起，它们同时受着货币政策、财政政策、经济发展周期、大型自然灾害等众多因素的影响。这些就决定了人们在衡量单一金融产品风险时必须同时考虑两个方面——该产品自身的特性和该产品与其他产品之间的互动关系。现代投资组合理论将某产品自身独有的风险称为非系统性风险，如 CEO 的身体状况对该公司股票的影响；而称由基本经济因素的不确定性引起的风险为系统性风险。非系统性风险又称为可分散风险，而系统性风险又称为不可分散风险。道理比较简单，当人们持有越来越多不同类的金融产品时，非系统性风险对整个投资组合的影响会越来越小 —— 10 家公司 CEO 同时生大病的概率是非常低的，而任何一个 CEO 生病对于整个组合的影响可以忽略不计。但是，所有金融产品都受到同样的系统性风险的影响，无论你持有多少种金融产品，这样的风险是分散不掉的。比如，2007 年中国政府突然提高印花税，这不仅仅对一两只股票有影响，而是对整个股票市场都有影响。再如，2007～2009 年美国金融危机，不单单影响了美国证券市场，更影响了全球几乎所有证券市场中成千上万的股票和债券。无论投资者持有多少种不同的资产，这些风险通常是分散不掉的。

在现代金融里，贝塔值(beta)通常用来衡量某个金融产品的系统性风险，它度量产品预期回报与整个金融市场变动的关系，贝塔值越大，系统性风险越大。当贝塔值大于 1 时说明该金融产品的波动性要大于整个市场，如某支股票贝塔值为 2，就是指其波动性是整个市场波动性的 2 倍——如果市场上涨(下跌)10%，该股可能会涨(下跌)20%，该股可能会跌 20%。当贝塔值等于 1 时说明该产品的预期回报与市场波动性基本一致；小于 1 时，说明其波动性要弱于市场，风险较小。通常防守型、公用事业类和收益型股票的贝塔值小于 1，例如，宝洁公司(P&G)在 2009 年 3 月的贝塔值为 0.61。成长型股票，如高科技公司股票，贝塔值则大于 1，反映了高风险高回报的特质，例如，搜索引擎百度在2009年3月的贝塔值为1.97。

金融机构的风险与回报、VaR

金融机构与一般的企业不同[①]，一方面，它们的自有资本占总资产的比例很低，通常低于10％，例如，贝尔斯登的自有资本只有总资产的1/34；另一方面，它们每天要从事成千上万、风险各异的交易，直接或间接管理着数百亿，甚至上万亿美元的资产［与贝尔斯登相关联的柜台交易的互换合同(over－the－counter swaps)总额高达10万亿美元］。它们必须时刻观察和监控着自身和交易对方的风险，以避免收入和赢利产生大幅的波动。前面提到的标准方差和贝塔值通常应用于单个或者相对简单的金融产品或组合，如单个股票或者几个股票组成的投资组合，但它们很难准确定义和度量由多个金融工具组成的投资组合风险，以及金融机构存在的整体风险。

1990年，摩根大通银行推出了具有开创性的风险衡量工具——“风险价值”VaR (Value－at－Risk)。VaR按字面的解释就是“处于风险状态的价值”。VaR的正式定义为：在一定置信水平和一定持有期内，某一投资组合可能遭受的最大损失额。VaR是置信水平和时间的函数。对于银行的交易账户来说，置信水平通常设为99％，持有时间设为10天。这时，VaR代表某一数值(如1亿美元)，它表示在未来10天内，该银行的最大亏损值超过VaR(1亿美元)的可能性不超过1％。

VaR的诞生来源于摩根大通当时的董事会主席丹尼斯·韦泽斯通(Dennis WeatherStone)的大力推动。相传他对每天收到的冗长、复杂难懂的风险报告非常厌恶。他于是要求手下开发一种新的风险衡量指标——该指标要能够衡量整个公司所有交易投资组合在未来24小时内的总体风险。VaR就是该指令的产物，它在摩根大通又被称为所谓的“4点15分”报告，因为该报告在每天下午4点15分，也就是在股市收盘15分钟内要放到董事会主席的桌子上。很快，其他银行和金融机构纷纷效仿。1999年6月，

---

① 金融研究学者在研究企业资本结构时，通常将金融机构与能源企业和所有其他企业区别对待。主要原因是，金融机构的资本结构通常不能反映企业的融资决定。而能源在美国是受高度监管的行业，能源企业的资本结构也往往不是企业自身“理性”决定的结果。

巴塞尔委员会发布关于修改1988年《巴塞尔协议》的征求意见稿，该协议对银行风险管理新方法，特别是VaR，给予了充分的关注。2007年1月，新的协议《巴塞尔协议2》(Basel II)正式在全球范围内实施，VaR为该协议的重要组成部分。

金融机构风险的种类

市场风险

市场风险(market risks)是指由于市场的波动而导致投资损失的风险。在过去的50年中，随着市场经济的不断发展成熟和宏观调控水平的提高，各国宏观经济(以GDP衡量)运行的风险在逐渐下降，如美国经济运行的风险①降低了50%以上。与之成显著对比的是，全球证券市场的市场风险却没有因市场透明度、投资者的成熟度、监管水平的大幅提高而降低。例如，最近20年标准普尔500指数的年平均风险要比50年前的还要高。2007年上半年，标准普尔指数日波动幅度超过1%的天数占到总交易天数的12.9%；而到了下半年波动幅度超过1%的天数达到了38.6%；在2008年前三个月间，这一比重达到了51.9%，为1938年以来的新高。1987年10月19日，著名的"黑色星期一"，这一天，道琼斯指数暴跌了22.6%，标准普尔500指数跌了20.4%。仅仅这一天所摧毁的市场财富超过了世界经济在这之前两年内所创造财富的总和。与之类似，在中国，2007年2月27日，股市在没有任何先兆的情况下，大跌8.84%，A股市场总市值一天之内蒸发上万亿元，两市928只股票跌停。

市场风险常常来源于金融机构的各种交易活动。金融机构所持有的头寸受到不同市场利率、汇率、股票价格、商品价格和其他市场因素的影响。控制市场风险的第一道防线是交易员本身。例如，从事国债交易的交易员必须控制相应的利率风险，并为可能的损失负责。在大多数金融机构中，交

① 用标准方差衡量。

易员的收入是直接与他们创造的盈亏挂钩的。在每个交易日结束之前，每个交易员必须确保所持头寸的风险低于公司为该交易员所设的风险限度。一旦限度被突破，交易员必须或者改变头寸的大小，或者执行新的避险交易将风险降低到限度以下。

在所有交易员提供风险数据后，公司的风险经理将风险归总。如果该金融公司的业务是高度多元化的，总风险应该相对较低，因为各笔交易的风险应在很大程度上相互抵消。如果发现总风险出乎意料地高，风险经理应该及时查明原因，推荐公司采取相对措施以降低风险。

信用风险

信用风险(credit risks)是借款人、债券发行人或金融衍生产品交易对方发生违约的风险。金融机构通常高度分散所持有的信用资产以降低信用风险。注意，高度分散不是指单纯的数目众多。如果一个银行借钱给 1 000 家企业，但其中一个巨型企业(比如宝钢)的贷款占了总贷款的 30%，那该银行所面临的信用风险还是非常高的。一旦该企业发生违约，该银行很有可能会倒闭。2007 年 12 月，贝尔斯登公司的债券被穆迪降级，主要原因之一就是贝尔斯登持有过多的希尔顿宾馆的商业抵押贷款。再如，如果一个银行借钱给 1 000 家企业，每个企业的借款额虽然不超过总借款额的 1%，但这 1 000家企业有 500 家属于化工企业。那么一旦整个化工行业不景气，该银行同样可能会遭受巨大损失。因此，金融机构应尽可能地将信用风险分散到不同行业、不同地区，甚至不同国家；同时要限定对任何企业和个人的最高信用额度。即使这样，还是有不少风险无法分散。例如，由于全球性经济衰退导致的风险。在这种情况下，像 CDS 之类的信用衍生产品可以大派用场。

另外，各大金融机构之间被无数的金融产品紧密地联结在一起，仅仅考虑交易对手的信用风险往往是不够的，还需多想几步，考虑交易对手的信用风险。举个例子，甲与乙做交易，乙同时也与丙做交易。甲不但要考虑乙的信用风险，同时也要考虑丙对乙的信用风险，因为一旦丙对乙违约，可能拖垮乙，从而间接导致乙对甲违约。这种信用风险在 2008 年 9 月 15～19 日雷曼兄弟破产后这几天表现得非常明显。所有主要的金融机构(特别是投资银行)都担心交易对手会违约,它们因而大量购买针对其他金融机构的债券的保险——CDS。这致使本来价格已不菲的CDS在一周内翻了倍。巴菲特在2009年3月1日致股东的信中用了非常形象的比喻来评论交易对手风险,"你的同床伙伴是谁固然重要,但其他与你同床伙伴共枕过的人是谁也很重要①"。

运营风险

2008年1月24日,法国第二大银行兴业银行(Société Générale)一名低级职员柯维耶(J érŏme Kerviel)在没有交易权限下,私自交易股指期货,给公司造成了72亿美元的巨额损失。这是有史以来,因个人越权交易所造成的最大亏损。2008年10月中信泰富有限公司财务董事张立宪未经授权用判断澳元走势的衍生工具进行了不当操作,使公司面临着近20亿美元的损失。2004年11月,中国航油(新加坡)股份有限公司执行董事兼总裁陈久霖因从事油品期权交易导致5.5亿美元巨额亏损……这样的事件还可以不断举下去,这些触目惊心的例子都涉及运营风险(operational risks)管理不善。在《巴塞尔协议2》中运营风险是这样定义的:由于内部处理、个人、系统的不完善或失效,或者因外部事件造成损失的风险。

巴塞尔银行监管委员会划分了七类运营风险:

- 内部欺诈(Internal fraud):如2008年发生的法国兴业银行交易案。
- 外部欺诈(External fraud):如2002年,前中国香港"亚姐"陈奕诗涉嫌诈骗广东省中国农业银行3.6亿余港元的案件。
- 雇员活动和工作场所的安全问题(Employment practices and workplace safety):美林集团因性别歧视案件损失2.5亿美元的案件。
- 客户、产品和业务活动的安全问题(Clients, products & business practices):家庭国际因非法借贷活动损失了近5亿美元。

---

① " It's not just whom you sleep with, but also whom they are sleeping with. "– Warrant Buffett.

● 实物资产损坏(Damage to physical assets):"9·11"事件对两栋世贸大厦上金融机构的影响。

● 业务中断和系统错误(Business disruption and system failures):所罗门兄弟因为更改计算系统损失了3亿美元。

● 执行、交付和过程管理(Execution, delivery & process management)等:这样的问题时有发生。例如,执行买卖指令时,把买单当成卖单处理了;把买1千股当成买1万股执行了,等等。

流动性风险

流动性影响着金融机构融资和交易活动。交易活动中的流动性风险[①](liquidity risks)通常指的是交易价格和交易数量之间的关系——当交易数量较低时,买卖价差(bid - ask spread)比较低;当交易数量上升时,买方需要支付的价格随着上升而卖方获得的价格会随着下降,导致买卖价差上升——流动性下降。一个直接的控制交易流动性风险的方法就是给头寸设上限。如果头寸有上限,那交易的数量也必然会有限。

因交易数量上升导致的流动性风险是正常的,也是可控制的风险。但是在某些特定的市场条件下,流动性可能突然干涸,所有人都想抛售,但却没有人愿意买。这种现象被称为"流动性黑洞"[②]。在正常运行的市场里,价格随着新信息的传播而起伏;但是价格很少会有过激反应。如果价格下降过多,新的买家就会出现使市场恢复均衡,这就是通常所说的价格的调节功能。然而在一些市场里,起初的价格下降会引发后续的价格持续下跌,最终导致流动性干涸,产品以跳楼价卖出。流动性黑洞有两类不同的诱因。第一,当交易产品的真实价格很难准确衡量时,由于信息不对称,如果卖方首先降价,买家会认为该产品的真实价值会比降价后的价格还低,他们会持币

---

① 如果细分,流动性风险可以分为资金风险和市场风险,详情请参见:Markus K. Brunnermeier and Lasse Heje Pedersen. Forthcoming. "Market Liquidity and Funding Liquidity." *Review of Financial Studies*。

② Avinash D. Persaud (ed.), *Liquidity Black Holes: Understanding, Quantifying and Managing Financial Liquidity Risk* (Risk Books, 1999).

待购——导致需求降低，卖方不得不再次降价。如在次级贷款危机中，担保债务债券(CDOs) 是主要元凶，它是一种非常复杂的金融衍生产品，很少有投资者能够真正估算它们的真实价值，最后原价 1 美元的 CDOs 只能以几美分卖出去。第二种情况，产品价格的下降可能会自动引发一些金融机构对该产品的抛售。很多金融机构，特别是对冲基金利用计算机来自动执行交易模型，不少模型设有"止损点"，意思就是，一旦价格下降到某一点，立即将该产品销售出去以减少损失。1987 年 10 月 19 日，著名的"黑色星期一"很大程度上是因为很多机构利用计算机来自动实施"投资组合保险"(portfolio insurance)交易而引发的——当资产价格下跌时，计算机会自动卖出一些资产，保留更多的现金为投资组合提供保险。当日，投资组合保险交易大约占了股指期货交易的 21.3%，占了纽约证交所股票交易额的 10%。市场暴跌得如此之快，以至于许多投资组合保险人由模型产生的交易指令根本无法执行，"保险"也无法相应提供。

除了交易活动外，流动性还极大地影响着金融机构的融资活动。金融机构的存亡在很大程度上系于市场的信心。如果市场对某个金融机构失去了信心，那么这个金融机构离消亡的时间也不远了。中国有句古话叫"众口铄金"，它的意思是说舆论力量大，连金属都能熔化。这句话放在金融界里一点都不差，如果大家都说你不行了，即使你真的还行，你很有可能最终会变得真的不行。因为在市场恐慌期间，大家宁可信其有，不可信其无。如果有谣言说你资金短缺，无论是真是假，我都先避开你，不和你做生意。这就是发生在贝尔斯登身上的事情。金融机构经常利用回购市场(Repo)来满足自身的短期资金需求。回购其实就是短期抵押贷款(大多 1～30 天)，贷款方以有价证券为抵押物向放贷人借款，比如 100 万，在回购期结束时，贷款方将 100 万和相应利息还付给放贷人同时取回抵押物。贝尔斯登是在所有投资银行中最依赖回购市场的。当华尔街有关贝尔斯登流动性问题的谣言四起时(2008 年 3 月 13 日左右的几天)，绝大多数银行开始拒绝贝尔斯登的抵押物，甚至连一些风险较低的证券，如优质抵押贷款证券。金融机构一旦无法短期融资，就如婴孩断了奶，根本无法存活。

VaR 的计算方法

市场风险 VaR

目前主要有两种方法计算市场风险 VaR：历史模拟法(historical simulation approach)和建模法(model - building approach)。

1. 历史模拟法

历史模拟法建立在历史是未来的明镜的假设上。假设我们想计算持有期为 1 天，置信水平为 99%的投资组合的 VaR。再假设我们有过去 500 天的历史数据，每一天可以看成未来的一种可能性，那么我们就有 500 种未来可能发生的情况。下面是历史模拟法的通常做法[①]：

- 识别影响投资组合收益的市场变量。它们通常是汇率、利率、资产的价格，等等。
- 搜集在过去 500 天当中这些市场变量的变化。
- 假设今天某市场变量，如利率的值为 v_{501}，500 天前的利率为 v_1，499 天前的利率为 v_2；那么在第一种可能场景下，明天的利率为 $v_{501}\cdot\frac{v_2}{v_1}$。以此类推，我们可以得到明天可能出现的 500 不同利率水平。
- 在每一种场景下，计算出投资组合明天可能出现的价值变化。
- 将 500 个投资组合价值变化值从差到好排序。因为我们假设的置信水平为 99%，由于在 500 种可能中，只有 1%的可能性(五种可能)，投资组合的变化值会小于或等于第五差的变化值，显然根据 VaR 的定义，第五差变化值就是我们所要求的 VaR。

---

① 参照：John Hull, *Risk Management and Financial Insitutions* (Prentice Hall, 2007)。

2. 建模法

建模法又称方差—协方差法(variance - covariance)。该方法假设所有市场变量的变化服从某种联合分布(较多使用的是正态分布),在此基础上运用历史数据,计算投资组合的 VaR 值。其基本思路为:

- 利用历史数据计算投资组合中每个资产收益的方差,以及它们相互之间的协方差;
- 假定投资组合收益是联合正态分布,可以求出投资组合整体的标准方差;
- 求出在一定置信水平下的 VaR 值。

必须要指出的是,历史模拟法和建模法都有缺陷。首先,它们都依靠历史数据。历史并不一定能够预测未来。市场情况、法律法规、创新能力等都随着时间的改变而改变,许多金融创新产品根本没有足够长的历史可言,如在这次次级抵押贷款危机中的一些结构性金融产品。这种情况下,金融机构常常使用一些模拟法和压力测试(Stress Tests)来弥补数据的不足。压力测试用来预测投资组合在市场变量极端变化下的表现。比如,假设股票价格一天下跌 30%。2009 年 2 月底,奥巴马政府推出的金融救助计划中明确要求未来接受政府援助资金的金融机构必须接受“压力测试”。该压力测试假设美国经济在 2009 年收缩 3.3%,住房价格在 2009 年下跌 22% ,并在 2010 年再跌 7%。其次,对于建模法来说,大多数 VaR 的计算都是建立在联合正态分布的假设基础之上的。事实上,正态分布严重低估了极端值发生的概率。我将在本章“贝尔斯登——黑天鹅事件的启示”这一部分进一步解释。

信用风险 VaR

首先,针对每个有信用风险的资产估计信用损失。对于银行贷款来说信用损失取决于违约概率(default rate)和一旦违约发生后的收复率(Recovery rate)。衍生产品的交易比较复杂。一些产品没有信用损失,比如卖出期权是卖出方的负债,卖出方不需要担心购买方的信用问题;反过来,买入期权则是资产,买方必须考虑卖出方的信用风险。

计算违约概率的方法有几种:可以根据历史违约数据、债券的市场交易价格和发行债券公司的股票价格来计算。根据具体情况的不同,可以采用不同的计算方法。与计算市场风险 VaR 的建模方法相似,有了每个资产的信用损失,我们可以估算出资产信用损失的方差和它们之间的协方差。最后,可以求出整个资产组合的信用 VaR。对于市场风险 VaR 而言,金融机构通常计算一天和一个月的 VaR;而信用风险 VaR 的时间跨度则要长很多,通常为一年。

风险管理和控制

风险管理的主要职责是理解公司当前所面临的风险和公司打算在未来承担的风险。它必须决定哪些风险是可以承受的,哪些风险是不能承受的;同时必须决定采取何种行动。

风险监控

前面提到的 VaR 是衡量金融机构风险的重要工具,但是仅仅用 VaR 是远远不够的。风险控制人员必须从多方位、多层次对种种风险进行描述和度量。这些描述和度量手段包括:

- 实时审查每个交易部门所持头寸的大小,以及头寸的变化;并与该部门所设交易限度相比较。一旦头寸超过了限度,公司的风险控制系统应立即拉响警报,相关的风险控制人员应立即采取相应的措施。
- 衡量头寸对市场情况变化的敏感度。提供头寸与风险敏感度报告(sensitivity reports)。识别并量化风险高度集中的业务或个人。
- 测算出各个业务部门以及公司总体的 VaR,VaR 应包括一天的 VaR、30 天的 VaR、市场风险的 VaR、信用风险的 VaR,等等。

- 压力测试。

针对风险的对话与交流

风险管理人员每天都应与交易员进行交流，写出综合风险报告；每个星期有一个总结报告和一次公司层面的风险委员会会议；还有就是季度性的和年度性的风险评估和监管汇报（用于公司的季报和年报）。

这种交流必须及时和深入。在2006年7月～2007年9月间，法国兴业银行柯维耶的非授权交易先后引发了24次警报。而风险评估部门简单地认为这些警报只是操作部门注册进入计算机系统时出现的普通问题。如果这24次警报中有一次被认真对待，那么兴业银行可能就不会遭受如此重大的损失。

风险控制

风险管理人员每天都应按照市场价格调整头寸的实际价值（mark to market）。对于新的交易模型和新的金融产品，风险管理人员一方面需要和产品开发人员一起进行风险测试，另一方面要独立评审。金融机构应该设立一整套成熟的新模型、新产品评审机制。

值得指出的是，过于机械地管理风险可能使公司在机会面前过分保守。金融机构必须掌握好控制风险以避免巨额损失和勇于承担风险以获利之间的平衡。2007年，高盛公司创造了历史性的赢利。这该归功于由史文生（Swenson）和本宝姆（Birnbaum）所带领的结构性金融产品交易团队，这只由16人组成的团队为高盛创造了40亿美元的收入。从2007初开始，该团队在次贷危机爆发前，豪赌该市场会垮，购买了大量的用于保险次级抵押贷款相关的CDOs的金融产品——CDS，同时卖空衡量一揽子风险最高CDOs价格的指数——ABX。在危机开始前，CDS非常便宜，危机爆发后，CDS的价格急剧上升。随着头寸的不断加大，高盛的风险经理们开始担忧了，公司的VaR水平上升了38%，达到每天1.39亿美元。该团队被要求将风险降低一半。但史文生和本宝姆在公司总裁和联合主席面前力争不要过早减少头寸，因为他们预期危机远远没有结束，他们还会有大幅获利空间。当中的故事比较长，他们先是屈从了公司的风险控制指令；后来当危机再度深化，他们又大举杀回，最终帮公司挣了40亿。

贝尔斯登——黑天鹅事件的启示

很久以前，所有人都认为天鹅是白的，以至于白色成了鉴别天鹅的重要标志。但后来人们在澳大利亚发现了黑天鹅，这一出乎意料的发现一夜之间改变了所有人对天鹅的看法。期权交易员塔利伯(Nassim N. Taleb)在他所著的《黑天鹅——高度不可能事件的影响》[①]指出"黑天鹅事件"，那些很少发生，但一旦发生就能产生革命性影响的事件，对包括金融市场发展在内的人类进程产生了主要影响。像计算机的发明、两次世界大战、"9·11"事件等都属于黑天鹅事件。黑天鹅事件对风险管理至少有三点启示：第一，历史很难预知未来；第二，黑天鹅事件虽然极少出现，但出现的频率要比人们预想的高(在黑天鹅出现之前，人们认为黑天鹅出现的概率为零)；第三，黑天鹅事件一旦出现，将起着根本性的、革命性的作用。

塔利伯在他书里用火鸡举了个很形象的例子。西方人在复活节这一天要吃火鸡。假设养大一只火鸡需要1 000天，在第1 001天，也就是复活节，火鸡会被杀了。可是从第一天开始，火鸡都生活得很开心：人们每天按时给它喂食。每过一天，火鸡对人们的印象就好一分，因为一天复一天，人们都很友好地、尽职地喂养着它；每一天结束时，火鸡都会期盼明天还会被同样喂食，因为"经验"告诉它以往都是如此。它的安全感越来越强，尽管它离被杀之日越来越近。这种安全感在被杀前一天——最危险的时候，达到最高点。历史经验对这只可怜的火鸡有什么价值？不但没有价值，反而有负的价值！这是个很极端，但很深刻的例子。它告诉我们不要盲目信任历史数据或者历史经验；当我们使用历史数据作模拟时，必须清晰地明白这些数据

---

① 该书是2007年美国最畅销的商业书之一。Nassim Nicholas Taleb, *The Black Swan - The Impact of the Highly Improbable* (New York: Random House, 2007).

很有可能不能反映未来。2006 年 9 月，一个叫 Amaranth（原意是一种永生的花）的对冲基金在短短几天内亏损近 70 亿美元，被迫关门。Amaranth 在倒闭的前几天还告诉投资者不要担心市场上的“谣言”，因为他们有 12 个风险管理经理帮助控制风险——他们有着丰富的经验、先进复杂的风险控制模型，等等。遗憾的是，这些经理并没能预测或者帮助避免公司的倒闭。

塔利伯还指出由于现代统计学的坏影响——假设几乎所有过程都服从正态分布，人们总是认为黑天鹅事件绝少发生。事实上，它们虽然很少发生，但是发生频率要远比我们所想象的要高。在塔利伯出版这本书几个月之后，2007 年 8 月上旬，特别是 7、8、9 这三天，许多著名的以定量分析为主的对冲基金，像高盛公司的全球阿尔法（Global Alpha）和 Tykhe 公司在短短的几天内损失了 20%～40%。高盛公司的首席金融师宣称高盛经历了 25 倍标准方差事件，而且是连续几天都发生这样的事件。这是什么意思呢？如果投资组合服从正态分布，损失超过 25 倍标准方差的可能性是 100 亿年发生一次。而美国股市只有短短 200 多年的历史，这样的事件不但发生了，而且连续几天发生了。图 8－1 描绘了最古老的道琼斯工业指数在过去 100 多年的每日收盘值。从该图[①]中，我们看不出什么特别之处。

图 8－1　道琼斯工业平均指数，1896 年 5 月～2009 年 2 月

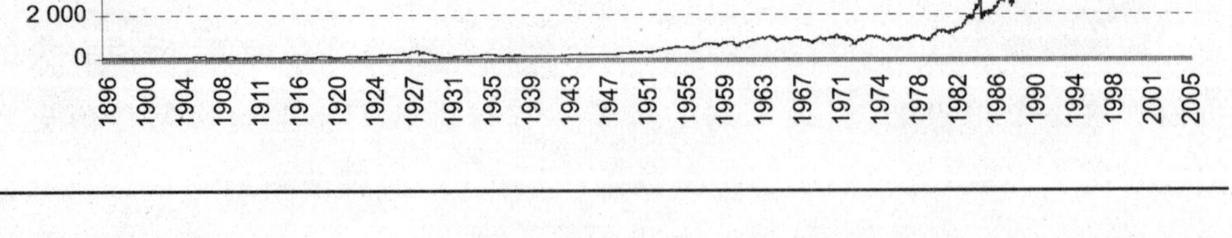

① 该图以及下面两图中所用的数据来自 www.djindexes.com 。

现在我们来看每日收益率(图 8－2)。不难发现,绝大多数时候,每日的指数波动不会超过 5%,而少数时候,波动会超过 10%,甚至 20%,如 1929 年 10 月 29 日这一周和 1987 年 10 月 20 日这一周。但日波动超过 20%意味着什么呢?

图 8－2 道琼斯工业平均指数日收益率,1896 年 5 月～2009 年 2 月

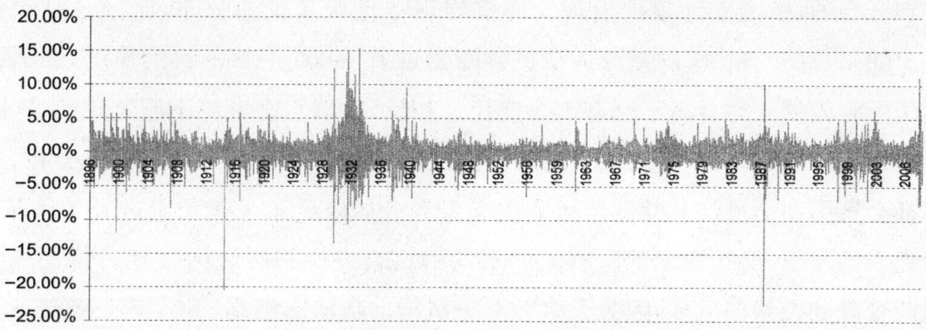

在图 8－3 中,我先求出日收益率的历史均值(非常接近于 0)和标准方差,然后用日收益率与历史均值的差值除去标准方差,得到的值称为“正态化”的数值。如果道琼斯指数服从正态分布,那么应该只有0.0063%的正态化的日收益率超过四个标准方差,也就是说,在道琼斯100多年(28000

图 8－3 正态化的道琼斯指数日收益率,1896 年 5 月～2009 年 2 月

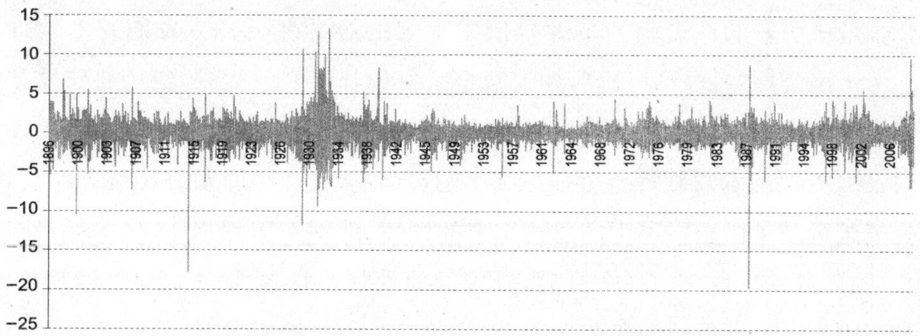

多交易日)的历史上,最多只应该有一次的波动超过四个标准方差。但事实上,大约有 0.7%的波动(共 198 次,平均每半年就发生一次)超过四个标准方差。理论上,在短短 100 多年的历史中,不应该出现超过五个方差的波动,但事实上,有 86 天的收益率超过了五个方差。

塔利伯进一步利用"中庸主义世界"和"极端主义世界"来阐述理想的"正态分布"和现实的"黑天鹅事件分布"之间的区别。在中庸主义世界里事情是服从正态分布的,极端事件很少出现。许多物理特性服从正态分布,比如身高和体重。如果身高 2 米 27 的篮球运动员姚明走进有 1 000 个普通人的屋子,那么该屋子所有人的平均身高不会有太多变化。相反,极端主义世界不服从正态分布,更接近于指数定律,一个极端事件的发生能够改变整个世界。在现实社会里,许多社会变革和信息产品都属于极端主义世界。如果比尔·盖茨走进有 1 000 个普通人的屋子,那么该屋子所有人的平均财富会发生指数级的改变。这一点对风险管理和控制很重要,因为大多数金融机构的负债率极高,一旦某个极端不利事件发生,金融机构很有可能倒闭,例如,贝尔斯登的负债率高达 97%。1982 年 8 月 12 日,墨西哥财政部长宣布墨西哥无法按时还债。这一事件在全球触发了一系列的次发达国家(LDC - Less - Developed - Country)违约事件。16 个拉美国家,包括最大的四个国家——巴西、墨西哥、委内瑞拉和阿根廷,向全球众多商业银行总共借了 1 760 亿美元,其中有 370 亿美元是从美国八家最大的金融机构借的。370 亿美元大约是这八家金融机构总股本和储备金总和的 1.47 倍。毫无疑问,这些金融机构遭受了巨额亏损。亏损额高得让人难以想象——几乎损失了它们有史以来(几十年、上百年历史中)所赚利润的总和! 1998 年夏天,由俄罗斯金融危机引发的一连串的事件推倒了著名的对冲基金——长期资本管理公司。由于该公司的杠杆率极高,和无数金融机构都有业务往来,纽约联邦储备银行不得不组织华尔街主要银行出手援助。1995 年 2 月 23 日,前上海第一家证券公司——万国证券总裁管金生操纵 327 国债市场,在收市前八分钟疯狂抛售,卖空价值接近当年中国国民生产总额 1/3 的国债,致使万国亏损 16 亿人民币。次日,万国证券发生挤兑。三个月后,全国国债期货市场被关闭。1996 年 7 月,申银与万国合并。而仅仅两年前,管金生还曾豪情万丈地提出万国证券"要在 2000 年进入世界 10 大券商行列"。

访　谈　十

被采访人：Peter Zhuang 博士，法国银行集团 Natixis 董事总经理

庄先生（Peter Zhuang）现在是法国银行集团Natixis(法国第四大银行)风险控制部的董事总经理。他自1992年起开始在华尔街工作，他从事过股票、外汇、债券、商品期货等产品的交易。他曾先后在花旗银行、雷曼兄弟、贝尔斯登等公司工作。在1996～2000年期间他担任雷曼兄弟驻东京首席外汇期权交易员，负责管理公司在亚洲交易时间内的七国集团和亚洲货币期权交易账户。在1998年亚洲金融危机期间，他从亚洲各币种获利超过1.2亿美元。他还曾在2000～2003年创办和管理了Ace Capital有限公司。该公司主要研究和发展高频率交易和相对强度交易模型；运用这些交易模型，他的公司每年有超过20%的投资回报。他于1991年获得麻省理工学院应用数学博士，于1986年获得北京大学数学学士。

采访时间：2008年3月21日　地点：法国银行集团纽约总部

问：你过去做交易员的背景对现在从事风险管理有何帮助？

答：帮助太大了！交易员的经历使我对市场的变化非常清楚，什么时候升降，是否有危机，我能够做到心中有数。去年次级贷款危机一来，我们很快就能预测到危机对各种市场、各类产品的影响，因为它们之间是一环套一环的。次级贷款出现问题会导致银行坏账增加，资本金减少；而资本金减少自然会导致银行的贷款能力下降和贷款门槛的提高；这就会影响到一般的工业企业的融资——股票市场会受到冲击；危机加深后，美联储自然会降息，这又会直接影响到美元的价格，从而对外汇市场产生影响。我们同时还预测到抵押贷款及其衍生产品，如CDOs，会对大批的共同基金和对冲基金的业绩产生不利影响，这又进一步地减少银行的收入（因为银行通常收取交易佣金，买卖价差，交易量下降，银行的收入自然会降低）。再如，最近的杠杆收购市场极度萎缩，我们会立即想到专门从事并购套利的基金或交易员很可能会出现问题。

每一笔交易都是不同的，如股票交易或外汇交易，但是风险是紧密联系在一起的（特别是在危机时刻），只有看清各种市场之间的联系才能将潜在的风险控制住，而我的交易经历使我具备了这样的能力。

问：那你们银行有没有采取特别的措施来及时预防风险？

答：在我们的银行里，风险控制和交易部门是分开的。只要每个交易部门没有超过所设的交易头寸，我们一般不会干涉他们的交易。这和美国其他大多银行一样。但是极少数金融机构，像高盛公司，它们的风险控制是和交易在一起的。现在看来，我们的运行模式有结构性的缺陷，应该向高盛公司的模式靠拢。

我：你的回答让我想到了一句话："风险管理和交易决策是不可分的。交易员就应该是风险管理者。"

答：对！

问：风险管理可以以控制为目的。但是，它又可以被用做一种赚钱的工具而不仅仅是尽量不亏钱的工具。你对这有何想法？

答：同意。不同的金融产品有着不同的发展周期。在同样的市场情况下，有些产品有着相对较高的利润和低风险，而有些产品则有着相对较低的利润和高风险。最理想的风险管理应该是根据不同的产品周期相应调整投资头寸和所设投资限额，将更多的资金放在利润高、风险低的产品中去，但是这很难做到，很多风险经理不具备广博的市场知识和经验。只有对市场有很深的了解，才能作出好的决定。

问：现在金融产品变得越来越复杂，关联性也变得越来越高。《我们自己设计的妖魔》一书的作者，风险管理专家伯克斯塔博（Richard Bookstaber）相信由于将流动性和衍生产品及杠杆结合起来所造成的高度复杂性和紧密相连是制造灾难的根源。你同意他的话吗？

答：有点道理。抵押贷款及其衍生产品是很复杂的。在危机发生之前，我们对它们的了解是不够的，最大的问题出在对流动性风险的考虑——这些产品的流动性很差。我们以前在计算投资组合风险时，没有过多地考虑流动性风险。过去，两个投资组合，如果仅仅是流动性不一样，在理论上它们的VaR是一样的。可是在危机来临时，流动性差的组合亏的钱可能会是流动性好的组合的若干倍。以前的模型由于忽视了流动性风险从而严重低估了整体的业务风险。

现在大家开始意识到这个问题。2000年以前的金融产品，像股票、债券、商品期货、外汇等流动性都是比较高的。2000年以后，华尔街开始喜欢上抵押债券及相关衍生产品。投资组合变得越来越复杂，但是大家还是沿用以前对待高流动性产品的方法来计算投资组合的VaR，这就很有问题。正确的方法应该先有一个理论来明确地估计和计算流动性风险，再相应地调整VaR的值。现在才刚刚起步，可能需要若干年才能实现。

问：你们公司对每个交易员都设有明确的投资限额吗？

答：每个交易小组都有投资限额，每个小组内部可能有几个交易账本(books)，有时一个交易员有几个账本，而有时几个交易员共用一个账本。我们和交易员共同商定每个账本的限额。

问：你们是怎么对交易账本进行监控的？在我们公司，风险管理人员每五分钟就可以查看每个账本的交易情况，包括头寸、盈亏、等等。

答：我们以及大多银行是每天监控一次，没有做到像你们对冲基金一样一天之内监控若干次。

问：那每天结束后，你们都提交哪些风险分析报告呢？

答：首先，对于每个交易账本，我们都会生成Delta、Gamma、Vega① 等数据。其次，我们会生成每个账本的VaR，然后将公司所有账本加总计算整体

① 注：delta，Gamma，vega都是希腊字母，它们代表投资组合所面对的不同风险。Delta又称对冲值：是衡量标的资产价格变动时，衍生产品价格的变化幅度；Gamma衡量的是Delta的变化导致衍生产品价格的变化，是标的资产价格的二阶倒数；Vega衡量是波动性对衍生产品价格的影响。

的VaR。另外，我们还会对交易员的投资类别进行控制。如果一个交易员通常交易的是债券，突然开始交易商品期货，我们会对此进行严格控制。

问：当交易员不断赚钱时，人们往往忽视他的风险，即使他的风险超过了警戒线。如果公司经常在交易赚钱时忽视风险监控，那就可能致使交易员在亏钱时不断加大赌注，寄希望在最终能够赢利并被原谅。比如，1994年，英国巴林银行雇员尼克·里森(Nick Leeson)越权交易日经股指期货巨亏了13.8亿美元。你是如何看待这个问题的？

答：我认为一旦风险限额设定以后就应该按照限额办事，但是要有一定的灵活性。就像我在这之前提到的，金融产品有发展周期，我们可以根据产品不同的发展阶段调整相应的风险限额。但是限额调整不能频繁，最多一年1～2次。

问： 2007年3月，《黑天鹅》作者塔利伯在摩根斯坦利的一次讲座中指出：压力测试模型不管用，过去的亏损不能预测未来的亏损。你同意他的话吗？

答：他的话有些极端，这样可能有利于他卖书。VaR、压力测试和其他利用计算机的模型可以说是"科学"，但是金融本身不是科学，它是艺术和科学的结合体。单单用科学是无法处理金融问题的，但是我们人可以同时处理艺术和科学。塔利伯指出了科学(压力测试)和金融现实之间的差距，人可以缩小这个差距。人在利用模型的同时应该理解并知道潜在的危机。

问：2007年8月7、8、9这几天，很多定量投资战略都亏损得一塌糊涂，高盛公司的全球阿尔法在短短的几天内亏损了30%以上。我个人认为有两个原因：大家都使用类似的投资战略以及高的财务杠杆。你是如何认为的？

答：这些定量基金想用科学来为金融建模。但是科学没法完全描述艺术和科学的结合体。2007年8月多个定量为主的对冲基金的大幅亏损的根本还是在于流动性问题。大家的战略都很相似，当危机来到时，大家都想平仓。但是流动性严重不足，在正常情况下，模型预测损失可能只有0.05%，但是实际上的损失可能要超过1%。

另外，在极端情况下，一些定量模型可能就不能用了。很多模型的成功是建立在一系列假设的基础之上的，但是在危机时，有些假设可能已经不成立了，这就直接导致了模型的失败。（注：这就像物理测量仪器一样，如果在使用时不注意，超过了该仪器的量程，该仪器很有可能会被损坏了）。

我：我个人认为还有一个原因。好多定量投资模型都是在买相对好的股票的同时卖空相对差的股票。当危机到来时，所有股票的价格都下降。由于对冲基金使用高杠杆，为了防止银行提高保证金，它们必须卖出一些股票。但是在危急时刻，只有相对好的股票的流动性高，才能卖得出去。这就导致了一个不可思议的现象——大家一起卖好股票来筹钱，保留差股票（因为卖不出去）——巨额亏损。

访谈十一

被采访人:John Shen,切尔顿投资公司,风险和定量分析部任主管

沈先生(John Shen)现在纽约一家大型对冲基金—切尔顿投资公司(Chilton Investment Company,管理资产 80 亿美元)的风险和定量分析部任主管,公司高级副总裁。在 2004～2006 年期间,沈先生在英国的 Cheyne Capital(一家管理 120 亿美元的对冲基金)任高级定量分析师;在此之前,他在共同基金 Rochdale 投资公司担任三个基金(总额 10 亿美元)的投资经理,前后共五年;他还曾在 Aeltus Investment (现在的荷兰保险)和路透社工作。沈先生拥有哥伦比亚大学金融方向的 MBA 以及 Cooper Union 大学电子工程的本科和硕士学位。

采访时间:2008 年 4 月 17 日　采访地点:纽约

问:我从你们公司网站上得知你们公司每个投资战略都有自己的投资纲领和风险参数。请问你们是如何设置风险参数的?

答:我们每个基金都是相对独立的,不同基金有不同的交易战略,也会有不同的风险参数。总体来说,对于每个基金来讲,我们一般看每天最大跌幅和每天的 VaR。在对冲基金这个行业,如果某个基金从最高点的跌幅达到 25%～30%,这个基金就很有可能会被迫关闭。所以在设置风险参数时,就应该考虑到在最差可能情况下,亏损幅度不应超过 25%。我们还会看每个基金在各个行业、板块和国家的头寸。对于各股的仓位我们也会关注。还有,每个基金都会有个投资主题(investment theme),我们会将基金的仓位和投资主题进行对照。投资经理有时并不意识到一些风险的存在,我们会及时地向他们指出这些风险。没有风险就没有回报,投资者给我们报酬去冒险,但是我们必须冒可控制的风险。

问:各个战略之间或多或少会有相关性,你是如何控制相关性的?

答:这个很难控制,因为各个基金是相对独立的。现在很多投资经理对能源和商品都很看好,在这两个方面下了很大的赌注。我们很难对某个投资经理说,“你不能投资这两个板块,因为如果大家都投资这两个板块,公司整体的风险就会很大。”我们所能做的就是提醒基金经理注重多元化,避免风险过于集中,但是最终决定权在投资经理。在公司层面,我们一般控制流动性风险。

问:VaR被广泛地应用在金融机构中,但是它有自身的缺陷。比如,它不具有可叠加性。依你所见,在实际应用中,VaR的最大问题在哪儿?

答:VaR很大的问题就是过于依赖历史数据。我们通常用过去一年、五年的数据来进行计算和模拟。即使我们用过去20年的数据,往往也不能涵盖所有可能。如果只用VaR,可能会给人假的、不可靠的置信度。VaR只是众多衡量风险的指标之一。我们会根据对投资经理的了解,将他们现在和过去的交易行为进行比较,比如,看他们投资组合的集中度,交易频率,等等。

问:那你有没有具体的其他一些测试?

答:我觉得比较好的就是场景分析和压力测试。场景分析就是在不同的市场环境下,我们的投资组合的价值变动。例如,利率是下调25基点(0.25%)呢,还是50个基点?压力测试就是测试投资组合的极端情况下的表现,比如股市再次经历像1987年10月黑色星期一一样的暴跌。

问:你们公司对每个交易员都设有明确的投资限额吗?

答:投资限额就是基金的大小。

问:你们是怎么对交易账本进行监控的?

答:这取决于投资战略。如果战略是统计套利的话,公司需要对投资组合进行实时监控,或者每五分钟、10分钟察看一下头寸。但是对于基于基本分析的投资战略来说,投资经理往往需要几天甚至几个礼拜才能建立仓位,而且持有期也较长,从几个礼拜到几个月不等。对于这些基金来说,实时监控没有必要。

问：那每天结束后，你们都提交哪些风险分析报告呢？

答：有很多，行业分析、投资组合分析、VaR、等等。

问：那每天最主要的报告是什么？换句话说，每天提交给CEO的报告是什么？

答：我们的基金以基本面分析投资为主，很多投资都是长期持有，我们不是很关注每天的投资组合变化。我们所要提交的是每周一次的给投资委员会的报告。

问：你们是如何控制明星交易员的？

答：风险管理能够成功的关键是风险经理和投资经理之间要相互尊重。明星交易员或者基金经理为公司赚了很多钱，当然会有更多发言权。作为风险管理人员，我们必须尊重这个事实，这至少说明了他们在过去做了不少正确的投资决策。但是，我们更需要有专业能力，从战略高度去指出一些潜在问题的所在，我们的话要有说服力（这就是为什么过去当过投资经理的经历会很有帮助）。比如，信贷息差（credit spread），在2007年5月时，投资级的债券的信贷息差（相对于LIBOR）只有20个基点①左右。这时你就得考虑投资收益的上限是什么？可能只有10个基点。但是反观投资收益的下限，可能会很大，损失50甚至100个基点都是很有可能的。我们不但要作详细的基本面的分析，同时还要深入研究投资和退出时机。如果我们的研究做足了，我们在和投资经理交流时，我们的观点就很有说服力。

我们有一些指导原则，无论谁都不能打破这些原则。我们有个投资经理今年到目前为止已经亏损了15%。对于他来说，我其实是在挽救他的职业生涯。他愿意和我交流吗？当然！我建议他降低一些过于集中的仓位以分散风险。投资经理，包括最优秀的投资经理，有时会丧失对市场的把握。我们会建议他们尽量放松，降低仓位，减低风险直到他们重新找回自信，找

① 100个基点等于1%。

回对市场的把握。然后，他们又可以增加仓位和风险。

有些投资经理在碰到亏损时喜欢加大“赌注”(double down)，希望很快将亏损补回来。但事实上是，他们经常再次赌错，这就是为什么我们看到那些巨额亏损事件。

问：投资和交易是不同的。对于短线交易来说，我会有个止损点，如，一旦我的仓位亏损了7%，我会立马平仓。但是对于长期投资来说，如果我看好一个投资，如果我出现亏损了，我会加大投资，这是降低投资成本的一个策略。你是如何处理好这个问题的？

答：在这个过程中，“相互尊重”是非常重要的。我和他们一样具有丰富的投资经验。他们尊重我的观点。这就像任何时候你的老板和你说话，你会竖起耳朵听。但是如果某个出租车司机告诉你那个股票很好，你可能就只会笑笑而已。我们和投资经理都必须清楚地了解风险和回报在哪里。加大赌注，如果你对了，你能收回损失；但是万一你又错了呢？结果会是怎样呢？你会失去你的声誉，这是声誉风险。第二，你失去了自己的投资原则，这是原则风险。投资者会对你失去信心。很多时候，问题并不单单是亏钱这么简单。在这个行业里，失去声誉和信任比亏损要严重得多。如果你能控制你的亏损，你有朝一日会卷土重来。

问：风险管理可以以控制为目的。但是，它又可以被用做一种赚钱的工具而不仅仅是尽量不亏钱的工具。你对这有何想法？

答：我们不单单监控风险，我们还同时监控各种因素，包括基本面的因素和技术层面的因素。大多金融资产的价格或者回报率都是围绕着一个历史均值而上下波动的。如果某个因素偏离历史平均值太厉害，我们会发出信号，告诉投资经理这里可能有的投资机会。

问：现在金融产品变得越来越复杂，关联性也变得越来越高。风险管理专家伯克斯塔博相信由于将流动性和衍生产品及杠杆结合起来所造成的高度复杂性和紧密相连是制造灾难的根源。你同意他的话吗？

答：不是很同意。这就像四轮驱动的车一样，相对于两轮驱动的车，四轮驱动的车更复杂也相对更安全。当人们驾驶两轮驱动的车时，比较小心，车速控制在 65 英里每小时。可是当人们驾驶四轮驱动的车时，变得大胆，经常超速，车速达到了每小时 85 英里，结果出了车祸。如果我们简单得把车祸归罪于四轮驱动是很幼稚的。

我个人认为 CDOs 是个非常棒的金融产品。它虽然比较复杂，但是它的存在使得借款人能够以较低的成本筹得资金，使得提供贷款者能够获得较高的回报。后来，人们开始滥用创新，变得过分自信，开发了所谓 CDO 的平方甚至是立方的金融产品。但是问题不是出在产品本身，而是出在人自身。

问：你认为什么样的人比较适合做风险管理？

答：好的风险管理经理一般都是投资经理出身。打个比方，如果一个不会驾驶的人坐在驾驶员的边上指指点点，时不时地让驾驶员开快点或慢点，这很难让驾驶员心服口服。实际的效果可能是让人烦，而不是起到帮助的作用。

我在共同基金里做了五年的投资经理，管理过 10 亿美元的资金。我管理的基金被晨星公司(Morningstar)评为五星级的共同基金。

问：那你为什么改作风险管理呢？

答：我现在的职位有双重作用，我一方面负责公司层面的风险管理和控制，同时我还负责其中的一个定量投资基金的投资。

风险管理不是我们告诉投资经理该做什么，不该做什么。我们事实上是在帮助投资经理管理他们的投资组合。在最差的情况下，我们可以挽救他们的职业生涯。如果一个基金亏损得很厉害，这个基金很可能会被关闭，而基金经理通过 10～20 年的努力创立起来的职业生涯也会受到重创。

第 9 章　人才与猎头

永远不要把你的才华和你的收入混淆起来。

——马龙·白兰度(美国著名演员)①

华尔街从来不缺钱,因为无论是牛市、熊市还是鹿市都有大把的赚钱机会,关键看人如何把握。华尔街一个顶尖人才,无论他是从事并购还是从事股票交易或外汇交易可以在任何情况下轻易地筹集上亿甚至是几十亿美元的资金。在这次金融危机中,个人赚了 37 亿美元的传奇人物约翰·保尔森(John Paulson)在 2006 年 7 月成立第一个信贷基金时才 1.5 亿美元,到 2008 年 11 月时,他管理的基金已具有 360 亿美元的规模。用句前 NBA 迈阿密热队著名主教练帕特·莱利的话说,"你永远都不会嫌人才多。"

巨神阿特拉斯(纽约市第五大道 50 街处)

本章主要讨论华尔街人才以及人才流动的推手——猎头公司。

① "Never confuse the size of your paycheck with the size of your talent." - Marlon Brando.

金融——可升级的职业

可升级是指人的收入不是按钟点计算的，不太受物理条件的制约。人最多一天工作 24 小时，更不能像超人一样无休止地工作(研究发现人最好每半个小时舒展一下身体，每一个小时上一次厕所)。清洁工一天能扫多少面积的地面，汽车修理工一天能够修理多少汽车，医生一天能够看多少病人，受到从业人员的时间和体力的制约。这样的职业无论单位工资(以小时计或者以件数计)多高，从业人员的收入总会有个极限。

但是金融行业不一样，大部分的金融职业是“可升级”的，同一个投资银行家可以完成 100 万美元的并购生意，也可以完成 10 亿美元的并购生意；同样一个定量投资模型可以用于买卖 100 股股票，也可以不加修改地买卖上千甚至上万股股票；同样一份投资分析报告可以卖给 10 个投资者，也可以卖给无数投资者。你的收入取决于你的知识和决策能力，而不取决于你的体力。我这里没有任何贬低从事不可升级职业的人(如清洁工或医生)的意思。天下没有免费的午餐，收入可升级，往往意味着相应的风险和危害也可以升级，更意味着残酷的职业竞争。只有当你成功时，可升级工作才好。同样的股票分析师，有的年收入可以超过千万美元(有“互联网女王”之称的玛丽·米克尔在互联网泡沫期间年收入可高达 2 500 万美元)，有的收入只有区区几万美元，勉强维持生活。同样的从事次级抵押债券相关业务的交易员，有的(约翰·保尔森)赚了几十亿，有的亏了几十亿。金融行业的总体特征就是极少数幸运儿赚得满盆满钵，而大多数人挣着体面的收入。

公司战略决定人才战略

人才战略是服从于公司的发展战略和企业定位的。雇用哪种类型的人才、如何管理人才以及激励机制如何制定等都会因企业的不同而大相径庭。例如，我所工作过的对冲基金，千年合伙人公司内部有几十个交易小组，有一个人组成的光杆司令小组也有由几十个交易员组成的超级大组，大多数交易员管理着自己的交易账本(books),自负赢亏,但也有些交易员共享一个交易账本。不同的小组一般投资不同的金融产品,但同一小组内部的交易员一般投资相同的金融产品。公司不鼓励交易员之间相互交流,事实上很多交易员也不愿意与别人交流,甚至是在同一小组内部的交易员也相互不交流。说句心里话,谁愿意将自己的赚钱之道告诉别人和自己竞争呢?不同小组之间相互竞争以从公司获得更多的资金(管理的资金越多,可能的收益就越大,当然可能的风险也相应增加),同一小组不同交易员之间在某种程度上也是竞争关系。公司甚至刻意安排座位以使投资方式类似的小组在空间上隔开。我所在的是股票统计套利小组,坐在我们前面的是从事债券交易的小组,而坐在我们后面的是从事基本面分析的小组。我所知道的其他从事统计套利的小组一个在不同的楼层(八楼,我们在七楼),一个在不同的州(康州)。公司这样做是有一定的道理,通过将同一类别的小组在空间上隔开,通过禁止员工在业务上交流,可以避免不同小组采用近似的交易战略,从而降低小组之间投资收益的相关性,最终达到降低整个公司的投资风险。事实证明,公司的投资回报在过去的十几年当中非常稳定,一直保持着每年两位数的回报。

公司另外一个心照不宣的政策就是——对正在赢利的交易员不断增加资金投入,但是对亏损的交易员的容忍度几乎为零。新招进来的交易员一般只有 3～6 个月的时间展现自己的能力,如果在这几个月内,该交易员不能为公司赚钱,他通常会被解雇。我所认识的一个年轻交易员,在刚开始的几个星期里,赚了些钱,公司给他增加资本金,后来他急于将投资扩展到不同的市场,没能有效地控制风险,很快亏了不少钱,结果工作了仅仅两个月就被解雇了。我所知道的另外一个比较极端的例子就是一个从高盛跳到我们公司的华裔女交易员在工作了四天以后就被辞退了。

从公司的角度看,通过在给赢利的交易员增加投资的同时削减亏损交易员的资金(解雇等于将投资资金降为零),可以某种程度上降低公司的整体风险(我不是很认同这个战略,这种战略造成了投资行为的短期性)。但是从交易员的角度来看,这样的职业安排有两大挑战性。第一,工作根本没有安全性可言,随时可能被解雇。这一点对于非绿卡持有者或非美国公民来说非常不利。一旦被解雇，除非能够在很短的期间找到另外一个工作，他很有可能会被迫离开美国。所以很多外籍员工是在拿到绿卡后才加入对冲基金的。第二，很少有人愿意指导和帮助你。这就意味着没有工作经验的人很难在这样的环境下生存。事实上，公司很少招没有经验的毕业生，大多数交易员都是在大的投资银行工作了很多年后才进入公司独立担当交易的职能。

公司和员工之间的关系是双向的，公司可以随时解雇员工，员工也可以随时跳槽（如果员工的聘用合同中有“非竞争性”条款，该条款会在一段时间内对员工的跳槽后从事的工作有所限制）。这就造成了员工的流转率高，忠诚度低。不是所有的对冲基金都像千年合伙人公司一样，非常成功的文艺复兴技术公司是另外一个极端。该公司提倡团队精神，鼓励员工之间的合作，聘用和解雇不因几个月的业绩而定。公司的创始人、原哈佛大学数学系教授吉姆·西蒙斯（Jim Simons）鼓励新的员工学习公司过去所有的交易战略，无论是成功的还是不成功的。任何员工如果有数学或者统计方面的问题，可以随时请教西蒙斯。该公司所有的雇员从董事总经理到清洁人员都会分享公司的投资收益，每个员工的报酬是根据该员工在相当长时间里的贡献而决定的。西蒙斯曾经说过：“我们的一些项目有时需要几年才能完成，在这样的环境里，根据某个单独年份的表现来决定薪金是没有道理的。我们希望所有人都希望其他人表现得很好。”这样的公司发展战略和企业文化造就了一批忠诚度很高的员工，该公司的员工流转率非常低。遗憾的是，文艺复兴技术这样的公司在华尔街非常少见，是个异数，这可能是和西蒙斯深厚的学术背景有关。

底薪＋分红

每年的2～3月份是华尔街从业人员频繁更换工作的月份，原因是大家都拿到了上一年度的分红，不满意的和满意的或多或少都想找收入更高的工作。在华尔街，跳槽通常是自己给自己涨工资的手段。金融从业人员的收入主要由底薪和分红组成（其他收入还包括养老金计划，保险，以及一些福利，如健身房会员卡等）。其中分红又是收入的最主要部分。不同级别人员的底薪相差不会很大，但分红收入可以相差千万倍。高盛公司的CEO洛依德·布南克芬(Lloyd Blankfein)2007年的底薪为60万美元，但是分红和其他各种收入总和却接近6 800万美元。

下面是对一些金融职业2007年平均收入的估计①：

- 投资银行家：底薪27.5万，现金红利120万，长期红利62.5万，总收入210万美元；
- 债券交易员：底薪24万，现金红利97.5万，长期红利31万，收入152.5万美元；
- 对冲基金经理：底薪26.5万，红利158.5万，收入185万美元。

上面的数字只是平均值，大部分人的收入会低于这些值，因为极少数人的高收入将均值大大拉高了。考虑到很多人每周要工作60～80小时，按小时计算的工资其实和全国平均工资没有太大差别。

另外，这次金融危机过后，很多金融从业人员的收入将会大幅下降，特别是在接受政府大量援助的金融机构工作的人员。2009年3月19日，美国众议院通过法案，将对接受政府至少50亿美元援助的机构的高收入从业人员(收入高于25万美元)征收高达90%的红利税！

你被解雇了

“你被解雇了！”(You are fired)，是美国著名真人秀节目《学徒》里的脍炙人口的话。在现实生活中，华尔街公司和电视里一样，裁起人来毫不留情，在金融市场低迷时，一些低效部门甚至会被一锅端。自2007年中至2009年2月，美国各大银行和券商已经裁员超过27万，占从业人员总数的5.9%②。

---

① Robert Samuelson, *Wall Street Elite Put Capitalism at Risk* , www.realclearpolitics.com, Jan 23, 2008.

② Katherine Burton and Saijel Kishan, “Hedge Funds May Cut 20000 Jobs as Losses Erode Fees,” *Bloomberg*, March 10 2009.

我一个在汇丰银行(HSBC)工作的中国朋友亲身经历了汇丰在信贷危机期间的两次大裁员。要被解雇的员工先被电话通知到人力资源部走一趟,到了人力资源部以后,人力资源部经理通常会微笑着感谢该员工过去若干年来为公司所作的贡献,"但是现在公司处于危难时期,不得不将你这样杰出的员工解雇,请你务必谅解。这是你的解聘书,请签好字,公司将会支付你额外若干月的工资。然后请保安陪同你下楼,你的公司门卡、电子邮件等一切与公司工作相关的证件和权限立即失效,你的私人物品会被快递到你的家中……"听起来像是在讲故事,但是这是真实发生的事情。我的这位朋友虽然被人事经理请去过一次,但是她很幸运,公司还给了她到公司另外一个部门面试的机会(她所在的部门被一锅端了)。

公司可以解雇员工,员工也可以"解雇"公司。自动或者被动地转换工作是每个在华尔街工作的人时不时考虑的事情。从个人的角度来看,作好充分的准备(时刻准备着)是平稳过渡的关键。2008 年 3 月 17 日,贝尔斯登被摩根大通收购的消息一出,贝尔斯登的员工不是立即打电话找工作,而是先打电话给家庭医生和牙医预约全面体检和牙科检查。因为一旦他们失去工作,他们的医疗保险也将随之而去。绝大多数公司都会提供定额的失业保险,不少家庭负担比较重的人,如配偶不工作并有几个小孩的,会购买这些保险。

身体和家庭照顾好以后,下一步就是找工作了,除非有些人赚够了钱想休个长假(休假一年的人在华尔街并不少见)。在华尔街找工作主要靠熟人推荐和猎头公司。这个我会在访谈部分详细讨论。我想突出一点:永远不要撒谎。我知道一个很有天分的中国人因过分夸大了自己的收入历史而没有被一个顶级投资银行聘用。

在十几、二十年前,华尔街公司对被录取人员的背景调查不是很严格。华尔街前著名定量研究人员,现哥伦比亚大学金融工程专业主管伊曼纽尔·德曼(Emanuel Derman)在他自传《我的"矿工"生涯——对物理和金融的反思》[①]中承认当他在 80 年代末从高盛跳槽到所罗门公司时,夸大了自己

① Emanuel Derman, *My Life as a Quant - Reflection on Physics and Finance*.

在高盛的收入，结果所罗门开给他的薪水几乎是他在高盛的两倍。那时，当被新公司问到现在的收入时，人们夸大自己的底薪和分红是常事。因为人们认为，从某种程度上看，这个问题涉及人的隐私，不值得诚实的回答；再者，许多人"不经意地"将该问题理解为"你打算在你下一个工作中挣多少钱?"当然是多多益善了。可是如今在华尔街，绝大多数的用人单位会作详细的背景核查，这包括过往犯罪记录、薪水、各种执业证书、学历和学习成绩（GPA）。我听说过一些人因为夸大自己的学习成绩而被取消录用资格，比如，一个人将本科期间的实际成绩从 3.3 夸大到 3.7。关于收入，如果你去年的收入是 10 万底薪＋29.5 万的分红，最好不要写成 10 万底薪＋ 30 万分红。一句话，不要撒谎。如果你进入一个投资银行，公司会核实你简历上的每一句话。

另外，找工作需要耐心，甚至需要"忍辱负重"。这一点对于没有太多工作经历的外国人来说特别重要，因为在美国工作，几乎所有外国人都需要申请工作签证。而工作签证必须要由工作单位支持代为申请，一些小公司或者不规范的公司因而就以帮助申请工作签证为由来榨取员工的血汗。我的一位朋友 2007 年 MBA 毕业后找工作不顺利，后来几经波折通过一个人力资源公司找到了一家制药企业当数据分析师。人力资源公司为他的雇主，但是他仍以咨询员的身份在该制药公司上班。刚开始工资很低，经过人力资源公司从中盘剥后每小时只挣 10 多块（相当于本科生毕业后的收入）。但他没有怨言，埋头苦干，深得制药公司部门经理的赏识。后来，在 2008 年 2 月份，该公司要有个大项目上马，需要一个能够长期稳定地在公司工作的员工，部门经理极力向公司推荐他。结果该制药公司花了大价钱将他从人力资源公司手中"买断"，并帮他申请了工作签证。

毕业学校重要吗?

既重要也不重要。说它重要，是因为它是你的"血统"，你的"出身"。一个常青藤学校，如哈佛、耶鲁的毕业生，或者传统名校，如斯坦福、芝加哥大学的毕业生，要比一般学校的毕业生好找工作得多。原因是多方面的。首先，从用人单位角度来看，在两个申请人应聘表现相差无几的情况下，用人单位通常选择名校毕业生。因为这样的选择比较安全。每个申请人在面试中都会将她最美好的一面展现出来。用人单位很难在短短的几个小时内全面了解一个人，这是个典型的信息不对称问题。在这种情况下，用人经理愿意选择名校毕业生是因为即使他在后来的工作中表现不佳，同事和上级也不会太责怪他，说起来，毕竟她是哈佛的毕业生。其次，名校通常有很多校友工作在华尔街，他们时不时地举行校友联谊活动，拥有强大的关系网，事实上他们也愿意推荐或者录用自己的校友。

说它不重要，是因为一旦你跨越了门槛，正式开始工作了，你的毕业学校和文凭就不再那么重要了。因为公司既然聘用了你，就相信你有能力胜任这个职位。这时，重要的是你的工作能力、态度和热情。我认识一个在华尔街做得很出色的从事 IT 的朋友，她只有中国的一个本科学历，没有任何美国学历，但是她工作非常认真，待人很友好，工作经验也非常丰富，据我所知没有任何人因为她没有获得美国名校学历而不尊重她。当你准备换工作时，新的用人单位更看中的是你的工作经验，你所做得是否与新的职位匹配，而不再是你从哪儿毕业的了。

学位和所学专业重要吗?

这完全取决于职位需要和公司用人战略。在华尔街各种学历，各种专业背景的人都有。以我所在团队为例，我们当中资格最老的交易员是美国人，本科是学习日语的，在日本生活了几年，日语虽然没有学精通，但是娶了个漂亮太太，后来回美国读了个 MBA；年龄最长的是一个英国人，物理学博士，头硕大无比，在纽约一家私立大学当了几年教授后，觉得“学生比较笨，教书没有挑战性”，放下了教鞭，转战华尔街；另外一个华人交易员也是学物理的，攻读了物理博士学位两年后，放弃了当物理学家的梦想，进入金融领域工作；一个专做 IT 的美国人是计算机本科专业毕业，工作之余还担任社区棒球队和足球队教练……

我所在的团队可能不是很典型，因为我们主要从事以定量分析为基础的交易，所以对研究和计算机能力要求较高。就华尔街总体而言，工商管理硕士(MBA)居主导地位，其次是本科生，再次是硕士，最后是博士生。特别是在投资银行，50%以上从业人员拥有 MBA 学位，本科毕业生通常在工作了几年后重回学校攻读 MBA。对于本科生来说，所学专业并不重要，用人单位看重的是潜质和为人处世的能力。博士通常从事研究性、技术性的工作。随着金融产品和交易的复杂性不断增加，定量分析变得越来越重要，同时基于定量模型的投资战略也越来越流行，这就导致了对博士和一些专业的硕士(如金融工程、计算机、数学和物理)的需求增加。

对学历和专业的要求也因公司用人战略的不同而不同。文艺复兴技术有限公司(Renaissance Technologies LLC)是华尔街数一数二的以定量模型为主要投资模式的对冲基金。该公司从来不录用 MBA，他们认为商学院教育出来的学生就像被洗过脑一样，具有相似的投资理念，从而导致相对较差的投资回报。该公司通常只雇用拥有数学、统计、计算机、工程背景的博士和教授。更有趣的是，该公司还不愿意雇用有华尔街工作经验的人，这些人也往往被认为洗过脑。还有，包括该公司在内的很多以定量投资为主的公司宁愿聘用物理或者数学博士而不愿录用金融或经济博士，因为他们更看重的是建立模型，编写程序的能力。相比之下，大多数以分析基本面为主的投资公司和投资银行更愿意招收有金融背景的人和 MBA。但是一些行业分析师也具有博士学位，比如专门研究生物行业的分析师，拥有很强专业背景会很有优势。

证书和执照重要吗?

有用，但是重要性因工作岗位而异。华尔街的证书多如牛毛，常见的有 CFA(注册金融分析师)、CMT(注册市场技术师)、CPA(注册会计师)、Series 7(股票交易人代表执照)、Series 55(证券代表执照)，等等。这些证书和执照有些是工作必须的，需要由所在单位赞助申请的，如很多证券从业人员都要申请 Series 55。有些证书对工作很有帮助，公司大多鼓励和支持员工获得这些证书，如对于卖方证券分析师，通常需要 CFA，因为他们需要经常撰写研究报告卖给公司以外的客户。但是，这一要求对于买方证券分析师要低一些，因为买方分析师的客户是公司内部的交易员和投资组合经理。对于金融背景不是很强的求职者来说，通过一些考试像CFA一至三级考试会对找工作很有帮助。这至少向用人单位显示你确实对金融感兴趣，花了大工夫，而且通过考试本身就显示了你具备了一定能力和基础。

插曲：我认识一位失业的在对冲基金工作的华人研究员。他的公司最近大规模裁员以减少开支，解雇了约百分之二十五的雇员，而其中近百分之八十是亚裔，虽然亚裔在该基金的比例原本不超过百分之二十。他通过律师了解到这是严重的种族歧视行为，如果起诉胜算很大。然而他觉得越深想越是情绪烦躁、感情受伤，于是决定放弃起诉并尽快忘掉这件事。而另一位对冲基金的研究员（黑人）几年前主动跳槽，随后起诉前雇主种族歧视——包括"强迫"他放弃休假、上夜班覆盖非美洲市场，虽然放弃休假、上夜班在金融领域非常普遍，也是他曾经自愿接受的。由于反歧视法覆盖范围很广而且执行力度大、对公司声誉影响极其不好，该雇主愿意支付索赔以免上法庭。所以说法律面前并非人人平等，而对法律的理解应用也人人有别。（该部分由熊珏女士提供）

访 谈 十 二

被采访者:Kyle J. Ramkisson,IJC合伙人有限公司创始人之一

Ramkissoon 先生为 IJC 合伙人有限公司的主管,公司创始人之一。IJC 合伙人有限公司是专门为另类投资公司(如对冲基金)和顶级银行自营部寻找人才的猎头公司。

采访时间:2008年4月8日　　采访地点:纽约

问:一些人觉得猎头公司就像股票经纪人,他们在帮助人低买高卖的同时收取佣金。你是如何评价的?

答:我不同意这样的评论。我想用当前的就业市场来说明,现在是供大于求(僧多粥少)。猎头公司起着重要的中间人的角色,我们能把求职者的简历直接递送到作雇用决定的经理手中。这与个人自己把简历贴在求职网站上不同,简历不会被淹没在庞大的数据库中。在用人单位决定录用求职者后,双方会就薪水进行谈判。这时,我们可以扮演"坏人"的角色,帮助求职者谈判最有利的底薪、红利,等等,因为很多人并不善于谈判,这是个很重要的功能。另外,我们的收入来自顾客(用人单位),而不是求职者。有些求职者认为,因为我们收取了佣金,所以他们拿到手的就少了。这其实是不对的,很多公司有明确的规定,分析师的收入为多少、助理的收入为多少、执行副总裁的收入为多少都是有规定的,上下幅度有限。每个行业里都有一些"坏苹果",非常不幸的是,总是这些坏的苹果被揪出来,而绝大多数的"好苹果"被忽视了。

问:当求职者经验很少时,猎头很少注意求职者;当求职者经验很多时,猎头又给出了太多的关爱。这是为什么?

答:原因很简单,为了让用人单位认为值得花钱雇我们,我们必须做有附加值的事情。如果用人单位只想找应届毕业生,他们不必雇我们。在我们大约210个顾客当中，只有三家公司愿意花钱让我们帮他们找应届的硕士和博士，这些公司愿意找些刚毕业的博士做纯研究，但是其他公司都要求求职者至少有1～3年的工作经验，这就是为什么应届的或者刚毕业的学生得不到很多的关爱。就我们公司而言，我们没有太多的机会帮助这些人，虽然我手上有几千份这样人的简历。如果应届毕业生有比较丰富的实习经验，我们有时会考虑推荐他们到对冲基金做分析员。但是大多数的对冲基金更愿意从投资银行中找至少有两年工作经验的分析师，因为经过两年后，你会知道如何评估公司，如何写模型。在实际工作中写模型和在学校中写模型是完全不一样的。

问：我想我是想知道猎头公司在华尔街的作用。猎头这个行业对整个金融业的额外附加值是什么？

答：保密性（对用人单位和求职者）是第一位的。举个例子，如果客户想启动一个全新的交易战略，他不会公开打广告把自己的名字、联系方式透露出来，因为这等于告诉竞争者他要进入这个新的投资领域。2007年11月，一个客户让我们寻找一个能够在一个全新的领域里投资的投资经理。我们的作用在于在提供保密性的同时，能够让客户的日常工作正常运行，因为这不是个一般的股票分析师的职位，你到彭博资讯（Bloomberg）一搜索能够找到几百个符合条件的人。这是个非常特别的职位，需要耗费大量的时间和精力。因此除了保密功能以外，我们猎头公司还能帮助客户有效地管理时间。如果用人单位将用人需求贴在就业网站上，像Monster，就会收到上千份求职信。你知道看上千份简历的滋味吗？非常痛苦。我们是用人单位的过滤器，我们会先期进行面试和过滤以确保求职者的教育、经历和性格符合客户的要求。如果只是简单地递送简历，那我们就没有什么附加值。我们是过滤器、是中间人，我们要确保简历上所写的可以完全被复制（属实）、完全符合客户的要求，否则我们拿不到报酬。和客户一样，我们也是利润驱动的。

问：为什么华尔街有那么多的猎头公司，这是因为金融这个行业的总体特征（人员流动性很强）呢，还是由于太多的公司聚集在纽约一个城市呢？

答:猎头公司多的一个原因是有需求。当我们公司刚成立的时候,纽约只有几家公司主攻另类投资(alternative investment,如对冲基金)这个领域。现在做这个领域的猎头公司开始多起来,一方面是因为需求增加了,另一方面是不少人比较天真地认为这个领域比较好赚钱。这个领域其实不好挣钱,如果是的话,我就用不着从早晨七点一直工作到晚上七点。找到一个适合的人非常困难,但一旦成功后,回报也很高。这不单单是指能够拿到佣金,更是指我们能够帮助人们找到合适的工作,选择新的工作发展方向。这个行业有很多公司,但是做得好的只有几家。

问:猎头公司之间的竞争很激烈。许多公司还设在英国(我的工作就是由英国的猎头公司推荐的)。你们是如何保持自己的竞争优势的?

答:保持诚实。我们公司的一个准则是永远先和求职者充分交流,帮助他们了解职位和公司本身。我们有非常高的推荐成功率,求职者被录用后,很少会在3～4个月以后告诉我们这不是他们想要的工作。我们现在的生意有65%是熟人推荐的,我们和很多客户保持着长期的合作关系。我们见证着一些被我们成功推荐的求职者从一般的分析师成长到独立的投资经理,在他们需要招人时,他们自然会想到我们,让我们帮助他们寻找分析师、IT人员等。如果我们不诚实,那么这只会是一锤子买卖,这不是我们的处事之道,我们有着非常好的声誉,我们珍惜这样的声誉。

另外,我们非常熟悉我们的市场,100家最大的对冲基金中有47家是我们的客户。我们在对冲基金还处于发展早期阶段时就进入了这个领域,我们公司有不少员工以前就是交易员和投资经理,我们有非常强的专业知识背景,所以我们能够清楚地明白客户的需求。一些刚刚进入这个领域的猎头公司并不具有丰富的行业知识,我的一个客户去年曾经告诉我他一天之中接到30个猎头公司的电话,但是他不会和其他猎头公司合作,因为我们了解他本人、他的团队和他的公司。

我们和很多客户有着非常"亲密"(intimate)的关系,我们非常了解客户的业务需求和企业文化,从求职者的第一次对话中,我们往往就能判断他是否适合这个客户。如果你非常狂傲,过分自信,你可能非常适合交易员的职位；但是如果你申请的是分析师的职位或者是私募基金里的助理职位，则根本没有希望。

问：不同的企业有不同的企业文化。你也许知道千年合伙人公司与文艺复兴技术公司的区别。

答：一些人说千年合伙人公司根本没有文化可言。

我：哈哈，也许吧。

问：你是如何帮助求职者准备应聘不同风格的公司的？

答：就如我前面所说的，通过全面地了解客户的需求、特点和文化，这需要时间，不可能一夜之间发生。举个例子，我有一个非常情绪化但非常好的客户，如果他今天心情好，会对你称兄道弟；但是如果心情不好，根本不愿意和你讲话。我告诉求职者他非常情绪化但人很不错，如果你能顺利通过前30分钟，你就成功一半了。这只有非常熟悉客户的猎头公司才能做到。

问：我相信你的公司和不少企业有着战略合作关系。但是，通常你不能挖合作伙伴的人才到其他公司。我的理解对吗？

答：不是很正确。我们只有很少的一些通过合约确定的合作关系。我们从不直接从客户中挖人，但是如果客户的雇员做的不是很开心，主动找我们，我们不会拒绝这样的生意。我们只和6～7家公司之间有合约规定我们既不能直接挖人，也不能间接挖人，也就是说，即使他们的雇员主动找我们，我们也不能帮忙。

问：好奇地问一下，这些签约的公司有多大？我的感觉是小的公司比较希望受到保护。

答：有三家很小的公司，一家可以说是最大的对冲基金，另外几家管理的资产大约在40～100亿美元之间，还有一家是瑞士信贷（Credit Suisse）。

问：你可能对我现在的公司比我还了解，千年合伙人公司有着很高的人员周转率，为什么？

答：千年合伙人公司是我们非常大的客户，我们有上百万的收入来自你们公司。它有着非常高的人员周转率。在对冲基金领域里,它的周转率可能是最高的,其次是赛克(SAC)公司。千年合伙人公司完全尊崇达尔文的适者生存规律,如果你不赚钱,请你走人。我们曾经推荐投资经理进该公司,他亏了两个月,接下来我们知道的就是他被解雇了。你们公司极少有人是从公司成立起就一直待在公司的。在去年年底,我所熟悉的几个投资经理虽然之前赚了很多钱,但是公司头目对他们的投资战略能否在2008年成功运行没有太大信心还是将他们的模型关闭了。我们每周大概和15～20个投资经理进行交流,在这些人当中可能只有一个或者没有人愿意到千年合伙人公司工作。主要原因就是它是个"人杀人"(killer be killed)的环境,相互之间不合作,但是许多投资经理是需要很多的合作。

问:总体来说,哪种类型的求职人员获得成功的机会比较大?

答:每年10月,我们会到纽约大学招聘,它们有计算金融硕士专业。我们有一些客户愿意招一些低级定量分析人员甚至是开发人员(主要以写程序为主)。对于博士候选人,我们需要他们有很强的编程能力,博士+编程能力=金子,因为客户招一个就等于招了两个人。如果你只能用SAS(常用的统计软件)或者matlab(一种常用的计算软件,大量地使用矩阵),客户可能需要招两个人,一个是程序员,专门将你的研究成果系统化和程序化。我们会测试硕士和博士的编程能力,因为很多客户是定量投资型的客户。

对于有经验的人来说就比较简单了,关键看求职者愿意干什么,是想换个环境,继续从事相同的工作呢,还是想换个领域?现在我们有不少私募基金客户想招有着2～3年投资银行分析师经验的人,他们往往注重这些候选人是否已经具备的足够的相关知识:如何评估公司,如何看财务报表,如何评判整个宏观经济走势,等等。

问:你说了很多都是与技能相关的,个性起作用吗?

答:实话实说,许多定量分析人员(quants,中国人戏称"矿工")没有个性可言,他们非常枯燥、非常学术。那些少数有很好个性的人可以在这个行业里走得很远。他们可以在前台工作,他们可以和交易员和投资经理有效地交流,理解他们的需求。有一些"矿工"就喜欢整天做研究、建模型。但是有少数“矿工”不但喜欢研究和建模，还喜欢交易。大约只有不到10％的“矿工”既具备过硬的技能，又拥有很好的个性和沟通技能。沟通技能很重要，如果你是个投资经理，你必须能够向投资者解释清楚你的投资理念。这就是为什么只有不到10％ 的“矿工”最终能成功转型成为定量交易员和投资经理。

问：现在对于金融行业来说是一个非常困难的时期。你能对没有或者只有少许工作经验的求职者提供一些建议吗？对有工作经验的求职者(像贝尔斯登由于并购而被解雇的人)？

答：贝尔斯登的人根本不愁找不到工作(哈哈)。银行，对冲基金和私募基金都在招人，特别是对冲基金。我对工作经验少的求职者的建议就是写很好的封面信(cover letter)和简历，在信和简历中重点突出与申请职位相关的技能。许多求职者，包括工作经历丰富的，往往忘了把一些重要的东西放在简历里。上个星期，一个在有着140亿资金规模的对冲基金里工作的投资经理在我这儿谈论了两个小时，我基本把他的简历全部重写一遍，他根本没有把最有价值的东西放在简历里。许多人不是把相关技能总结放在最开始，而是放在最后。许多博士写了一大串所发表的文章，这不是申请教授职位，没有人关注你发了多少学术文章。

因为你不知道是谁看你的简历，是人力资源人员，还是招人的经理？很多人想当然地认为自己受过博士教育或者在相关公司工作过，不用写出来，人们就知道他具备相关条件。但是有些人力资源人员可能会很机械地将你的简历和招聘要求相对照，如果你没有将你的技能和工作经历详细地写下来，你的简历很有可能会被抛到一边。所以说，求职者要从用人单位的角度想问题，尽量将相关的信息写下来，不要想当然。

还有，要注重简历的准确性。有些人为了遮掩转换工作之间的时间间隙就用很模糊的时间，比如，2006～2007年在某某公司工作，让人觉得他可能在该公司工作了一年半，也许实际上只工作了几个月。写下具体时间，比如2006年2月到2007年5月，如果有时间间隙，请如实讲明。因为，常常有些客户会找我们，让我们查清楚求职者的具体工作时间段，他们主要担心该求职者是否经常跳槽(job hopper)。

现在虽然是困难时期,但是如果你具有很强的技能,能够很好地推销自己,你会找到工作的。我有个客户过去为一个职位会面试10个左右,现在他要面试32个人。对于求职者来说,求职过程可能拉长了,但是各大公司还是在不断招人。记住写感谢信。

问:用电子邮件写呢,还是一般的平信?

答:电子邮件。90%以上的客户只需要电子邮件,但有些比较老式的客户还是偏好一般的信件。感谢信表明了你真的对这个职位感兴趣,感谢我花费时间来面试你。事实上,一个投资经理在二月份对我说,他收到一个求职者的感谢信,在信中,该求职者突出了一些他认为该求职者可能缺乏的技能。结果,他录用了这位求职者。

问:我想你和你的同事曾经帮助过很多中国人。依你的经验来看,他们最大的强项在哪儿,最大的弱项在哪儿?

答:许多中国人数学和统计很强,有些人还参加过数学奥林匹克竞赛。不少客户喜欢这样背景的人。对于没有经验的求职者来说,我们会注重他们的一些考试成绩,如GRE, GMAT成绩。如果说弱项,我想是简历写得不够专业。语言不是大问题,现在大多数从事定量分析工作的人是外国人。

问:很好奇地问一下,如果成功地将求职者推荐给客户,你们的佣金大概会是多少?

答:不同的猎头公司有不同的标准。我们有自己的收费标准,因为每成功推荐一个求职人,我们都会耗费相当多的时间和精力,我们通常很少会减价。大多数猎头公司收取求职者录取第一年底薪的25%,但是少数好的猎头公司,像我们,收取第一年总收入的25%。

问:你曾经见到的最糟糕的简历是什么?

答:最差的简历是那些两年之内换了五次工作的人,这显示了很差的判断力。

问:马龙·白兰度曾经说过:“永远不要把你的才华和你的收入混淆起来。”同意吗?

答:不同意。《交易员》(*Trader*)杂志每年公布最赚钱的100名交易员是为什么?

问:所以这个行业就是为了赚钱?

答:哈哈,那你现在在对冲基金干吗?

我:我想有些对冲基金工作经历。

答:工作经历和收入是在一起的。人们一周70小时的拼命工作就是为了赚钱,为了有朝一日能够成为董事总经理。我不知道别人怎么说,在这个行业,无论是华尔街、对冲基金,还是私募基金,一切都是为了钱,有钱你就有自我(ego),赚的钱越多,就越自我……我喜欢我所做的事情,也喜欢钱。这两个是在一起的。你可以痛恨你的工作,但赚很多钱。但我所认识的很多人都很喜欢他们所做的事情。

第 10 章　信息与信息技术

信息技术和“主营业务”正不可避免地交织在一起。我不认为任何人能够有意义地谈论其中一个而不涉及另外一个。

——比尔·盖茨①

信息，准确地说是新的信息流，是影响金融资产价格的主要因素之一②。在 2007 年，美国股票市场信息更新率大概是每秒 8.3 万条信息。相信没有人能够有效处理哪怕是万分之一的市场信息。对于大型金融机构来说，它们每天得处理数以百万计的交易，而每笔交易从发起到完成牵涉到大量相关信息的提取和处理，这时，能否利用最新信息技术（IT）来实时地收集信息、高效地提炼信息、对信息作出迅即的反应成为维系企业生存的关键。金融业是世界上所有行业中最善于利用信息技术来提升竞争优势的行业。在华尔街，没有人会天真地问信息技术是否有用，所有人都想方设法把信息技术的应用推到极致。为使交易速度提升一毫秒，华尔

纽约第五大道苹果公司旗舰店

① Bill Gates, "Information technology and business are becoming inextricably interwoven. I don't think anybody can talk meaningfully about one without the talking about the other."

② 另外一个主要因素是流动性需求。

街主要的投资银行能够毫不犹豫地投资上亿美元。五六年前，华尔街的首席信息官们谈论交易速度是以秒为单位的，而现在是以毫秒（千分之一秒）为单位，相信在未来的一两年内，交易速度会以微秒（百万分之一秒）为单位。在2008年4月8日的华尔街日报上，道琼斯公司为其新闻传送业务打出了整版广告："在华尔街，微秒必争（On Wall Street, milliseconds matter）。"

从职能定位来看，传统的信息技术部在大多数的金融公司里算是"后台"部门（back office），它们一般只是成本中心的一部分，而不创造利润。信息技术人员一般只为公司内部的不同部门服务，而不与公司客户直接打交道。但是随着金融、技术的不断发展与融合，所谓的"前台"与"后台"之间的区别越来越模糊。比如说，信息技术部在许多公司，特别是以定量分析为主的投资公司里是前台部门不可分割的一部分。纽约一家有名的对冲基金2 Sigma投资公司，在它公司的网站上公开宣称自己是一个融技术与金融为一体的公司。技术是该公司交易战略、公司功能与生命不可分割的有机组成部分。其实不单单是2 Sigma①，好多公司的交易员都在交易的同时也在写自己的程序。例如，另一家著名对冲基金D. E. Shaw，其发起人戴维·E. 萧（David E. Shaw）曾经是哥伦比亚大学计算机系的教授。

IT 的委屈

当公司业绩不错、经营运行良好时，没有人会提及IT的功劳。瑞士信贷（Credit Suisse）前首席信息官汤姆·山宗（Tom Sanzone）指出在瑞士信贷，许多以技术为中心的业务部门，信息技术是极端重要的，并能够提供竞争优势。"例如，在电子交易或者按照程序交易的业务部门，大多数业务流是通过技术基础设施完成的。很明显，如果该业务部门做得不错，IT起了很大的作用。但是当我们向外界投资者汇报业绩时，我们不会说我们的IT平

① 我曾经应聘过2 Sigma公司，该公司的第二轮面试是两个小时的编程测试。

台或者IT执行系统做得不错。我们只会说，‘股票业务很好’”①。但是，如果一旦公司业绩由于某个信息系统失灵而受到负面影响时，公司会毫不犹豫地强调IT是业绩差的重要原因。

另外，当公司经营遇到困境、需要勒紧裤带、减员节省开支时，信息部门往往首当其冲。据估计，在此次金融危机中，金融行业被裁员大军中大约有25%是IT从业人员。在2008～2009年，金融机构IT的内部开支、硬件和系统集成开支收缩得非常厉害②。

IT与交易

交易，特别是股票交易，可以按交易目的大致分为两种：一种是以信息为基础的交易；另外一种是以流动性需求为基础的交易。对冲基金的交易大多都是基于对新的信息和对个别金融产品，如某支股票和债券的分析；而很多共同基金的交易是由于流动性需求，它们买入是因为它们拥有资金要投资，它们卖出是因为它们需要回笼部分资金。

那些以信息为交易基础的交易柜台(trading desks)可以说是对IT要求最高的地方，IT相关投资可以占到一些交易柜台总支出的50%以上。我曾经所在的统计套利小组有六个人，其中有一半的是IT人员。引用一个投资经理的话，就是“如今所有的一切都取决于IT，信息的传播和获取速度是至关重要的”。

IT的主要作用是降低在交易各个阶段获取和处理信息的时间。举个例子，我所知道的一些定量投资模型每天是在某个固定时间点进行交易的，如闭市前五分钟，在美国是东部时间下午3点55分。交易系统每天在3点54分59秒钟根据到该时点已有的信息(如价格，成交量等)按照定量模型计算出买卖清单(股票名称及相应股数)，然后在3点55分整点将买卖指令发送出去。但是由于买卖股票数量很大，交易员必须将预定的交易数额分割成

① Thomas Wailgum, “*Does Your Work in Information Technology Matter to Wall Street?*”, January 23, 2008, www.cio.com.

② Clarke, Paul. 2009-03-12, Banks Keep Slashing IT Spending, www.efinancialcareers.com.

若干份，分批地成交。为了降低总的交易成本，每小块的交易股数可以不均等。比如，我打算分十次买进总数为一万股的微软股票，我可以将这一万股分割成 10 等份，每份 1 000 股；我也可以根据当前交易价格决定成交的股数，如果当前的价格较低，我就多成交一点，如果当前的价格较高，就少成交一点。具体一点，我可以比较当前系统报价与前五秒钟所有成交价格的平均值，如果当前报价低于平均值 0.5%，就成交 1 200 股，如果高于平均值 0.5%，就只成交 800 股。通过这种交易设计，可以降低平均交易成本。但是这种设计能否成功的关键在于交易系统能否实时同步地提取（获取过去五秒钟所有交易的成交价格信息），处理（为每只股票计算平均值）并发送信息（买卖股数调整指令）。

再举一个例子，多数金融产品的发行是通过竞标的方式进行的，竞标者通常必须在很短的时间（从 1～2 分钟到几个小时不等）内提出自己的报价。对于比较复杂的金融产品，像浮动利率的一篮子抵押贷款，交易员必须输入卖方提供的相关产品参数，如不同抵押贷款的服务费、各期的利息，等等；然后利用现成的定量模型根据成千上万的不同参数假设对未来的现金流逐月进行模拟（通常这些抵押贷款的年限有几百个月）；最后的报价为各种假设下所得结果的平均值。IT 在这过程中，执行输入参数－模拟计算－得出结果－提出报价的工作，起了非常重要的作用。首先，人非圣贤，孰能无过，在高度紧张的环境下，出错是很常见的。这就要求交易员使用的输入界面必须友好，必须有很强的纠错功能。一旦交易员输入的数据有明显的错误，或者交易员疏忽了某些细节，系统必须能够立即发现问题，而不应该等到模拟结果出来后才发现错误。其次，模拟速度应尽可能快。速度快意味着在所给定的时间限度内，有更多的时间进行纠错和斟酌。比如，一旦模拟结果显示输入过程未曾发现的问题，相关人员可以及时解决问题，重新模拟；交易员还可以根据市场动态变化，及时地调整数据，重新模拟报价。速度的快慢取决于硬件和软件，如果硬件和软件能够使每个循环时间减少一毫秒，整个模拟时间可以缩短几秒甚至是几分钟。

IT 与风险管理

仅仅还在几年前，各大金融公司的风险管理经理们还都是在一天业务结束后，将各类交易的种种风险，如市场风险、信用风险，等等，分析、汇总并生成报表，呈报给公司主要领导。它们通常借助于电子表格，将相关数据输入表格，利用设定好的功能计算出主要的风险。但是这已经不能满足现代金融风险管理的要求了，特别是在市场急剧波动、交易对方信用风险较高的情况下。我以前所在的对冲基金早在几年前就能做到每隔五分钟察看所有投资经理的主要头寸，并计算出主要的市场风险。

这还不够！现在不少公司已经实施“实时风险管理”。实时风险管理信息系统能够不间断地监控主要交易和资产相对于一系列重要变量的风险。例如，在瑞士联合银行(UBS)的信息技术部就有专门的 IT 人员和风险管理经理配合实时地计算出各类资产的风险，如股票期权相对于股票价格变动的风险，国债相对于市场利率的风险，等等。IT 在其间的作用就是在硬件上要保证实时地读取市场数据；在软件上要保证快速无误地计算出相关的风险变量——这是建立在高效的程序基础上的①。

灾难恢复

2001 年 9 月 11 日，纽约世贸大厦双子星遭到恐怖袭击先后倒塌。许多金融公司的总部也随之消失，其中包括美林、摩根斯坦利和雷曼兄弟等著名投资银行。但是这些大公司的运营并没有因为公司总部被毁而停顿一刻，这要归功于它们成熟的灾难恢复(disaster recovery)计划。例如，雷曼兄弟在世贸大厦遭到袭击后，公司的数据中心运营就立即被自动切换到位于新泽西州的第二数据中心。其间没有任何的信息数据损失，也没有造成任何有关金融交易的混乱，例如，交易的准确时间是什么？是遭袭击前一秒还是

① UBS 的杨竞双博士提供该部分内容。

遭袭击后一秒[①]？摩根斯坦利对灾难的反应也非常及时。早晨 8 点 48 分，第一个世贸大厦被袭击；9 点 3 分，第二个大厦被袭；在 9 点 25 分，摩根斯坦利启动了备份系统，其在新泽西州的办公室开始购买紧急 IT 设备。另外，在灾难期间，公司的网络通信一刻也未中断过，单单在纽约市就有四个不同的互联网服务提供商为摩根斯坦利提供网络服务。虽然其中的三条线被破坏了，但是第四条还能正常运营[②]。

灾难恢复指的是，在重大灾难发生后，公司事先设立的、与恢复关键技术基础设施相关的过程、政策和程序。美国各大金融企业对灾难恢复非常重视。摩根斯坦利在"9·11"灾难后，在现有的四个网络服务提供商的基础上又增加了一个。金融信息提供商彭博资讯(Bloomberg)永远会为各种信息备份，同时公司储存信息的能力要永远高于实际需求，造成人为的"过剩"(redundancy)，以应付各种突发事件。

高盛的战略部[③]

不少公司的定量分析划归交易部门，而 IT 专注系统；还有些公司的定量分析则归属于 IT 部门。这就可能造成不同系统和部门之间很难一体化的问题。

在高盛公司，则不存在这个问题。高盛在定量交易和传统的 IT 部门之间有个特别的部门——"战略部"。早在 1981 年，高盛收购了商品交易公司 J. Aron，并将之与固定收益研究部合并成立了固定受益、货币和商品部。原来的固定收益研究就成了战略部。事实上，战略部中有两种人：一种非常精通 IT 系统，一种非常精通金融模型。重要的是，该部门的主管非常强势。当公司进行交易时，他将一部分战略师和交易员结合在一块；当需要编写程序时，一部分战略师又能编写程序。所以该部门在交易和传统的 IT 部门之

① 这两秒之差可能就是上百万美元的差异，因为世贸遭袭击后，整个世界都变了。

② US telco to spend £1bn overcoming 11 September terror attack, www.computerweekly.com, 2002-06-24.

③ UBS 的杨竞双博士提供该部分内容。

间起到了很好的桥梁作用。

金融机构常用的 IT 系统

IT 使用的工具主要取决于所服务的部门，当前的信息技术已经能保证各个系统互通互连。对于那些对信息技术非常感兴趣的读者，表 10－1 提供了不同信息系统的常用工具。当然，表 10－1 所列的并不绝对，很多工具可以跨系统应用。例如，linux/Java 多用于服务器；C＃用于台式机；而 C＋＋的分析图书馆则在交易、风险管理、建模和研究部门等部门随处可见。

表 10－1　传统的大型金融机构所使用的主要信息系统

系统名称	用户	系统使用工具
会计系统	后台结算部门	COBOL
交易系统	交易员	C、C＋＋要求快速
风险控制系统	风险管理	Matlab、C＃要求能应对大量计算，电子表格大量使用 VBA
客户管理系统	市场营销	Java、C＋＋等企业应用级语言，要求成熟，便于管理和安全稳定
研发数据和模型	研发	MatLab、SAS 等数学以及统计语言
基金前台管理系统	基金经理	C＋＋、Java 等企业应用级语言
客户报告系统	客户（系统）	JSP、ASP、HTML、PDFMaker 等网络语言

访　谈　十　三

被采访人：韩郑，前雷曼兄弟 IT 战略和架构服务部副总裁

韩郑先生自 1992 年以来，一直在美国的 IT 领域工作。作为系统设计师，他的专长是设计/建造/维护大公司的内部和外部门户网站，以及大型企业应用软件系统的计算机系统设施。他在雷曼兄弟 IT 战略和架构服务部（IT Strategic and Architecture Services）工作有近 12 年之久。在加入雷曼之前，他曾先后在瑞士信贷第一波士顿、花旗银行等公司工作。韩先生拥有纽约大学计算机硕士学位和武汉大学空间物理本科学位。

采访时间：2009 年 3 月 30 日　　采访地点：新泽西州泽西城

问：你对 IT 的理解是什么？

答：我在华尔街公司的 IT 部门工作了十几年，我认为 IT 对于华尔街的重要性和餐厅服务、租车服务或写字楼服务等服务有点类似。这就是为什么它被叫做信息技术服务。和其他领域鼎鼎有名的企业一样，华尔街公司拥有最豪华的让富有客户啧啧称赞的高级餐厅；它们在曼哈顿岛上或租或买最昂贵的写字楼；它们还为加夜班的员工提供免费的租车服务。华尔街愿意花大价钱买这些服务，一是对外维持公司的威望，二是对内利于拴住员工的心。

但是信息技术服务和这些“传统服务”还是有很大的区别，因为称心如意的信息技术服务不是花钱就立刻能买到的。华尔街公司因而不得不花大价钱建立自己的 IT 团队，并将之打造成“具有战略性的、有特色的 IT”（Strategic IT differentiator），从而推动其他业务的发展。

问：你能举例说明吗？

答:固定收益证券部门和股票业务部门的交易和经纪业务都需要市场数据和新闻服务(market data service)。这两个部门在网络基础设施和网络带宽上投入了大量资金,它们大力投资建设防火墙安全系统,因为它们能隔离和过滤信息提供商的外部网络,保护公司的内部网络与数据安全。

交易结算系统传统上是在大型商业服务器(mainframe)上运行的。但是新的监管要求结算在交易后的第一天(T+1)就进行,而不是以前的在交易后的第三天(T+3)进行。所有华尔街公司将不得不提升交易结算系统的处理能力10倍以上。如果它们仍然从IBM购买大型商业服务器,硬件价格加维护服务将非常昂贵。不少有IT能力的公司因而将交易结算系统移植到Unix平台,这样可以在五年左右的时间节省近10亿美元的运营成本。这是公司利用IT服务来有效降低未来营运成本的很好例子。

在互联网高速发展年代,许多大型华尔街公司都优先投资建立了它们的门户网站,用于网上交易、客户报告和网上营销。公司还利用它们的网站作为一个竞争优势来销售它们的金融产品。外部门户网站既方便了顾客,又降低公司的人力成本,是双赢的策略。在十几年以前,因为大型门户网站的软件商还是凤毛麟角,华尔街公司都是自组团队开发和建设门户网站。有趣的是,不同公司最后做出来的系统是大同小异。无非是用这些现成技术拼装组合出来[①]。大家在黑暗中摸索出来的结果是殊途同归!著名的例子有 www. fidelity. com, www. Schwab. com, Ameritrade. com, LehmanLive. com,等等。

在对冲基金繁荣的时代,华尔街公司为争取这些大客户(prime broker services),花大钱新制/升级公司的交易、结算及其配套系统,尽一切努力满足对冲基金对实时交易执行的苛刻要求和其他种种对IT信息安全性、系统可靠性的具体要求。有些华尔街公司还因为给对冲基金交易提供额外的优先处理而触犯法规。因为传统基金与小投资者的利益受到损害。这是题外话。

---

① 现成的技术,如负载均衡、WebSSO、Web服务器集群、应用服务器中间件、J2EE/XML、LDAP等。

问：能否以雷曼兄弟为例，再具体谈谈IT是如何降低公司运行成本的？

答：华尔街公司平时就要求员工在家也能工作，以应付紧急情况和经常性的周末加班。这个"优点"在"9·11"恐怖袭击后显得非常突出。当时雷曼公司在纽约世贸中心的总部大楼没了，很多员工不得不在家里通过远程访问(remote access)进行工作。远程访问主机系统的负荷暴增十几倍。当时绝大多数华尔街公司是从软件商购买远程访问软件(VPN)，但是这样的软件是按人头计算价格。如果公司为每个人都购买的话，对于两万多人的公司来说，仅仅是软件这一项的成本可以高达几百万美元，还要外加每年的软件维护费。雷曼因为有很强的IT团队，于是决定自己开发有独立知识产权的远程访问软件，称为Tocket。该软件比传统的远程访问软件(VPN)的主要优点是不需要预先在客户端的电脑加装软件(thinclient，或者clientless VPN)，客户端的防火墙或代理服务器不需要改变配置。这一特点让员工立刻在哪里都能上班，不会被限制在携带某个特定的电脑上。这为"9·11"后公司能快速恢复业务奠定了基础。后来这套远程访问软件卖给了软件商Citrix，使别的公司也能受益。因为从战略上讲，只有绝大多数华尔街公司快速恢复正常业务，"9·11"后的证券市场才能尽快重新开张。

问：能谈谈IT在金融监管中的作用吗？

答：如今金融监管是越来越紧了，像2002年Sarbanes-Oxley[①]法案。华尔街公司不得不遵从监管在技术方面提出的要求。例如，保存所有的电子邮件、即时通信，将公司与客户的电话和其他电子交流备案。同时还在研究部门和投资银行部之间设立"中国墙"。[②]

问：金融机构对信息安全的要求比较高，你能谈谈IT在这方面的作用吗？

答：投资银行部的很多信息都是要绝对保密的。比如，甲公司是否要购

① 该法案是在本世纪初美国一系列公司丑闻曝光后通过的，该法案极大地增强了对公司治理的要求。

② 中国墙(ChineseWall)主要指投资银行部与销售部或交易人员之间的隔离，以防范敏感消息外泄，从而构成内幕交易。

买乙公司？以什么价格成交？一旦泄密，将对市场的影响非常大。投资银行人员可以选择电话来交流信息，但是电话可能被窃听；也可以选择电子邮件，但是邮件也可能被察看。那怎么办呢？除了面对面的会议，他们可以通过特殊加密的电子邮件来交流重要信息和文件。所以投资银行部虽然不太需要过多的IT服务，但是对IT安全要求很高。

再如，现在已经非常普遍的网上银行。网上银行能否成功的关键在其保密性，因为一个用户名、一个密码就能轻易挪用账户资金。这就对加密技术和身份鉴别系统的要求非常高。对大客户的交易，往往需要加用客户端的数字认证或者是使用一次性密码(硬件密码卡，RSA SecurID token)。

从IT系统安全来看，如果做的不称职，有可能给公司造成巨大的损失。比如说，信息基础设施有些漏洞让新生的病毒钻进来了，导致了电脑瘫痪必须要重新安装个人电脑系统，费时费力，还有可能丢失数据；或者导致全公司的电子邮件系统瘫痪，无法正常工作，甚至泄密；或者导致全公司的网络风暴(network storm)，整个网络瘫痪了。这些都会极大地影响公司的运营效率。我在华尔街的这些年中，就亲历过不少次，而这些事件与丑闻的性质一样，通常是秘而不宣的。如果是发生在下午三点钟左右，大家就可以早早地下班了。

问：IT在金融公司的地位如何？

答：投资银行部过去一直是华尔街公司的宠儿，因为它们需要很少的IT服务(因为保密性的需要，他们很多电脑都不连接在网络上，他们只需要一些诸如黑莓手机和远程电子邮件的终端访问等服务)，但能够提供巨额的利润。现在它们成为华尔街公司巨大的成本中心，因为在过去的一年里基本没有什么公司上市但是投资银行家们照样拿着高额的工资。

基本上，华尔街公司会将收入的10%用于IT服务及相关投资。这个比例要高于保险业、零售业、交通运输业、出版等行业。不少高级管理人员认为如果IT能够为客户提供新的服务，将会是个竞争优势。

需要指出的是，各公司在投资IT时，也都是建立在详细的成本和收益分析对比基础之上的。举个例子，在美国，信用卡所使用的技术还是非常旧的技术。为什么不换成更高级的技术？如目前在中国使用的“智能卡”(smart card)？因为成本太高，而潜在收益较低。在美国，信用卡公司因信用欺诈而遭受的损失仅占总收入的1%～2%左右；而在中国台湾要高达10%左右；在中国内地可能更高。另外，在美国几乎各个大小商店、柜台都有信用卡识别器，这些机器相对非常便宜。如果将全部美国人所持有的信用卡都换智能卡，并且将所有读卡机器更新换代成价格昂贵的“智能”读卡机器，那成本会非常高。潜在收益与成本相比，划不来。但在中国不一样，信用欺诈所带来的损失非常大。另外，往往只有大型商家才有少数的读卡机器，因而使用“智能卡”所能带来的收益可能会超过其成本。

问：金融公司 IT 发展趋势是什么？

答：未来 IT 服务的发展趋势是利用“外包”降低营运成本，就像外包写字楼管理、餐厅服务和租车服务一样。首先，金融公司会将一些 IT 基础设施的维护(如计算机系统硬件和网络)外包给诸如 IBM、CSC、惠普等公司。然后，它们会将一些“非重要”的操作人员，电话服务中心和小型的应用程序开发转移到中国或者印度以降低人力成本。

哪些是非重要的 IT 服务呢？通常每年的 IT 预算中有 60%～80%和上一年度的内容完全一样(称为“基线预算”，baseline budget)——用于维护现有的系统和应用；因此只剩下 20%～40%用于购买新的 IT 产品、上马新的服务项目和开发新的应用程序。而这 60%～80%当中的绝大部分开销，一般的首席信息官会认为从战略的角度来看，没有给公司提供新的竞争力，所以不是特别重要。如果外包商的价格比内部营运成本低的话，它们应该可以逐渐被外包出去。外包节省下来的钱可以转用于新项目的开发，或者干脆留下来增加公司的纯利润。这对现有华尔街公司的 IT 从业人员是个残酷的现实。

除了控制 IT 的支出，金融公司还在加强对 IT 的过程管理(process management)。例如用 CMMI 控制软件开发过程，用 ITIL 控制 IT 基础设施的运行与维护过程。比如，任何影响业务经营的事件一定要上报给相关部门，提高 IT 服务的透明度，然后要追查根源，以杜绝后患。

如果是系统的故障，就要检讨为什么备份系统没有自动启动。公司关键性的系统设备至少有双份，来保证无故障实践达 99.99%。

如果是系统更新换代造成的，就要检讨为什么没有在测试阶段发现这个隐患。可能是测试系统与实际运营系统有细微的差别，也可能是测试服载量不足。如果是人为操作失误，要追究责任。为以防意外，业务部门还规定在交易时间不许有任何系统改动，无论是多小的改动。就连进出主机设备房间也不允许。

IT 管理层会经常查看影响业务的事件报告，追究重复性的事件为什么还会发生，或者是调动 IT 资源来消除高频率的事件。